Study on the development index of economic and social integration in the Yangtze River Economic Belt

长江经济带经济社会一体化发展指数研究

谢寿光　蔡继辉　曹占忠 等　著

中国发展出版社
CHINA DEVELOPMENT PRESS

图书在版编目（CIP）数据

长江经济带经济社会一体化发展指数研究 / 谢寿光等著．—北京：中国发展出版社，2022.5

ISBN 978-7-5177-1195-7

Ⅰ．①长… Ⅱ．①谢… Ⅲ．①长江经济带—区域经济发展—研究 Ⅳ．① F127.5

中国版本图书馆 CIP 数据核字（2022）第 007872 号

书　　名：长江经济带经济社会一体化发展指数研究
著作责任者：谢寿光　蔡继辉　曹占忠　等
责 任 编 辑：陈学英　龚　雪
出 版 发 行：中国发展出版社
联 系 地 址：北京经济技术开发区荣华中路 22号亦城财富中心 1号楼 8层（100176）
标 准 书 号：ISBN 978-7-5177-1195-7
经　销　者：各地新华书店
印　刷　者：北京市密东印刷有限公司
开　　本：710mm × 1000mm　1/16
印　　张：16
字　　数：189 千字
版　　次：2022 年 5 月第 1 版
印　　次：2022 年 5 月第 1 次印刷
定　　价：58.00 元

联 系 电 话：（010）68990642　68990692
购 书 热 线：（010）68990682　68990686
网 络 订 购：http://zgfzcbs. tmall. com
网 购 电 话：（010）88333349　68990639
本 社 网 址：http://www.develpress. com
电 子 邮 件：fazhanreader@163. com

本书编委会

课 题 组

课题组组长

谢寿光 中国出版协会副理事长、中国社会学会秘书长、中国管理科学学会副会长，二级研究员

蔡继辉 社会科学文献出版社副总编辑，编审

曹占忠 中国经济信息社新华指数事业部总经理，新华指数有限公司负责人

课题组成员

吴 丹 社会科学文献出版社皮书研究院执行院长，副编审

张艳丽 北华航天工业学院讲师，博士

孙胜元 泰州学院讲师，博士

亓芳芳 中国经济信息社新华指数事业部高级研究总监，中级经济师

丁阿丽 社会科学文献出版社皮书研究院副院长

炊国亮 社会科学文献出版社博士后

刘建朝 天津城建大学副教授，博士

目 录

第一章

研究背景和意义

第一节　研究背景

随着经济全球化进程的日益加快，在各国竞争加剧的背景下，竞争已不再是单个城市或单个省区的行为，更多地表现为若干城市群、城市带在资源整合、产业协作中所形成的整体优势的竞争。区域内竞争与合作，特别是区域经济一体化涉及地理学、经济学以及管理学等诸多学科，无疑成为当前发展的主流以及当今的热门话题之一。区域经济一体化突破单一地域单元的限制，区域之间采取区域经济一体化战略加强协作，助力区域快速发展。地区内部通过市场贸易壁垒的消除、产业分工带来的规模经济、交通设施一体化的便利等，实现交易成本的降低、区域竞争力的提升，并最终促进地区经济增长。正确认识区域经济一体化在促进经济增长中的地位和作用，合理引导地区政府突破行政边界的限制，可实现区域间协调发展。区域经济一体化的

本章作者："长江经济带经济社会一体化发展指数研究"课题组。

其中一个重要特征是产业一体化，即对同构性的产业资源进行整合，建立起分工协作的产业链。产业间实现良好的协调与配合，即在再生产过程中，各产业部门、各产业环节之间保持先进性及科学合理的分工协作体系。产业结构协调发展意味着产业结构本身的协调和优化，也意味着区域之间在产业发展上合理的分工与协作。

长江经济带横跨我国东中西三大区域，是我国区域发展中重点实施的“三大战略”之一。从整体上看，长江经济带可谓我国乃至世界上资源较为丰富，城市、工业、港口较为密集的地区之一，在全国工业化、城镇化、现代化建设中具有极其重要的战略地位。产业是长江经济带建设的核心和灵魂，促进长江经济带产业转型升级发展、提升长江经济带产业竞争力是一项长期的系统工程。其中，长江经济带产业一体化发展涉及各区域间各个产业如何协调发展的问题，既要掌握长江经济带区域产业发展现状，还要了解长江经济带区域主导产业发展趋势及相互关联的结果。实现长江经济带产业一体化，是加快长江经济带区域经济一体化发展的重要方面，能够提升长江经济带区域的整体竞争力，也是未来我国优化区域经济发展格局的重要任务。

区域经济一体化的基础是市场一体化。区域经济一体化实际上是根据经济同质性和内聚性，在区域内建立统一的产品市场、生产要素市场的过程。在市场经济条件下，要保证产品和生产要素的自由流动，需要有发育良好的市场体系和统一市场，因而区域经济一体化的首要任务就是实现市场一体化。区域市场一体化可以理解为：消除“经济边界”之后形成的商品、要素等能够自由流动的统一市场。“经济边界”主要是指各种人为或者自然形成的市场壁垒。其中，国家内部不同区域间的“经济边界”主要是自然条件限制、信息不对称、经济发展水平差异、地方行政主体的利己行为等原因造成的。

区域交通一体化主要是指按照区域经济发展总体目标，在全区域内优化配置交通运输资源，通过不同运输方式的合理分工，充分发挥各种交通运输方式的优势，打破行政界线、部门界线、地域界线，推动区域综合运输系统的协调发展，以提高区域交通运输总体效益和服务水平的动态过程。而长江经济带作为我国核心战略经济区域之一，其一体化程度对周边地区的辐射影响可见一斑。研究长江经济带的交通一体化发展对其他区域研究具有一定的借鉴意义。长江作为联通东西、贯穿江海的黄金水道，其地理区位覆盖广、流域文化共识度高、发展潜力大等优势，是其他经济圈不可比拟的。自20世纪90年代初提出发展长三角及长江沿江地区经济的战略构想后，长江沿线11个省份[①]于2005年签订了《长江经济带合作协议》。近年来，长江沿线城市群已形成具有一定规模和覆盖范围的以长江黄金水道为依托，水运、铁路、公路、民航和管道等多种运输方式协同发展的交通设施体系。2016年《长江经济带发展规划纲要》正式印发，表明长江经济带凭借长江这条黄金水道进入了一个崭新的黄金时期。与此同时，长江经济带有四大战略定位：一是依托长三角城市群、长江中游城市群、成渝城市群；二是做大上海、重庆、武汉三大航运中心；三是推进长江中上游腹地开发；四是促进“两头”开发开放，即促进上海及巴基斯坦、中印缅经济走廊的开发。四大战略定位无一不与交通关联，可见交通在长江经济带中的拉动力之强劲。

① 分别为上海市、重庆市、江苏省、浙江省、安徽省、江西省、湖北省、湖南省、四川省、贵州省和云南省。

长江经济带是联通我国东、中、西部地区的巨型经济带。对长江经济带交通一体化发展进行研究，探究交通一体化中地区之间的差异性，对长江经济带以及其他城市群交通一体化的发展具有一定的启发意义。

2016年，《长江经济带发展规划纲要》（以下简称《纲要》）正式颁布实施，《纲要》明确了长江经济带发展的“四带”战略定位，即生态文明建设的先行示范带、引领全国转型发展的创新驱动带、具有全球影响力的内河经济带、东中西互动合作的协调发展带。同时，它提出了长江经济带发展的六大战略重点任务：保护长江生态环境、构建综合立体交通走廊、创新驱动产业转型升级、推进新型城镇化、构建全方位开放新格局、创新区域协调发展体制机制。《纲要》指出，提升长江经济带产业发展质量、效益和效率，是推动长江经济带建成具有全球影响力的内河经济带的重要支撑，也是长江经济带建设生态文明的先行示范带的内在要求。

社会一体化是区域经济发展的自然成果，也是经济发展的目标。只有实现社会领域的协调发展，提升社会发展水平，才能使经济发展成果更多体现在改善民生上，为进一步深化改革提供动力。从“五位一体”发展逻辑来看，社会建设水平的提升必将有力地促进和带动经济建设、政治建设、文化建设的发展，使社会主义制度在经济、政治、文化等方面的优越性更加充分地体现出来。加强社会建设，最根本的是要按照民主法治、公平正义、诚信友爱、充满活力、安定有序、人与自然和谐相处的总要求，着力发展社会事业，不断完善社会整合机制、社会管理机制、社会保障机制、利益矛盾协调机制、社会危机处理机制，提升政府的社会治理水平，以解决人民最关心、最直接、最现实的问题。

以“生态优先、绿色发展”为核心理念的长江经济带发展战略，是党中央治国理政新理念新思想新战略的重要组成部分，为使长江永葆生机活力，为在长江经济带形成绿色发展方式和生活方式提供了科学的思想指引和行动指南。实施长江经济带发展战略，是党中央尊重自然规律、经济规律和社会规律，顺应世界发展潮流，为推动我国绿色发展和可持续发展做出的重大战略决策和部署。近年来，长江经济带作为典型的流域经济形态，历经多年发展后取得了显著成效，但存在的问题也较为明显，一体化大格局仍有待形成。由于缺少统筹协调，长江经济带“共抓大保护”的格局尚未形成，长江经济带的绿色发展难以有效推进。推进长江经济带发展要以生态优先、绿色发展为引领。长江经济带需要结合自身制度条件和环境条件，不断深化包括转变政府职能在内的体制改革，创新长江经济带绿色发展的体制。长江经济带是我国重要的生态安全屏障，要从经济社会发展全局出发，把保护和修复长江生态环境摆在首要位置，分析一体化协调推进沿江地区产业生态化改造和生态环境保护面临的现实困境，建立一体化协调机制，推进沿江地区产业生态化改造和生态环境保护。

第二节　研究意义

一、理论意义

区域经济是一个综合系统，通过内部子系统的自组织和相互联系，促使区域经济系统不断发展。通过市场一体化、产业一体化、交通一体化、信息一体化等系统协调发展，推动区域经济社会一体化整体水平。区域经济一体化系统需要对内部各子系统经济要素进行整合，突破区域经济活动的边界限制，促使资源能够自由流动，形成广泛的经济合作关系，产生区域经济一体化的协同效应，促进区域经济协调发展。随着长江经济带区域经济一体化的发展，各地已经开始进行农业、工业、旅游业、物流业、商业等产业的密切协作。由于各地区利益诉求不一致，要实现长江经济带产业一体化，需要不断加大合作力度，各地产业定位有重叠和冲突的地方，则需要进一步协调。因此，从长江经济带地区这一研究主体出发，从区域分工与协作理论、产业集群发展理论等相关理论展开，通过搜集整理相关数据，应用相关理论，从产业一体化的视角对长江经济带产业整体发展情况进行分析，并在此基础上对长江经济带产业协调与发展的布局规划提出了建议，为各地区在统一目标指导下调整各自的发展战略，以实现系统的整体优化，同时为经济结构战略调整中实现整体性的升级优化，提供一定的借鉴。

区域经济社会一体化一般包含市场、空间、基础设施以及资源环境等方面的一体化，其中，市场一体化是区域经济一体化的核心内容。以欧盟为例，其在一体化建设上的主要成就是建立了欧盟统一市场，在这个统一市场内部，资本、商品、服务以及劳动力基本上是自由流动的，大幅提高了欧盟内部各成员国之间的经济关联度并促进了欧盟一体化进程。世界各国在推进区域经济一体化时，不约而同地把落脚点放在推动区域市场一体化上。在经济全球化加速的背景下，区域经济一体化已成为区域经济发展的必由之路。

区域经济一体化是经济发展的必然规律，而区域交通一体化是实现区域经济一体化重要的先决基础条件。随着社会经济飞速发展，社会各领域都取得了令人瞩目的成就，各区域交通系统进一步完善，各运输方式网络建设规模迅速扩张，有效缓解了长期以来交通运输对国民经济的制约。然而随着区域经济一体化进程加快，区域交通一体化建设的需求越来越迫切，谋划和实现区域交通一体化已成为当前交通管理部门的重大历史任务。在交通运输业发展初期，各种运输方式都有独立发展的巨大空间，运输方式间的相互作用并不明显。随着社会经济发展和交通运输管理综合性要求日益提高，为优化交通运输路网布局，发挥区域交通运输整体优势和组合效率，加快形成便捷、通畅、高效、安全的综合交通运输体系，国家对大部制进行了改革；同时，国内外学者针对区域交通运输发展提出了系统工程理论、可持续发展理论、区域空间发展理论、区域协调发展理论、区域创新理论，但针对区域交通运输一体化规划整合尚未形成较为系统的理论支撑体系。实现区域交通一体化，使其有效整合各种运输方式、合理配置资源、有效衔接交通方式，更安全地加强区域间的运输通道对接，是当今交通运输方式与结构调整的首要任务之一。区域交通一体化是交通运输发展的趋势，也是最终目标，需要全新的理论框架进行支撑与指导。

长江经济带集聚了全国最优质的教育、文化、医疗、科技等资源，近年来区域整体公共服务水平逐渐提升，但因为长江流域面积广阔，各地经济发展、资源禀赋不尽相同，社会发展也并不均衡，公共服务的落差较大，影响了要素流动、功能疏解和协同发展。正如党的十九大报告所做出的判断，当下的主要矛盾已经演变为：人民日益增长的美好生活需要和不平衡不充分的发展之间的矛盾。要满足人民日益增长的美好生活需要，首先要解决的矛盾是不平衡发展的问题。逐步消弭区域间社会发展的不平衡，已然成为满足人民日益增长的美好生活需要的必然选择。

长江经济带作为一个充满生命力和活力的经济体，如何促进生态与经济协调发展是其面临的重大课题，其中最根本的是水和生态。充足的环境容量是长江经济带实现可持续发展的载体和基础。长江经济带横跨我国东、中、西部三大区域，覆盖11个省份，面积约205万平方千米，占地面积约为我国领土面积的21%，人口与生产总值均占全国的40%以上。历经多年开发建设，长江经济带传统的经济发展方式仍未根本转变，生态环境状况形势严峻。提高长江经济带生态效率是推进长江经济带生态文明建设的有效途径，也是实现经济、资源、环境三者健康协调发展的客观要求和必然选择。

二、实践意义

长江经济带是我国一条重要的经济带，是横贯我国东中西部、连接南北方的经济走廊，具有独特优势和巨大发展潜力，已发展成为我国综合实力最强、战略支撑作用最大的区域之一。2014年9月25日，国务院印发了《关于依托黄金水道推动长江经济带发展的指导意见》，提出在长江经济带区域内，先加强单个城市之间的联系，然后再以城市群为单位，加强城市群之间的经济联系，城市群之间相互依存，促进长江经济带的经济迅速发展。长江经济带一体化中，产业一体化的发展是其重要组成部分，如何立足各自比较优势和满足现代产业分工的要求，着力推进各地产业对接协作，优化区域分工和产业布局，是政府部门需要解决的问题，也是理论界需要深入研究的重要课题。在中央政府推动和引导下，长江经济带各级政府开展了一系列区域合作，签订合作协议，旨在强化区域内分工与合作，提高区域经济联系，促进区域的发展，在更高层次、更广的范围寻求实现一体化的有效途径。然而，长江经济带各省市目前的产业分工不明确，没有做好产业布局的协同工作，忽视了提高长江经济带的整体竞争优势。“十三五”期间，长江经济带进入战略整体布局全面深入的重要时期，各省份更应该发挥各地的区位优势，完善和升级产业结构，统筹规划产业布局，探索促进长江经济带产业协调发展的对策。

实现长江经济带市场一体化，有利于沿江各省市实现区域功能互补，解决东中西区域发展不平衡、不协调以及不可持续的发展难题；有利于发挥长江经济带对东中西部协调发展的战略扁担功能；有利于破除区域合作壁垒，促进土地、劳动力等生产要素自由流动，提高劳动生产效率，使长江经济带稳定发挥我国经济主驱动轴的作用（赵霞，2009）；有利于长江流域资源开发与生态环境保护，优化沿江产业布局。然而长期以来，长江经济带市场一体化发展面临着严重的体制机制障碍。一方面，行政区划边界所导致的省际市场分割严重；另一方面，长江流域上下游地区缺乏利益补偿机制，以邻为壑的发展思维导致严重的生态破坏与环境污染问题。本研究尝试建立长江经济带市场一体化测度指标体系，并对市场一体化水平进行测度，为实现长江经济带市场一体化提供决策支持。

区域交通一体化是一个发展的过程，当前，最现实的选择就是通过城市群、经济区的建立逐步实现区域交通一体化。但现实中，各地方政府都存在不同程度的地方保护主义，保护本地区短期发展目标，并追求本地利益最大化。这一问题的存在严重影响了区域间的交流与合作。实行区域交通运输资源整合，消除地方堡垒，优化区域内外的交通衔接，促进区域社会经济发展，急需一套系统的交通一体化整合理论来指导和引领区域交通运输业发展。长江经济带一体化中，交通一体化的发展是其重要组成部分，如何完善区域交通网络布局、提升区域运输组织效率和一体化服务水平、加强区域规划统筹，是亟待解决的问题。因此，以长江经济带为研究区域，基于2011 ~ 2015年公路、铁路、水运以及航空综合交通网络数据，对综合路网密度、客货运枢纽覆盖度、节点平均交通里程、节点平均旅行时间、区位优势度和交通优势度等指标进行权重计算，在此基础上，对长江经济带地区进行一体化效率评价，研究其区域一体化程度。

本报告提出的长江经济带的社会一体化，旨在增加社会建设在经济建设、政治建设、文化建设、生态建设“五位一体”中的统合功能。在推动区域发展中，不断完善社会整合机制、社会治理机制、社会保障机制、利益矛盾协调机制、社会危机处理机制，以解决人民最关心、最直接、最现实的利益问题为重点，使经济发展成果更多体现到改善民生上。目前，由于受行政条块分割体制的影响，跨区域的一些基础类、保障类的社会公共服务很难实现“无缝”衔接。例如，由于社会保障条件地区间的分割、公共服务地区间的差异制约了劳动力的有序、合理流动，进而影响了区域内城镇体系的建设。因此，推动区域经济社会的一体化发展，应该推动基础性保障条件的一体化，通过在各科技、产业、生态合作示范区内率先实现社会政策对接和基本公共服务均等有效提升，从而实现城镇发展的一体化。

为切实保护和改善长江生态环境，2017年，环境保护部、国家发展改革委、水利部联合印发《长江经济带生态环境保护规划》，明确了长江经济带生态优先、绿色发展的总体战略。加快推进生态文明体制改革，为破解长江经济带生态环境管理破碎化难题和促进整体性、系统性保护，提供了有利契机。供给侧结构性改革的全面实施，为推动长江经济带加快去产能、去库存、补短板的进程和实现绿色发展提供了重要抓手。全社会对环境保护的意识日益提升，生态环境保护的合力逐步形成，为长江经济带凝聚共识、协同发力奠定了社会基础。从当前地区生态环境保护基本成效来看，由于生态外部性与成本收益之间的不对称性，其协同保护的效果相对不明显，联防联控效果不具有可持续性，生态协同保护存在体制机制层面的困境。对此，应探索构建生态一体化指标体系，综合考察不同区域、不同维度的生态协同差别，提出跨区域生态一体化的对策措施。

长江经济带经济社会一体化发展指数，主要基于区域竞争力理论、生态系统理论、系统工程理论、循环经济理论、协同发展理论以及城市建设理论。本研究认为，长江经济带经济社会一体化的过程是一种跨地区、跨组织、跨文化的复杂的合作创新活动，是涉及产品创新、技术创新、管理创新、制度创新等多方面、多层次相互支持、联动创新的有机整体。长江经济带经济社会一体化发展指数，以实现长江经济带区域协同发展为目标，通过构建长江经济带经济社会一体化发展模型，促进长江经济带城市群空间优化与质量提升，推动长江经济带地区建设世界级科技创新和产业创新中心，树立城市群发展标杆，探索中国城市群一体化建设评价体系及方法，引领中国参与新一轮产业革命和科技竞争。本指数的建立，将对长期关注和研究长江经济带区域发展的理论工作者和各级政府决策部门提供重要参考。

长江经济带经济社会一体化发展指数对长江经济带地区的经济、社会发展及其一体化建设进行综合评价，建立系统、全面、具有特色的评价体系，并运用指数化评价方法进行量化测评，真实反映一定时期内长江经济带地区经济社会综合实力及其一体化发展水平。

第三节　长江经济带区域发展现状

一、长江经济带区域概况

长江经济带是指沿长江11个省份组成的经济区域。长江经济带区域发展有五大特色。一是交通便捷，具有明显的区位优势。长江经济带横贯我国腹心地带，经济腹地广阔，不仅把东、中、西三大地带连接起来，而且还与京沪、京九、京广、皖赣、焦柳等南北铁路干线交会，承东启西，接南济北，通江达海。二是资源优势。长江经济带不仅具有极其丰沛的淡水资源，而且拥有储量大、种类多的矿产资源，还拥有闻名遐迩的众多旅游资源和丰富的农业生物资源，开发潜力巨大。三是产业优势。这里历来就是我国最重要的工业走廊之一，钢铁、汽车、电子、石化等现代工业汇集于此。四是人力资源优势。长江流域是中华民族的文化摇篮之一，人才荟萃，科教事业发达，技术与管理先进。五是城市密集，市场广阔。沿江11个省份人口密集，多数省份居民收入水平相对较高，各种消费需求也十分可观，对于国内外投资者有很强的吸引力。

二、国内生产总值情况分析

国内生产总值（GDP）是指一个国家或地区在一定时期内运用生产要素所生产的全部最终产品（物质和劳务）的市场价值。它是衡量一个国家或地区整体经济水平的重要指标。本文对长江经济带11个省份的GDP、人均GDP以及GDP增长速度进行了比较分析。

从表1-1可以看出，长江经济带各省份的GDP在2007～2016年呈逐年增长的趋势。其中，江苏、浙江明显高于其他地区，云南、贵州、江西、重庆相对落后。

表1-1　2007～2016年长江经济带及全国GDP　单位：亿元

年份	上海	江苏	浙江	安徽	江西	湖北
2007	12494.01	26018.48	18753.73	7360.92	5800.25	9333.4
2008	14069.86	30981.98	21462.69	8851.66	6971.05	11328.92
2009	15046.45	34457.3	22990.35	10062.82	7655.18	12961.1
2010	17165.98	41425.48	27722.31	12359.33	9451.26	15967.61
2011	19195.69	49110.27	32318.85	15300.65	11702.82	19632.26
2012	20181.72	54058.22	34665.33	17212.05	12948.88	22250.45
2013	21818.15	59753.37	37756.59	19229.34	14410.19	24791.83
2014	23567.7	65088.32	40173.03	20848.75	15714.63	27379.22
2015	25123.45	70116.38	42886.49	22005.63	16723.78	29550.19
2016	28178.65	77388.28	47251.36	24407.62	18499	32665.38
年份	湖南	重庆	四川	贵州	云南	全国
2007	9439.6	4676.13	10562.39	2884.11	4772.52	270232.3
2008	11555	5793.66	12601.23	3561.56	5692.12	319515.5
2009	13059.69	6530.01	14151.28	3912.68	6169.75	349081.4
2010	16037.96	7925.58	17185.48	4602.16	7224.18	413030.3
2011	19669.56	10011.37	21026.68	5701.84	8893.12	489300.6
2012	22154.23	11409.6	23872.8	6852.2	10309.47	540367.4
2013	24621.67	12783.26	26392.07	8086.86	11832.31	595244.4
2014	27037.32	14262.6	28536.66	9266.39	12814.59	643974
2015	28902.21	15717.27	30053.1	10502.56	13619.17	689052.1
2016	31551.37	17740.59	32934.54	11776.73	14788.42	744127.2

数据来源：《上海统计年鉴》（2008～2017年）、《江苏统计年鉴》（2008～2017年）、《浙江经济年鉴》（2008～2017年）、《安徽统计年鉴》（2008～2017年）、《江西统计年鉴》（2008～2017年）、《湖北统计年鉴》（2008～2017年）、《湖南统计年鉴》（2008～2017年）、《重庆统计年鉴》（2008～2017年）、《四川统计年鉴》（2008～2017年）、《贵州统计年鉴》（2008～2017年）、《云南统计年鉴》（2008～2017年）、《中国统计年鉴》（2008～2017年）。

从表 1-2 可以看出，浙江和江苏的人均 GDP 也高于长江经济带大部分省份，同时也高于全国。上海的 GDP 总量虽然处于中游，但是人均 GDP 在长江经济带的 11 个省份中排名第一。

表1-2　2007～2016年长江经济带及全国人均GDP　单位：元

年份	上海	江苏	浙江	安徽	江西	湖北
2007	62041	33837	36676	12039	13322	16386
2008	66932	40014	41405	14448	15900	19858
2009	69165	44253	43842	16408	17335	22677
2010	76074	52840	51711	20888	21253	27906
2011	82560	62290	59249	25659	26150	34197
2012	85373	68347	63374	28792	28800	38572
2013	90993	75354	68805	32001	31930	42826
2014	97370	81874	73002	34425	34674	47145
2015	103796	87995	77644	35997	36724	50654
2016	116562	96887	84916	39561	40400	55665

年份	湖南	重庆	四川	贵州	云南	全国
2007	14869	16629	12963	7878	10609	20505
2008	18147	20490	15495	9855	12570	24121
2009	20428	22920	17339	10971	13539	26222
2010	24719	27596	21182	13119	15752	30876
2011	29880	34500	26133	16413	19265	36403
2012	33480	38914	29608	19710	22195	40007
2013	36943	43223	32617	23151	25322	43852
2014	40271	47850	35128	26437	27264	47203
2015	42754	52321	36775	29847	28806	50521
2016	46382	58502	40003	33246	31093	53980

数据来源：《上海统计年鉴》（2008～2017年）、《江苏统计年鉴》（2008～2017年）、《浙江经济年鉴》（2008～2017年）、《安徽统计年鉴》（2008～2017年）、《江西统计年鉴》（2008～2017年）、《湖北统计年鉴》（2008～2017年）、《湖南统计年鉴》（2008～2017年）、《重庆统计年鉴》（2008～2017年）、《四川统计年鉴》（2008～2017年）、《贵州统计年鉴》（2008～2017年）、《云南统计年鉴》（2008～2017年）、《中国统计年鉴》（2008～2017年）。

从表1-3国内生产总值的增长速度来看，2007～2016年，长江经济带 11 个省份的平均增长速度前三位分别为重庆、贵州、湖北，而湖南、安徽、四川并列第四位。

表1-3　2007～2016年长江经济带及全国GDP增长速度　单位：%

年份	上海	江苏	浙江	安徽	江西	湖北
2007	15.2	14.9	14.7	14.2	13.2	14.6
2008	9.7	12.7	10.1	12.7	13.2	13.4
2009	8.2	12.4	8.9	12.9	13.1	13.5
2010	10.3	12.7	11.9	14.6	14	14.8
2011	8.2	11	9	13.5	12.5	13.8
2012	7.5	10.1	8	12.1	11	11.3
2013	7.7	9.6	8.2	10.4	10.1	10.1
2014	7	8.7	7.6	9.2	9.7	9.7
2015	6.9	8.5	8	8.7	9.1	8.9
2016	6.9	7.8	7.6	8.7	9	8.1
平均增速	8.8	10.8	9.4	11.7	11.5	11.8

年份	湖南	重庆	四川	贵州	云南	全国
2007	15	15.9	14.5	14.8	12.2	14.2
2008	13.9	14.5	11	11.3	10.6	9.7
2009	13.7	14.9	14.5	11.4	12.1	9.4
2010	14.6	17.1	15.1	12.8	12.3	10.6
2011	12.8	16.4	15	15	13.7	9.5
2012	11.3	13.6	12.6	13.6	13	7.9
2013	10.1	12.3	10	12.5	12.1	7.8
2014	9.5	10.9	8.5	10.8	8.1	7.3
2015	8.5	11	7.9	10.7	8.7	6.9
2016	8	10.7	7.8	10.5	8.7	6.7
平均增速	11.7	13.7	11.7	12.3	11.2	9

数据来源：《上海统计年鉴》（2008～2017年）、《江苏统计年鉴》（2008～2017年）、《浙江经济年鉴》（2008～2017年）、《安徽统计年鉴》（2008～2017年）、《江西统计年鉴》（2008～2017年）、《湖北统计年鉴》（2008～2017年）、《湖南统计年鉴》（2008～2017年）、《重庆统计年鉴》（2008～2017年）、《四川统计年鉴》（2008～2017年）、《贵州统计年鉴》（2008～2017年）、《云南统计年鉴》（2008～2017年）、《中国统计年鉴》（2008～2017年）。

三、三次产业结构情况分析

采用 2007 ~ 2016 年长江经济带产业结构的相关数据，来分析长江经济带 11 个省份产业结构的变化和现状。从表 1–4 可以看出，上海、贵州以第三产业为主，整体呈现的是“三二一”的结构，安徽、江西、湖北、湖南、重庆、四川、云南的产业结构呈“二三一”的结构，但第一产业的占比明显高于上海、江苏、浙江。

表1-4　　2007 ~ 2016年长江经济带生产总值产业构成　　单位：%

产业	上海			江苏			浙江		
年份	一产	二产	三产	一产	二产	三产	一产	二产	三产
2007	0.8	44.8	54.4	7.0	55.6	37.4	5.3	54.1	40.6
2008	0.8	43.5	55.7	6.8	54.8	38.4	5.1	53.9	41
2009	0.7	40.2	59.1	6.5	53.9	39.6	5.1	51.6	43.4
2010	0.7	42.3	57	6.1	52.5	41.4	4.9	51.1	44
2011	0.6	41.6	57.8	6.3	51.3	42.4	4.9	50.5	44.6
2012	0.6	39.2	60.2	6.3	50.2	43.5	4.8	48.9	46.3
2013	0.6	36.6	62.8	5.8	48.7	45.5	4.7	47.8	47.5
2014	0.5	35.1	64.4	5.6	47.4	47.0	4.4	47.7	47.9
2015	0.4	32.2	67.4	5.7	45.7	48.6	4.3	45.9	49.8
2016	0.4	29.8	69.8	5.4	44.1	50.5	4.2	44.8	51.0
产业	安徽			江西			湖北		
年份	一产	二产	三产	一产	二产	三产	一产	二产	三产
2007	16.3	44.7	39.0	15.6	51.3	33.1	14.8	44.4	40.8
2008	15.98	46.62	37.4	15.2	51.0	33.8	15.7	44.9	39.4
2009	14.86	48.75	36.39	14.4	51.2	34.4	13.8	46.6	39.6
2010	13.99	52.08	33.93	12.8	54.2	33.0	13.5	48.6	37.9
2011	13.17	54.31	32.52	11.9	54.6	33.5	13.1	50.0	36.9
2012	12.66	54.64	32.7	11.8	53.6	34.6	12.8	50.3	36.9
2013	11.79	54.03	34.18	11.0	53.5	35.5	12.2	47.6	40.2
2014	11.47	53.14	35.39	10.7	52.5	36.8	11.6	46.9	41.5
2015	11.16	49.75	39.09	10.6	50.3	39.1	11.2	45.7	43.1
2016	10.64	48.06	41.3	10.3	47.7	42.0	11.3	44.5	44.2

续表

产业	湖南			重庆			四川		
年份	一产	二产	三产	一产	二产	三产	一产	二产	三产
2007	17.2	42.1	40.7	10.3	46.7	43.0	19.2	44.0	36.8
2008	16.4	43.5	40.1	9.9	44.6	45.5	17.6	46.2	36.2
2009	15.1	43.5	41.4	9.3	45.0	45.7	15.6	43.3	41.1
2010	14.5	45.8	39.7	8.6	44.6	46.8	14.2	46.0	39.8
2011	14.1	47.6	38.3	8.4	44.6	47.0	14.0	47.8	38.2
2012	13.6	47.4	39.0	8.2	45.4	46.4	13.6	47.1	39.3
2013	12.2	46.9	40.9	7.8	45.5	46.7	12.8	46.9	40.3
2014	11.6	46.2	42.2	7.4	45.8	46.8	12.4	45.0	42.6
2015	11.5	44.3	44.2	7.3	45.0	47.7	12.2	44.1	43.7
2016	11.3	42.3	46.4	7.4	44.2	48.4	12.0	42.6	45.4
产业	云南			贵州			全国		
年份	一产	二产	三产	一产	二产	三产	一产	二产	三产
2007	17.5	42.7	39.7	15.5	39	45.5	10.3	46.9	42.9
2008	17.9	43.1	39.0	15.1	38.5	46.4	10.3	46.9	42.8
2009	17.3	41.9	40.8	14.1	37.7	48.2	9.8	45.9	44.3
2010	15.3	44.6	40.0	13.6	39.1	47.3	9.5	46.4	44.1
2011	15.9	42.5	41.6	12.7	38.5	48.8	9.4	46.4	44.2
2012	16.0	42.9	41.1	13.0	39.2	47.8	9.4	45.3	45.3
2013	15.7	41.7	42.5	12.3	40.6	47.1	9.3	44.0	46.7
2014	15.5	41.2	43.2	13.8	41.7	44.5	9.1	43.1	47.8
2015	15.1	39.8	45.1	15.6	39.6	44.8	8.8	40.9	50.2
2016	13.6	35.1	51.3	15.8	37.9	46.3	8.6	39.8	51.6

数据来源：《上海统计年鉴》（2008～2017年）、《江苏统计年鉴》（2008～2017年）、《浙江经济年鉴》（2008～2017年）、《安徽统计年鉴》（2008～2017年）、《江西统计年鉴》（2008～2017年）、《湖北统计年鉴》（2008～2017年）、《湖南统计年鉴》（2008～2017年）、《重庆统计年鉴》（2008～2017年）、《四川统计年鉴》（2008～2017年）、《贵州统计年鉴》（2008～2017年）、《云南统计年鉴》（2008～2017年）、《中国统计年鉴》（2008～2017年）。

第二章

相关理论与研究评述

第一节 概念内涵

一、区域经济一体化内涵

"一体化"（Integration）一词来自企业以兼并或者联合等方式实现资源整合、提升竞争力的发展战略，如横向一体化、纵向一体化。随着区域经济学的兴起，区域经济一体化的概念也随之泛化。区域经济学将"区域"的地域范围缩小到一国内部。因此，区域经济学中的"区域经济一体化"不再具有国际合作的概念，而是指一国范围内某特定区域的经济一体化过程，尤其指区域内的经济活动打破区域行政区划的约束而产生紧密联系和高水平经济合作的区域经济发展过程。

国外学者对区域经济一体化还没有形成统一的界定。Tinbergen（1954）认为经济一体化就是对阻碍经济最有效运转的人为因素进行消除，通过相互协作与统一，缔造最适宜的国际经济结构。法里

本章作者："长江经济带经济社会一体化发展指数研究"课题组。

佐夫（1986）在《发展中国家间的经济合作》一书中指出，“区域经济一体化”是指经济发展水平相近的国家在国民经济之间发展深刻的相互联系和开展分工的客观进程。它不仅包括这些国家的对外开放交往领域和市场联系，而且渗透物质生产领域，使这些再生产过程的相互联系越来越密切，各国的民族经济紧密结合起来，并建立区域经济综合体。罗布森（2001）从国家合作和共同利益的角度进行界定，认为经济一体化是指各成员国凭借自己的相对优势，通过协调共同的发展目标与分工协作，从而比单方面行动获得更多的经济利益的过程。

国内学者在总结借鉴国外区域经济一体化研究的基础上，提出了适应中国国情的区域经济一体化发展的理论和观点，将“一体化”定义为消除国家或区域间贸易壁垒和贸易障碍的一个过程，或简单描述为一种发展的状态。千惠雄（2010）认为区域经济一体化的实质是区域内各地区间以市场为纽带，进行分工与协作，在过程上表现为各地区间物质、能量、资本、技术以及人员的流动，最终的结果则表现为各地区生产率、要素收益、产品价格和居民生活水平趋同。杨开忠（2016）从国内区域经济一体化的角度进行界定：区域经济一体化是区域经济的结合，但它并不是指区域与区域之间一次性的联合行动，而是指在地域分工及其伴生的区际利益分配过程中，一些区域为了共同的利益而进行协调行动的行为过程和组织。田青（2017）从国际区域经济一体化的角度进行界定：经济一体化是指参与者之间充分利用本国的相对优势，通过不断协调和整合而达成的一体化行为，在共同的目标下获得各国在单方面采取行动的情况下所不能获得的经济利益，最终形成一个统一的经济发展整体，从而实现资源的优化配置和制度创新的过程。

二、市场一体化内涵

由于市场一体化是经济一体化的一部分，因而研究市场一体化，就不能绕开经济一体化。20 世纪 30 年代，瑞典经济学家赫克歇尔在其两卷本著作《重商主义》中提及“经济一体化”这一概念。但是此时，其国内经济的分割现象还没有引起人们的注意。1950 年，美国经济学家雅各布·瓦伊纳的《关税同盟问题》出版，标志着国际一体化理论的形成。雅各布·瓦伊纳提出了以贸易创造效应和贸易转移效应来衡量一国加入一个关税同盟的利弊。贸易创造效应是指成员会停止生产低效率产品转而进口其他成员的同种高效率产品；贸易转移效应是指由于关税差别，成员会停止进口非成员的高效率产品转而进口其他成员的低效率产品。之后，经济一体化、市场一体化无论在理论上还是在概念内涵上，都被诸多学者作为研究对象。Machlup（1975）提出“市场一体化”概念。Machlup 认为：完全的市场一体化意味着任何市场元素的适度流动性，买方和卖方对于所交易对象的来源地和销售地无差异。因为生产所需的所有要素的完全流动性不需要，也不可能实现，故流动性只需要适度和充分即可。这里的适度流动性是指某部分的总供给可以流动，但不需要额外的不必要成本（比如，为获得政府允许进入异地市场的贿赂成本）。此后，经济学家进一步研究经济一体化，产生了诸如要素市场、政策以及完全经济一体化理论，国际经济一体化理论内容也得到了进一步完善和丰富。这方面的研究中，国内学者的研究更贴近我国区域经济（市场一体化）的现实。林文益（1994）认为，国内统一市场是指能把国内各地区的经济在社会分工和商品经济高度发达的基础上融合成一个相互依存的有机统一体的市场，也就是实现社会大生产的再生产所需要的国内市场。国务院发展研究中心课题组（2005）认为，区域市场一体化是指一个完整区域内不同地方的市场主体之行为受到同一供求关系的调节，是不同区域之间的“经济边界”逐步消失的过程。石磊和马士国（2006）认为，产品的特性造成市场分割，比如有些产品不适合长途运输等，并以此提出了“自然市场分割水平”的概念。孙明贵（1996）对“区域市场”和“统一市场”的概念和关系进行了辨析，其所论述的“区域市场”是空间和功能上的“局部市场”。

银温泉和才婉茹（2001）认为，一般可以从三个方面理解市场一体化的含义。其一，它是一种地方市场分割行为的消除。地方市场分割是指一国某区域内各地方政府为了本地的利益，通过费率控制、技术壁垒与行政管制等多种手段，限制外地要素和产品进入本地市场或限制本地要素和产品流向外地的行为，而市场一体化就是指不断消除市场分割的行为或采取的措施。其二，它描述的是一种状态或水平，即在这种状态下，某区域内不同地方的市场主体（或其行为）受到相同的供求关系的调节。其三，它描述的是一个过程或趋势，即在这个过程中，区域内部各地方之间的经济边界逐步消失。与此相反，市场分割是指在某区域内不同地方的市场主体受到不同市场供求关系的调节，各地方之间存在大量的贸易壁垒，各地方之间的经济边界不断得以强化。赵亚平和肖湘（2001）认为，区域市场一体化包括以下基本内涵：一是统一性，即市场规格等内在要素的统一；二是开放性，即市场对外开放，更主要的是对内开放；三是竞争性，即障碍的消除和公平的市场环境；四是秩序性，即市场本身的规则维系市场活动的秩序性。Giovanni Sartori（2009）认为，概念内涵应包括信息内涵和有效范围两个维度，信息内涵代表概念描述的信息特征，有效范围代表概念的适用范围。区域经济一体化的形成与市场一体化有着密切的关系，区域经济一体化的实质内容是区域之间要素的自由流动和企业的投资自由化、贸易自由化，重要的前提就是区域之间的市场开放和投资、贸易的自由。宁丹（2015）认为，区域市场一体化可以理解为消除“经济边界”之后形成的商品、要素等能够自由流动的统一市场。“经济边界”主要是指各种人为的或者自然形成的市场壁垒。Viner（1950）、World Bank（2009）、吕典玮和张琦（2010）等将市场一体化定义为多国区域经济整合的状态及过程，包括贸易壁垒的削弱、消除，以及生产要素自由流动等，最终体现在生产要素的种类及结构、商品要素价格与居民收入水平趋同。孟庆民（2001）认为，区域经济一体化是市场一体化的过程。这与 Giovanni Sartori 的观点是相通的。覃成林等（2006）认为，中国改革开放以来的区域经济一体化是与经济市场化相伴的，市场一体化为区域经济一体化提供了前提条件和驱动力。

三、产业一体化内涵

产业一体化是区域经济一体化的重要组成部分，它是在一个产业资源丰富、政府协调机制成熟的区域内，按照产业发展目标及市场经济的要求，运用市场机制协调政府、社会与市场三方力量，加速产业的整合和重组，发挥区域产业资源的比较优势，提高资源的使用效率，从而促进区域产业共同发展、共同繁荣的动态过程。在市场经济条件下，产业一体化是毗连的城市或地区充分发挥经济发展方向的同一性、产业的互补性，促进生产要素自由流动，加速产业的整合与重组，实行地区经济分工与协作，从而以整体优势参与对外竞争。产业一体化的核心内容也是产业一体化最终要达到的目的，即各区域产业之间的分工与协作——既有专业化的分工，又有产业之间的互动与合作，形成具有分工协作的良好运作机制，从而提升整个区域的产业竞争力。

四、交通一体化内涵

王培宏和贺国光（2003）认为，交通一体化是交通运输业综合运输体系建设的需要，是综合运输的未来发展方向。荣朝和、谭克虎（2008）认为，20世纪八九十年代，欧美发达国家在城市化后出现的郊区化现象使得整个社会对交通的需求激增。一方面，城市化所导致的人口集聚致使中心城区变得十分拥挤；另一方面，人们生活的郊区化使得私家车拥有变得十分普遍，在加重各地交通压力的同时，也带来了空气污染、交通噪声、道路安全、土地利用等诸多社会问题。因此，必须关注交通一体化，并首先通过解决城区与郊区、城市与城市之间的路网连接和交通联运问题来实现一体化。交通运输业发展到一定程度后的一体化就是在要求实现全程、无缝和连续运输的同时，建设与之配套的经济、技术和组织系统。

当前，对交通一体化的界定存在着狭义和广义上的两种理解。其中，狭义上的交通一体化主要强调的是各种运输方式与系统的综合集成，通过运输方式和系统的一体化来高效率完成人与货物的空间位移，多式联运和一体化运输是整个交通一体化的核心内容；广义上的交通一体化是交通运输系统内部各组成部分间以及交通运输系统与外部环境间的一体化协调发展。基于欧美国家对交通一体化的狭义和广义理解，国内学者也对交通一体化的内涵做了很多解读。王培宏和贺国光（2003）认为，交通一体化是对交通工具、设施、信息等所有交通资源进行统一的规划、管理、组织和调配，以实现交通运输系统的整体优化，进而做到交通资源的最充分利用和所有交通需求的最大限度满足。黄静兰（2005）、曾青（2006）、付建飞（2007）、殷惠（2007）、郭战伟（2008）等主要从运输一体化的角度阐释了交通一体化的概念，认为它是在区域经济发展总体目标的指导下在全区域范围内进行交通运输资源的优化配置，通过各种运输方式的合理分工，充分做到不同交通运输方式的优势互补，在打破行政界限、部门界限、地域界限的基础上推动综合运输系统在区域内的协调发展，从而提高区域交通运输的总体效益和服务水平。付菊红和许云飞（2009）认为，交通一体化是若干地域邻近的国家或地区为了适应社会经济发展的要求，打破国界或行政区划的限制，建立起跨区域的组织机构和运转机制，制定并实施较为统一的政策、法规，来统筹区域间的交通基础设施建设、运输体系和交通信息等的规划、组织、建设、运行、管理和调控等工作，从而实现交通资源在区域内的优化配置，促进交通现代化和交通的可持续发展，以支撑和引导区域社会经济大发展。

五、社会一体化内涵

党的十九大报告高度重视社会建设，从统筹推进“五位一体”总体布局和协调推进“四个全面”战略布局的高度，对社会建设、社会治理问题进行了阐述，明确提出要打造共建共治共享的社会治理格局，要完善公共服务体系，保障群众基本生活，不断满足人民日益增长的美好生活需要，不断促进社会公平正义，形成有效的社会治理、良好的社会秩序，使人民的获得感、幸福感、安全感更加充实、更有保障、更可持续。在区域经济一体化发展的同时，社会建设领域的协同发展成为区域社会一体化的主要内容，尤其是对于关切民生的教育、医疗、就业、社会保障等政府公共产品供给能力的协调发展、均衡发展，往往成为决定区域一体化成效的关键。

近年来，国内学者就区域社会一体化相关内涵、外延及实践进行了社会学、新经济地理学、福利经济学等多视角的研究。唐亚林（2015）基于产业升级、城市群发展与区域经济社会一体化，指出：建构当代中国区域协同治理的新图景，需要从区域战略规划视角对区域治理政策框架体系进行顶层设计。皮亚彬（2016）建立了一个包含城市拥挤成本的非对称新经济地理学模型，分别从工人、地方政府和中央政府的视角，分析区域一体化的福利效应。其研究发现：区域一体化有助于社会总体福利改善，但对不同经济主体的影响不同；区域一体化总体可以改善熟练工人的福利，但对不可流动工人的影响则取决于其区位。地方政府对区域一体化的偏好取决于其政策目标，若其目标是在“晋升锦标赛”中获胜，则总有地区倾向于市场分割策略；而以本地居民福利最大化为目标时，则两地区有机会通过区域一体化实现共赢。中央政府需要权衡效率和公平之间的关系，在通过区域一体化水平提高经济系统整体效率的同时，也必然会经历一个区域发展差距扩大的阵痛期，需要采取转移支付等措施来缓解区域差距过大带来的负面影响。楚伯微（2016）探讨了京津冀协同发展背景下的社会保障一体化。朱靓雨（2016）认为，目前京津冀三地碎片化的社会保险制度对企业与人员的顺畅流动形成了阻碍；改革三地的社会保障制度，实现三地社会保险制度的衔接与整合，成为当前京津冀一体化的必要前提和迫切要求。周波等（2017）对京津冀社会保障区域一体化进行了研究。张可（2020）基于1995 ~ 2016年中国30个省级行政区的数据，运用动态空间面板杜宾模型和广义空间二阶段最小二乘模型验证了区域一体化对环境污染和社会福利的影响。

社会一体化指数是本研究区域一体化发展指数的五个一级指标之一。社会一体化指数旨在测量在实现区域经济一体化过程中所应达到的社会建设、社会融合发展的程度，社会一体化指数也是全面反映区域发展状况的必要条件。

六、生态一体化内涵

随着生态环境对人类生产和生活的影响越来越大，各地区生态环境之间的相互影响也更加深入，关系也更加紧密。区域生产生活当中产生的各类废弃物、有害气体、垃圾、污水，不但对自身产生危害，还通过自然和人为转移，造成其他地区的生态破坏和环境污染。同样，区域生产生活对生态环境中土壤、水、大气的污染，对森林、草原、湿地的损毁，不仅直接影响各地居民的生活质量和身体健康，而且由于传导作用，对另一地居民的生产生活造成损害。因此，区域生态环境一体化是综合整治区域污染、修复区域生态环境的必然选择。由此可以认为，生态一体化是指以大系统观为指导，消除区域内各个地区之间在生态环境管理政策、享受权益以及资金投入上的差异，将区域生态环境作为一个整体进行综合治理，最终实现区域内生态环境的整体提升和改善。

生态一体化是经济发展过程中实现社会效能与生态效能良性循环的最佳手段。区域生态一体化侧重于从生态环境本身的维度衡量不同区域之间的协调与耦合程度。目前，生态一体化指标设置尚无统一标准，学者们着重从自然保护、资源利用及污染防治三个维度展开分析。

七、区域一体化的内涵

为了促进经济发展，一些发达国家之间形成了生产交换分工、要素自由流动并具有协调机制的有机整体，保证一定范围内生产要素的自由流动和优化配置，即区域一体化的最初形式。区域一体化在国外最早指的是区域经济一体化。随着区域一体化的进一步发展，原来的区域经济一体化概念已经不能完全涵盖区域一体化的全部内涵，一体化过程不仅发生在经济领域，更体现在制度合作方面。近半个世纪以来，国外学者关于区域一体化的研究已从单纯的经济转变为多方面的研究。斯科特（2008）认为区域一体化是将不同区域内的生产要素壁垒打破，并进一步弱化其作用，最后消除其界限的一种过程，最终目的是使生产要素在不同区域内自由地流动。Erll（2010）基于区域一体化的多样性，多方位、多角度地研究了区域一体化在全球各地区的实践，并从制度及文化等方面拓展了对区域一体化的认识。国内区域一体化研究的重点主要集中在某些特定区域的一体化研究及区域一体化测度等方面。陈雯等（2021）认为区域一体化是各区域通过分工合作，形成整体效益更大化的发展共同体的过程和状态。

八、区域经济社会一体化的内涵

区域经济社会一体化是一个集产业自然形态、制度的主动适应以及公共服务支撑的系统化工程，任何一个方面的缺位都会导致区域资源效率不经济的形成。区域经济社会一体化是指在推进区域治理过程中，改变只重经济发展而忽视社会发展、只重区域经济一体化而忽视区域经济社会一体化的倾向，更加注重将经济发展与区域经济一体化的成果造福于区域民众的社会福祉的提升，大力推进区域公共服务标准化与均等化进程，通过经济发展与社会发展的有机互动，建构区域经济社会一体化发展的新型动力，并塑造区域治理的新型发展空间（唐亚林，2015）。从内涵上看，区域经济社会一体化是推进当代中国区域治理的本质要求。

第二节　区域市场一体化相关理论及研究评述

一、市场一体化理论

1. 古典经济学

区域市场一体化的思想可追溯至古典经济学时期。古典经济学的鼻祖亚当·斯密指出，“分工程度由市场范围决定，市场范围由运输效率决定”。这一观点蕴含着统一区域市场有利于整个区域深化分工、提高效率的思想。在当时，运输正是影响市场范围的关键因素。其他古典经济学家如大卫·李嘉图也对国际商品市场一体化进行了系统研究。这些研究主要是从国际贸易的视角进行的。

2. 新古典经济学

在新古典经济学中，市场是一个抽象的概念，交易都在抽象中完成，因此它并不会探讨现实中市场一体化的意义。但新古典经济学所阐释的各种经济效应，可以作为区域市场一体化有利于区域总体经济增长的理论依据。有两种经济效应比较典型。第一种是规模经济。规模经济是新古典经济学成本理论中的重要概念，它指的是厂商由于扩大生产规模、增加产量而使长期平均成本下降、经济效益提高。第二种是范围经济。范围经济是指一起生产几种产品的成本低于独立生产各产品所需成本的总和。

3. 新制度经济学的交易费用理论

1937 年，芝加哥学派的代表人物罗纳德·科斯在《企业的本质》中提出了新制度经济学的重要理论——交易费用理论，而这一理论与市场一体化以及斯密定理有着千丝万缕的联系。交易费用理论指出，利用价格机制是有成本的——发现相对价格是有成本的，每一笔交易的谈判和签约也是有成本的。由此我们可以推论，区域市场一体化有利于或者说就是要使这种成本尽可能降低，从而节约资源。

二、市场一体化的测度方法综述

根据区域市场一体化的定义和内涵，已有研究提出大量方法对其进行测量。区域市场一体化的测度方法分为两大类：动态水平的测度和静态水平的测度。

1. 区域市场一体化动态水平的测度

（1）贸易流法

贸易流法是从区际贸易流量的变化测度区际市场整合状况的方法，区际贸易流量越大表示区域市场整合程度越高，反之越低。Naughton（1999）、Poncet（2002、2003）等利用贸易流法对市场整合程度进行了测度。Naughton（1999）运用引力模型测算历年来中国省际工业品的贸易流量，认为总贸易流量和部门内部各细分行业间的贸易都增长迅速，这个趋势说明中国工业品市场一体化在不断提升。Poncet（2003、2005）运用边界效应模型度量了中国商品市场一体化趋势和地方保护政策的演化，认为中国省际贸易的边界效应显著上升，市场分割现象存在加剧的可能。黄赜琳和王敬云（2006）运用投入产出表分行业对各区域进行了边界效应测算，得出各地区的地方保护政策还比较严重，各地政府对农业和服务业的保护程度较高，对第二产业的保护程度相对较低。

（2）问卷调查法

该方法是通过个人、企业和政府等有关主体填写调查问卷，获取有关主体对地方市场分割情况的主观判断。国务院发展研究中心“中国统一市场建设”课题组（2005），龚冰琳、徐立新和陈光炎（2005）采用该方法测度全国各地的区域市场分割情况。问卷调查结果均表明，中国省域的地方保护主义随时间推移在显著降低，但烟、酒等行业的地方保护仍比较严重。他们的研究还发现，越贫困的地区，受地方保护主义的阻碍越多，消除地方保护主义将带来显著的经济效益（通常占企业总收入的 4% ~ 9%），因为地方保护主义程度越轻时，其他省份的相对价格越高，其他省份商业环境的相对吸引力越大，企业对其他省份的出口比重也就越高。此外，周国红和楼锡锦（2007）对宁波市 532 家企业进行问卷调查，研究发现，45.7% 的企业与其他长三角地市的企业有较长期合作关系，没有合作关系的占 25.5%，且 64.6% 的宁波市企业和上海等长三角其他地区的企业生产合作比较顺利或很顺利，由此认为长三角地区的企业之间已开展较为广泛的交流与合作。广东省社会科学院 2011 年编制了 6 个方面近 20 个一级指标、30 个二级指标，通过公众参与、专家打分和政府部门自检等，对珠三角区域一体化进行评价。

问卷调查法的计算过程是，先通过多层次、分类别的问答方式获得企业、政府官员等对市场一体化真实感受的一手材料，将材料数量化处理后，得出区域市场一体化水平。问卷调查法对区域市场一体化信息的直接获取，能够充分反映市场的真实状况。但该方法的经济成本过高，且随着研究样本的扩大，经济成本将以倍数增加，因此该方法只能采用抽样分析，所得结果严重依赖于抽样数据的质量，即使抽样技术可以保证抽样得到的数据质量，该方法对经济成本的客观依赖也难以适用于大部分研究工作。

（3）社会网络分析法

该方法是将城市的非农业人口数、GDP、城市间距离、城市对城市间经济联系的贡献率引入模型，进而测算城市间的经济联系（侯赘慧等，2009）。

（4）时间序列协整法

喻闻和黄季焜（1998）对中国各省份 1988 ~ 1995 年每 10 天的大米价格的协整检验表明，长期来看中国大米市场整合程度相当高，且短期内的大米市场整合水平也越来越高。曹庆林和范爱军（2008）以中国各地猪肉市场的价格为例，采用时间序列做协整检验，结果表明 76.85% 的省份间的猪肉价格不存在协整关系，但省份间的市场联系指数短期内与中心市场的价格存在一定联系。

2. 区域市场一体化静态水平的测度

（1）生产法

生产法是根据经济生产活动中要素投入后的产出效率，及在此过程中形成的产业结构和经济结构等变量，测度区域市场一体化水平。它是从结果反推原因的逻辑方式，如果技术效率越高，以产业结构等反映的分工越合理，则区域市场一体化水平越高。Young（2000）从地区三次产业结构变化趋势，及各地商品零售价格方差等随时间改变的趋势，认为中国在改革开放之后的区域经济分割越来越严重。郑毓盛和李崇高（2003）对中国宏观技术效率的研究，在一定程度上印证了 Young 的结论，认为中国省际资源配置不合理情况正在恶化，表明中国区域市场非一体化的负面影响越来越大。但 Holz（2009）从五个方面对 Young 的测度结果进行了批判性的理论分析，认为 Young 的结论无法得到理论和经验上的支撑。白重恩等（2004）针对中国32个行业的胡佛地方化系数测度表明，研究期内中国各省份产业集中度的平均水平正不断提高，即中国区域市场整合水平正不断提高，从实证上否定了Young的研究结论。吴三忙和李善同（2011）利用分省分行业两位码制造业数据，实证分析中国市场一体化和地区专业分工等演变情况，结果表明，改革开放以来中国市场一体化水平和地区专业分工水平总体上不断提高。

（2）经济周期法

该方法的逻辑是，区域市场一体化水平越高，在资源自由流动的情况下，地区之间经济周期的变动趋势越相似，联动性越强。Tang（1998）采用结构向量自回归模型研究中国各省份之间经济周期的相关性，结果表明单一的全国经济还没有形成。Xu（2002）从地区经济周期的关联程度出发，对经济增长影响因素按国家、部门和省划分，测度地区之间经济周期相关性强弱，来表示区域市场一体化水平的高低。

（3）价格法

价格是调节市场、发挥市场机制作用的核心要素。地区之间资源自由流动成本越低，相同产品的价格应该越接近，区域市场一体化水平也应该越高。价格法测度区域市场一体化的数学形式主要包括：测度相同产品或要素价格在不同地区变动的协整关系；测度相同产品或要素在不同地区的价差。它的基本理论是修正的“一价定律”（Law of One Price）下的“冰川模型”，即在假定客观存在的物理距离会对产品价值带来磨损的前提下，分析这种磨损的变动，在直观上表现为产品价格在区域间的方差，如果方差增大，则说明区域市场分割严重，否则说明市场分割程度降低。

Parsley 和 Wei（2001）提出利用产品相对价格方差测度区域间商品市场整合趋势。柯善咨和郭素梅（2010）、盛斌和毛其淋（2011）根据 Parsley 和 Wei 的方法，分别取“价格方差”倒数和倒数的平方根，作为中国省际区域市场一体化测度值。卜茂亮、高彦彦、张三峰（2010）基于相对价格法，从衣着、家庭设备用品及服务、医疗保健和个人用品、交通和通信、娱乐教育文化和居住等方面，测度了长三角市场一体化程度。孙博文等（2006）采用相对价格法对长江经济带商品市场的相对价格方差进行测度，发现相对价格方差与商品市场一体化指数呈负相关。李国平（2009）选取 1985 ~ 2007 年京津冀三省市 9 类主要商品相对价格的面板数据，采用基于相对价格方差法的市场一体化测度模型，对京津冀地区市场整合程度进行测度。陈甬军和丛子薇（2017）基于相对价格法（价格方差）和主成分分析法，构建综合反映商品及要素市场的京津冀市场一体化协同发展测度体系，利用 2001 ~ 2013 年 11 大类商品价格指数和 3 类生产要素价格指数，研究京津冀市场一体化的历史进程及现状。

（4）边界效应测度法

黄赜琳和王敬云（2006）从区域间的行业贸易出发，利用投入产出表对中国的八大区域分行业进行边界效应测算，研究中国国内贸易的地方保护情况。李郇和徐现祥（2006）对苏浙沪三地之间的边界效应进行了实证分析，从时间序列维度上看，苏沪之间的边界效应正在缩小，浙沪之间的边界效应存在增加的趋势，而苏浙之间的边界效应对区域一体化的影响在减小。赵永亮和刘德学（2008）利用中国 12 个大中城市 6 类消费价格分类指数，计算出方差和协方差值，再从商品类别和区域层面测度边界效应，结果表明，不同商品类别和不同地区价格差的边界效应不同。

（5）主成分分析法

主成分分析法是通过数据分解的方式获得影响变量方差的主要因素，该因素是所有变量的线性组合，由此称为主成分。赵伟和徐朝晖（2005）从贸易、旅游、分工、资本、技术、人力资源、信息等方面的24个二级指标，测度中国30个省份1998～2002年的国内开放程度，结果显示：东部沿海地区比中、西部地区的区际开放度更高；排名靠前和靠后的省份，区际开放程度差距较大，且有继续扩大的趋势；中、西部各省份间的区际开放度差异较小。周立群和夏良科（2010）采用多指标的因子分析法，测度京津冀、长三角和珠三角的区域经济一体化和市场一体化水平，包括城市间联系度、产品市场同一度、要素市场同一度、政府效能同一度、市场化同一度、经济发展趋同6个一级指标、17个二级指标。此外，Bowen等（2008）根据“Zipf定律”，利用欧盟和美国在人力资本、物质资本和总产出的收敛性研究经济一体化。

三、实证测度综述

戴学珍（2002）在研究京津市场一体化时，比较全面地指出了两地要素市场存在四大壁垒及其影响。一是资金壁垒，即两地政府都追求本地区产业门类齐全，导致重复建设，不仅不能发挥自己的优势，而且加剧了劣势。二是产权交易壁垒，即本地政府不允许外地企业根据需要联合或兼并本地骨干企业，不允许本地企业外迁，也不允许本地骨干企业自由决定跨地区联合或兼并，甚至强迫其联合本地较差企业。这导致了效率的损失。三是人才壁垒，即档案、工资人事关系、组织关系、户籍等规定将人束缚在局部范围内，导致人才流动受限。四是环境壁垒，即限制一些环境不友好的产业进入本地。这些问题虽然是在研究京津两地时提出的，但对其他地区同样适用，其中前三大壁垒仍是研究热点。针对这些问题，学者们提出的对策可以总结为：加强整体意识，打破壁垒；加强市场主导地位。事实上，这些与加强商品市场一体化的对策是类似的（吕典玮，2011）。

四、相关研究文献评述

1. 市场一体化的内涵研究评述

已有的研究让我们深化了对市场一体化内涵的认识。市场一体化与地方市场分割是相对应的概念，从一定意义上说，建设全国统一开放市场的过程就是逐步消除地方市场分割的过程。区域和市场一体化是区域经济一体化的前提。国内的区域市场一体化是指在一个主权国家范围内，具有地缘关系的省份之间、省内各地区之间、城市之间，为了生产、消费、贸易等利益的获取，而产生的市场一体化的过程，同时包括从商品市场、生产要素市场到经济政策统一的逐步演化。一方面，市场一体化意味着区域之间、各行业部门之间商品和生产要素自由流动、规则一致，这将为区域经济一体化提供物质基础和内在动力；另一方面，区域经济一体化各方面的成效最终要通过市场机制表现出来，唯有一个打破壁垒、互通有无的市场，才能将区域一体化充分落到实处，使每一个市场主体切实享受区域一体化的福利。改革开放以来所发生的经济市场化进程，使区域经济主体由原来单纯的以地方政府为主体演变为包括企业、个体和地方政府的多元主体。企业和生产要素的利益追求，对区域之间阻碍经济交流的种种制度藩篱产生了持续的强有力的冲击，从微观层面推动了区域之间的市场开放进程。

本研究也使用同一指标表示市场一体化程度与市场分割程度。

地方市场分割程度越高，表明市场一体化程度越低。经济区域不同于行政区域。某区域内的各地间存在内部的经济联系，它是市场经济运行的一种横向经济联系在空间上的表现。经济区域是市场经济发展到一定阶段后空间区域分工的表现，是社会分工的形式之一。区域市场一体化是各地方行为主体采取合作行为，形成合理分工和消除地方分割的过程。区域市场一体化的有效范围只能是一国内部相邻或相近的多个地区组成的区域性经济体，可以是内部的省、市、县之间，这是区域市场一体化有别于国与国之间市场一体化的最直接表现。

2. 市场一体化评价方法研究评述

对测度方法的使用情况进行统计分析可知，相对价格法、贸易流法和生产法使用频率较高。随着数据信息库的完善和计算机技术的引入，相对价格法被使用的频率越来越高。常见的度量方法中，生产法利用产业结构数据进行分析，其数据较容易获取，但其代表性不足。贸易流法利用省际贸易流量来进行衡量，虽解决了代表性不足的问题，但易受其他因素的影响。专业化指数法利用不同地区不同行业的产出数据构造区域专业化指数，虽具有一定的代表性，但本质上和市场整合程度存在差异。调查问卷法主要来源于自我调查，是第一手资料，可以从不同的维度展开分析，但调查周期较长、成本较高，且带有一定的主观色彩。经济周期法用来衡量国家之间的市场整合程度，具有较强的说服力，但经济周期自身与众多的宏观经济因素（包括市场分割等）有关，故存在一定程度的偏差。价格指数法的数据来源简单且包含的信息较为丰富，但省级数据的统计口径并不一致，需要进行有效筛选。

市场一体化的实质就是打破行政区划界限，消除贸易壁垒，建立统一的大市场。在市场经济条件下，价格是经济信息的传播者，市场上商品价格的涨落，是商品生产者了解市场供求关系变化的“晴雨表”，也是商品生产者根据市场需要调整生产的“指示器”，从而引起生产资料和劳动力在各个生产部门之间的转移，使社会生产各部门保持大体协调的比例关系。一般而言，市场可以分为商品市场和要素市场两大类。当要素流动存在障碍时，若商品能够自由流动，商品的价格会趋同；而当商品流动存在障碍的时候，只要要素能够自由流动，商品的价格最终也将趋同。所以，用价格信息构造指标来衡量市场整合，不失为判断市场整合程度的一种行之有效的方法。商品价格信息所反映的市场整合程度，能够综合地反映要素和商品市场的整合程度（桂琦寒等，2006）。目前，相对价格法是测度市场一体化使用相对较多的方法。根据“一价定律”，商品在没有贸易壁垒和交易成本时，在任何地区的出售价格应当一致；当存在差异时，交易的零成本会使商品流向高价格区域，直至价格相同，市场达到均衡。萨缪尔森（1954）提出了“冰川模型”，认为由于交易成本的存在，两地区的价格会有一定程度的差异，并在一定幅度范围内会有浮动。可见，“冰川模型”是“一价定律”的拓展，更符合现实。该模型的基本思想是，如果两地的相对价格取值不超过一定的区间，可以认为两地间的市场是整合的。Parsleyand 和 Wei（1996、2000、2001）的实证研究开拓了以相对价格的方差 Var（P_i/P_j）变动为观察对象的应用，认为如果方差 Var（P_i/P_j）随时间变化而趋于变窄，则反映出价格波动的范围在缩小，冰川成本 C 降低，无套利区间 [$1-C$，$1-/(1-C)$] 在缩窄，两地间的贸易壁垒削弱，阻碍市场整合的因素减少，市场整合程度提高。

第三节 区域产业一体化相关理论及研究评述

一、产业一体化相关理论

1. 区域分工与协作理论

区域分工源于经济利益的不同。区域分工是区域间经济联系的一种形式。由于各个区域之间存在着经济发展条件和基础方面的差异，区域分工可以使相关区域获得资源配置的高效益，并进行专业化生产和区域贸易，从而实现专业化比较利益。早期的分工理论是针对国际分工与贸易提出来的，后来被区域经济学家用于研究区域分工。区域分工理论主要包括：比较优势理论、要素禀赋理论和绝对优势理论。20世纪中期以来，区域分工理论得到了进一步的发展。

（1）比较优势理论

大卫·李嘉图的国际分工理论是比较优势理论的起源。1817年，大卫·李嘉图在《政治经济学及赋税原理》中首次提出了比较优势理论。他认为在生产产品方面，每个国家没有必要生产所有的商品，具有绝对优势的国家可以在多种商品中选择具有绝对优势的商品进行生产，即选择那些优势最大的商品，而不是全部。对于生产所有商品都处于绝对劣势的国家，则可以什么都不生产，或选择劣势程度比较小的商品进行选择性的生产。通过分工与贸易，处于绝对优势和相对劣势的两类国家，通过分工与贸易都可以获得相对丰厚的利益。

（2）要素禀赋理论

要素禀赋理论是瑞典经济学家赫克歇尔·俄林最早提出来的，他将区域分工、区域贸易与各个区域的生产要素禀赋密切联系起来。要素禀赋理论认为，各国或各区域的生产要素的供给情况不同，即资源禀赋的不同是区域分工或区际贸易的根本原因；而不同区域之间生产效率的差异也是由生产要素资源禀赋的差异引起的。区域间的各个生产要素具有可替代性，各个区域如果密集使用相对低廉的生产要素，就有可能获取比较成本优势，进而形成区域的整体竞争优势，最终通过区际贸易，各区域获得比较利益（陈秀山、张可云，2007）。

（3）绝对优势理论

绝对优势理论最早是由英国古典经济学家亚当·斯密在其1776年出版的《国民财富的性质和原因的研究》中提出来的，并对区域分工的合理性进行了充分论证。绝对优势理论认为，每个区域都存在生产个别产品的绝对优势条件，若各区域按照自身的优势条件进行生产，则均会获得利益最大化。绝对优势理论在早期成为贸易分工理论的基础。

2. 产业集群理论

英国经济学家阿尔弗雷德·马歇尔最早提出了产业集群理论，见于其1919年出版的《经济学原理》。Alfred Marshall认为产业集聚会产生外部效应，主要结果不是产业集聚导致产业的空间不断扩展和产业的生产规模不断扩大，而是实现了共享区域的交易费用降低。各级地方政府将产业集群作为区域经济发展的重要支撑点，在制定区域整体发展规划和相关政策时加以考虑。产业集群不仅引起了决策者的关注，同时也引起了研究者的关注。美国管理学家在对美国等十国的产业竞争力进行研究后，提出了“产业集群”的概念。迈克尔·波特认为，国家的竞争优势源于产业的竞争优势。他认为三个方面可以说明产业集群对竞争优势的影响：第一，不断提高区域内企业的生产效率；第二，明确地指出创新的方向和不断提高创新速率；第三，新成立企业扩大和强化集群本身。经济地理方面的观点认为产业区位是影响集群的关键因素，强调企业所处的地理位置和功能环境特点对集群形成的影响，其主要代表人物是新经济地理的倡导者克鲁格曼。

3. 产业结构理论

产业结构理论包括配第–克拉克定理和库兹涅茨法则，指各产业间的联系方式、变化规律、关联效应和投入产出关系等。合理的产业结构可以促进生产力的发展，实现产业结构的优化，是经济发展中不断追求的动态发展目标。

（1）配第–克拉克定理

配第–克拉克定理阐明了经济发展过程中的产业结构变化。配第–克拉克定理把国民经济划分为三个产业：农业、制造业、服务业。农业是指广义的农业概念，除了种植业，畜牧业、狩猎业、渔业和林业等也包括在内。配第–克拉克定理的观点可以总结为：在经济发展和劳动生产率提高的情况下，劳动力逐步从第一产业向第二产业转移；当人均收入水平不断提高时，劳动力向第三产业转移。从转移的结果看，分布在第一产业的劳动力数量不断减少，第二、第三产业不断增加。

（2）库兹涅茨法则

库兹涅茨对产业结构演进规律进行了深入的研究。他通过分析不同国家的时间序列数据，对国民收入和劳动力在产业间分布的结构关系进行了研究。研究结果表明：第一产业的国民收入在整个收入和劳动力中的比重逐渐减弱；第二产业的国民收入相对的比重稳步上升；第三产业中劳动力的相对比重大体上在所有国家都呈现升高的趋势，但国民收入相对的比重不一定与其同样变化。

4. 产业布局理论

产业布局是指产业的空间分布和组合。产业布局理论主要研究怎样进行空间布局，使得生产力诸要素的产业活动取得预期的经济效果，包括古典区位论、近代区位论和现代区位论。

（1）古典区位论

1826年，杜能发表《孤立国》，奠定了农业区位理论的基础，代表区位理论逐步形成。

（2）近代区位论

泰勒认为，在生产技能和自然条件无差别的条件下，人们购物主要考虑购物时的距离问题，因此形成中心地呈圆形分布，整个区域形成一个多级中心地的有规律的相互交错的复杂空间结构。

（3）现代区位论

现代区位论产生于20世纪70年代。它将整个区域的生产、价格、贸易进行一体化研究，打破了过去只研究区位生产价格和贸易的障碍，研究视角从市场这只“看不见的手”逐步转变为政府宏观调控。

二、产业一体化评价研究综述及评述

1. 国外研究综述

如何对产业一体化进行评价是产业一体化研究的基础和重要组成部分。联合国工业发展组织用产业结构相似系数对各国经济结构的相似度进行了测算（Secchi，1979）。Kurgman（1991）采用地区间行业结构差异度指数对美国部分地区以及部分国家的产业分工度进行了测算。Kmgman（1991）、Venables（1996）构建了新经济地理学的分析框架，并将空间维度引入产业集聚分析中。有的学者在研究制造业活动时，采用相关模型、空间相关系数（Spatial Correlation

Coefficient），同时发现这些系数能较好地表现出制造企业的集中性分布特征。从文献研究看，国外学者更多地研究区域经济一体化，很少研究区域产业一体化。

2. 国内研究综述

国内对产业一体化水平的评价方法主要分为两种，即定性分析和定量分析。定性分析主要是从几个方面来衡量地区产业一体化的发展条件，提出产业一体化的方向，其中运用较多的是SWOT分析。除了定性分析之外，越来越多的定量方法被引入研究中来。一种是用以测算区域间产业结构的专业化水平，较为常用的评价模型有区位熵（塞风、朱明春，1990）、区域基尼系数（赵蓓，2004）、霍夫曼系数（赵丽、夏永祥，2004）、赫希曼指数（祝尔娟，2009）、行业集中率（刘东勋，2005）等。另一种是研究区域产业发展的分工状况，主要模型包括区域分工指数、工业的区域配置系数、专业化系数、相关系数、相似系数、产业梯度系数、比较劳动生产率等。当然，也有运用模糊数学聚类分析方法来评价区域的产业分工，诸如通过偏离—份额分析方法构建分析模型，或是运用数据包络方法分析产业发展的有效性。尹广萍（2009）用区域经济中经常使用的结构性相似系数、区位熵等产业分析指标，对长江三角洲的制造业和服务业的现状进行了分析，并得出了这两个行业在长江三角洲的分工与协作现状；她还将生产服务业和高新技术产业作为重点分析对象，总结其发展现状，并针对其中出现的问题提出了对策建议。吕典玮和张琦（2010）通过分析工业和第三产业各行业的区位熵，对京津区域产业一体化程度进行了分析。陈先强（2010）对武汉城市圈三次产业结构相似度和规模以上行业区位熵的分析表明，武汉城市圈产业结构的问题主要在于：三次产业结构相似度太高；规模以上工业行业虽已基本形成地域专业化，但优势地位不明显；产业集聚规模小，产业链延伸不充分。为此，陈先强提出促进城市圈产业一体化的主要途径在于突出各城市优势产业，提高产业集聚力，形成产业优势互补，配套、协作发展。禚金吉等（2011）通过产业结构相似系数、区位熵等方法，研究了 1999 ~ 2009 年长三角地区产业结构相似程度及其演变，分析了产业同构对两省一市主导产业发展的影响，然后在理论解释的基础上分析了产业同构与长三角产业一体化发展之间的关系，最后提出了产业同构背景下长三角产业一体化发展的对策。白明辉（2011）将珠江三角洲及其外围区域的产业发展情况作为分析对象，并利用相关指标对区域内产业的一体化程度进行了深度分析，从而找到影响珠三角区域产业一体化的因素主要有政府的政策因素、产业结构的互补因素、基础设施等。张子珍（2016）从城乡产业一体化的状态、城乡产业一体化的动力和城乡产业一体化的保障等层面选取 28 个指标，对中国各区域城乡产业一体化发展进行水平测度。结果发现，中国城乡产业一体化水平由高到低的区域空间分布态势基本与区域经济发展态势、市场化发展程度具有一致性；城镇化发展水平虽不能完全代表城乡产业一体化发展水平，但它是影响城乡产业一体化实现的重要因素。

3. 研究评述

自 19 世纪初期至今，国外对产业一体化的研究经过了从理论概念到区域实体、从定性分析向定量研究的转化，现已形成一个较为成熟的研究体系。国外研究更多地集中在产业专业化和产业集聚水平的研究。而我国相关的研究从以前的定性研究逐步发展到定性分析与定量研究相结合，研究内容也更加广泛，研究区域从微观尺度到宏观尺度不等，并取得了较多的研究成果。

目前国内外对产业一体化的研究理论体系逐步成熟，研究方法较为多样，并关注产业专业化、产业空间集聚、产业一体化的路径探讨。

第四节　区域交通一体化相关理论及研究评述

交通网络的发展状况、对经济社会发展的适应性及交通一体化程度的科学量化，都是学者准确客观评价交通基础设施发展及交通一体化的社会经济影响的前提条件。本部分将主要从区域路网发展评价和交通一体化程度两个方面来进行文献梳理。

一、交通一体化评价综述

1. 对路网发展水平的评价

路网建设水平、道路运输系统与区域经济发展密切联系，是区域经济发展的重要影响因素。因此，路网发展水平如何，其与当地经济社会发展是否相适应，就成了交通经济研究者关注的重要问题。张志清、金光浩和范怀玉（2007）对公路网的现状适应性做了专门探讨，并构建出一套评价公路网现状适应性的指标体系，认为评价公路网的现状适应性，应综合公路网的结构性能和交通性能两个主要维度来展开。其中，结构性能可以通过路网规模、结构和布局三个方面来加以反映，交通性能则主要体现为服务水平和运输效率。基于所构建的指标体系，他们对北京市公路网的现状适应性做了分析，发现北京市的公路网总体上与现实经济、人口、土地面积相对应的理想规模存在一定差距，并揭示出北京市公路网现状适应性低的重要原因：一是路网等级结构与运输结构矛盾突出；二是公路网的地区分布不合理；三是公路网功能层次不明确；四是公路网布局结构不尽合理；五是综合运输体系没有形成；六是综合效益没有发挥出来；七是主要对外出入口的通道能力不足。田智慧和曾琦（2008）认为结构性能和使用性能是公路网技术评价的两个重要方面，结构性能可以通过道路特征和通达深度来共同反映。其中，道路特征由网容量、网等级、路面铺装率来体现，通达深度则由路网连通度、路网密度和节点通达性来体现。使用性能则通过交通特征和服务水平来共同反映。其中，交通特征包括路网流量、网速、网交通密度和交通量的时间分布，服务水平包括路网拥挤度、里程饱和率和事故率。具体到干线公路和县乡公路的技术评价上，他们认为评价应有所侧重：干线公路应强调网络中位点吻合性、路网整体适应性、路网节点的可达性与路网的可达性；县乡公路要突出路网铺装率和适应性指标。基于所构建的指标体系，他们对郑州市的干线公路和县乡公路的技术性能做了评价，认为郑州市的公路网发展总体上存在服务水平低、技术等级偏低、等级结构不合理、网络内交通流量分布不均衡的问题。

2. 对交通一体化程度的评价

对于交通一体化程度的评价研究，有的文献从交通运输的总体层面探讨了评价指标体系的内容；有的文献则在探讨指标体系的基础上选取某地作为案例，对交通一体化程度做了科学测度；还有一些文献主要关注交通一体化中的客运、运输网络、运输效率等某个层面的状况。

在总体层面的评价指标体系构建上，马银波（2005）、付菊红和许云飞（2009）分别基于他们所理解的交通一体化内涵提出了自己的评价指标体系。如马银波认为，交通一体化应包括交通发展、运输发展、物流发展和运输可持续发展四个逐层递进的层次。在交通发展上，评价指标要体现支线的通达密度、网络的覆盖密度、交通时间压缩和交通设施的无缝连接；在运输发展上，评价指标需要增加经济流动性、运输质量与效率以及运输无缝连接的内容；在物流发展上，评价指标进一步增加了物流的可靠性和灵活性，以及物流的无缝连接；在运输可持续发展上，评价指标需要增加交通的可持续性、交通与环境的和谐程度等内容。付菊红和许云飞认为，交通一体化的评价指标大致包含五个方面：一是政策一体化指标，包括统一税率、统一规费和消除区域歧视、地方利益政策的有无和健全程度；二是管理一体化指标，包括协调机构、协调机制的有无，协调功能和协调效用的大小；三是规划建设一体化指标，包括规划建设的合理性、统一性、协同性、环保性等；四是运营一体化指标，包括运营的公平性、网络性、集约性、互助互利性、和谐性；五是信息一体化指标，包括信息的共享性、开放性、公益性和个人隐私信息的安全性等。

在某个地区交通一体化水平的测度上，部分研究者所采用的评价思路与付菊红和许云飞提出的方法大致相同。如詹斌、王红双和郑芳（2008）也是从政策、信息、运营、规划建设和管理五个方面构建符合城市圈交通一体化特征的评价体系，并综合运用层次分析法和模糊综合评价法，实证分析了武汉城市圈道路运输一体化发展水平，并得出武汉城市圈的交通一体化程度整体处于一体化基本实现阶段。刘苗（2005）主要从规划建设、运营管理和信息一体化三个方面建立评价指标体系，然后运用综合评价法对东北三省的交通一体化水平做了评价，得出东北三省的交通一体化程度总体都比较低的研究结果。而东北三省交通一体化程度不高的根本原因，是规划建设与运营管理中缺少统一的协调机制。

在交通一体化的某个层面研究中，符开业、郭钮和卢毅（2010）结合城市间道路、城乡道路和城市内道路三个层次，基于基础设施、管理政策、交通运营和交通信息四个方面的一体化，构建区域道路客运一体化评价指标体系。基于该指标体系，他们运用物元分析评价模型对长株潭城市群的客运一体化水平做了测度，并得出长株潭的客运一体化发展成效等级为良的结果，其中基础设施和管理政策的一体化存在较大的发展空间。胡列格和曾玲燕（2008）以“用户满意第一”为原则，以社会效益最大化为目标，从路网布局、路网服务和城市群协调发展水平三个维度，建立起城市群客运一体化的交通网络规划水平评价指标体系。基于该指标体系，他们对长株潭的客运一体化实证分析后得出区域内部的客运交通网布局方案是合理的，并且符合社会公众的交通需求。王丹、赵旭和杨赞（2007）从社会价值与国民经济的协调程度、运输方式协调程度、运输子系统发展状况和交通运输可持续发展程度等方面，构建了交通运输资源整合效果的评价指标体系，并利用综合模糊评判法对中国交通运输系统的资源整合程度做了测度，认为 2002 年时中国交通运输系统的资源整合效果“较好”。陈敬武、李雅和李立（2007）基于数据包络分析（DEA）中的 C2R 模型和 C2GS2 模型，对天津公路网规划的合理性做了综合评价，并对比了天津市 12 个区县的公路网发展状况。结果显示，塘沽区、汉沽区、大港区（以上三区现划入滨海新区）、西青区、津南区、北辰区、宁河县（现为宁河区）、蓟县（现为蓟州区）8 个区县公路网的技术和规模综合有效性系数都优于东丽区、武清区、静海县（现为静海区）和宝坻县（现为宝坻区），表明它们的适应程度较好。

二、交通一体化与经济发展的关系

增长极理论、点—轴理论等都说明交通基础设施建设和交通一体化都是区域经济发展的重要影响力量，二者之间存在着密切关系。有关交通一体化与经济发展关系的文献大多从三个方面开展研究：一是交通对区域经济发展的影响；二是交通对区域经济一体化的影响；三是交通一体化和区域经济一体化的调适关系。具体研究现状如下。

1. 交通对区域经济发展的影响

李文荣和赵学勇（2003）从运输方式、交通网络和交通条件三个方面阐释了交通对区域经济发展的影响，认为运输方式会影响到运费，而运费则决定着经济活动的区位和产业布局；交通线路和网络是加速区域空间结构形成的动力，是空间结构的初始框架；交通条件影响着区域经济发展——“内涵交通”影响开发战略和发展能力，“外延交通”决定区位条件和区际联系，交通状况决定区域的可达性和开放性。田祖海和苏曼（2008）认为交通对区域经济发展的影响体现在两个层面：一是快速、便捷的交通网络改善了城市经济圈与外部的交流条件，加快了区域内部的经济循环，带动了城市经济圈的开发和建设；二是交通在提高地区资源整合度、优化产业结构、促进城镇化建设及物流业发展等方面产生了积极的作用。

在阐释交通对区域经济发展影响的基础上，有些学者利用数据对其影响进行了量化估计。刘生龙和胡鞍钢（2010）利用中国 28 个省份 1987 ~ 2007 年的面板数据，对交通基础设施在中国经济增长上的影响进行了验证，并检验了交通基础设施发展差异对中国区域经济差距的贡献。基于巴罗类型的增长模型估计及模型分解，该研究的实证结果表明：交通基础设施对中国的经济增长有显著的促进作用，不同区域间的交通基础设施条件差异在中国区域经济发展差距中扮演了重要的角色，西部大开发战略有利于促进西部地区的经济增与向中东部地区趋同。李书剑（2009）利用陕西省咸阳市的数据对公路交通运输在该市经济发展中的作用做了分析。结果显示，

2007 年咸阳市公路交通对经济发展的贡献系数约为 0.31，作用很明显，从而说明公路交通运输是推动咸阳市区域经济发展的重要力量。而具体到运输类型和路网类型上，研究发现公路旅客运输对经济发展的贡献作用相对更明显，高等级公路建设对所在区域财政收入的贡献要大于其对 GDP 的贡献。关兵（2010）利用协整分析和“格兰杰因果关系检验”，对交通基础设施在重庆市经济增长中的长期影响做了探讨。研究发现：一方面，交通基础设施投资增长和交通基础设施规模扩大在长期都会促进经济增长；另一方面，交通运输业发展不但能促进经济增长，而且是增长实现的重要原因。他认为，交通基础设施投资增长虽然促进了经济增长，但并不是增长的“格兰杰原因”，单纯依靠交通基础设施投资或者扩大基础设施规模并不能促进经济增长。在此基础上，关兵测度了不同交通运输方式对城市经济的影响，并得出四点结论：一是公路、铁路、港口、民航四种交通方式对城市经济发展的有效性都呈现上升趋势；二是四种交通方式的有效性呈现出铁路大于港口、航空、公路的布局；三是港口与公路的有效性变化较大，说明这两种交通运输方式的发展一直处于探索阶段，并未形成系统稳定的发展模式；四是铁路、港口一直是重庆的主导交通方式，对城市经济的贡献值较大，但随着经济发展，二者的有效性越来越受到公路、民航发展滞后的制约。

2. 交通对区域经济一体化的影响

有些学者从全国层面探讨了交通对经济一体化的影响。刘生龙和胡鞍钢（2011）基于引入交通变量后的引力模型，利用 2008 年中国交通部省际货物运输周转量的普查数据，对交通基础设施在中国区域经济一体化上的影响做了验证。结果发现，交通基础设施的改善，能显著增加省际贸易量，推动中国区域贸易的发展，进而促进中国区域经济一体化发展。黄森（2014）基于所构建的空间经济模型理论，探讨了交通基础设施与区域经济相互作用的机理。分析结果发现：交通基础设施的合理布局有利于形成新的区域集聚经济，有助于推动当地经济的增长；良好的交通基础设施条件可以改善区域内的产业分工，有助于提高区域经济发展效率；交通基础设施的有效建设可以打破地区间原有的贸易壁垒，加快要素流动，形成区域经济一体化。基于理论分析结果，黄森运用空间计量经济学模型又进一步开展了实证研究，结果发现 2001 ~ 2011 年，交通基础设施存量的上升、覆盖面积的扩大以及地区客运量和货运量的增加等，均能显著带动中国经济增长。同时，交通基础设施对中国经济综合效率的提高有着显著的正向作用。在所有交通基础设施体系中，铁路对经济综合效率的促进作用最大，其次是二级公路、一级公路、高速公路、三级和四级公路、等外公路及水路。针对交通基础设施对区域经济一体化的影响，黄森发现中国2011 年的省际贸易边界效应已接近于 20 世纪 90 年代的发达国家水平，交通基础设施条件的改善不但促进了中国省际贸易总量的提升，而且还降低了省际贸易边界效应，提高了省际贸易流量，进而从两个层面加速了中国区域经济的一体化发展。

有些学者基于地域的视角，关注了特定经济区域内部的交通发展对经济一体化的影响。詹瑜（2006）在回顾城市群理论的基础上，从经济要素的充分自由流动、产业分工协作深化导致的产业集聚与扩散及城市体系的完善三个方面，对城市群经济一体化做了界定，然后通过分析城际交通对这三个方面的作用，进一步说明其对城市群经济一体化的影响。分析结果表明，城际交通系统的改善极大地促进了长三角区域内城际客流与物流的增长，要素的城际流动量增长与经济总量增长高度正相关。姚影和欧国立（2009）同样以长三角城市群为例，探讨了交通在加强城市经济联系中的作用。其测算结果表明，交通改善增强了长三角地区的主要城市与核心城市之间的经济联系，促进了该区域的经济一体化。谢富春和张玲玲（2012）通过对长株潭城市群经济一体化的研究，发现城际交通系统的改善有力地促进了该城市群内部的要素流动，与该区域内的经济增长高度相关。

此外，还有学者从交通可达性角度探讨了交通发展对区域经济一体化的影响。吴旗韬等（2010）计算了港珠澳大桥开通后珠三角区域可达性空间格局的变化，探讨了港珠澳大桥对中心城市时间和费用可达性的影响。分析结果表明，在珠三角中心城市中，香港和珠海的时间可达性提高最多，而其他城市则影响较弱；港珠澳大桥的开通可极大减少香港和珠海往珠三角西岸与东岸的运输费用。基于时间和费用可达性的变化，其认为港珠澳大桥的建成能提升珠江口西岸地区的区位优势，使西岸地区的旅游业和房地产业不断受益。另外，香港的商贸和服务业优势在大桥开通后也进一步凸显。

3. 交通与区域经济的关系与调适度

刘秉镰、赵金涛（2005）和殷惠（2007）认为交通运输发展和区域经济发展之间的关系有三种：第一种是交通运输发展是区域经济发展的“引致需求”，即区域经济发展是因，交通运输发展是果；第二种是交通运输发展在区域经济发展中起促进作用，即交通运输发展是因，区域经济发展是果；第三种是对前两种认识的综合，认为交通运输既是区域经济发展的因，也是区域经济发展的果，即二者间存在互为因果的关系。

对究竟是交通运输发展促进了区域经济发展，还是区域经济发展带来了交通运输改善，学者们利用各种数据资料做了经验上的验证和回答。刘秉镰和赵金涛（2005）利用 1978 ~ 2003 年的统计年鉴数据，采取"Granger 因果检验"[①]，对我国不同地区的交通运输与区域经济发展的因果关系进行了分析，结果表明：工业化水平的变动与交通运输的发展之间不存在因果关系；城市化速度加快是交通运输发展的重要原因；通过提高交通运输网络密度来促进经济增长的办法并不适用于每个地区；几乎所有的省份在观察期内都没有发现交通运输发展在经济增长上的促进作用。而对于交通运输发展未能有效促进经济增长的原因，俞勇军和陆玉麒（2005）认为，交通投资只有在生产条件充足的情况下才会促进经济发展。这意味着一旦生产条件未能发挥促使交通基础设施建设的作用，则其在经济增长上的积极作用就会十分有限。麻清源、马金辉和张超（2006）对甘肃省的交通网络与区域经济发展之间关系的研究发现：节点连通性和可达性指标与区域经济发展水平具有密切的相关性，且跨区域交通对区域经济发展的贡献率大于邻域交通对区域经济发展的贡献率。刘海洲、周涛和张石石（2008）认为，交通投资对经济增长的促进作用不明显的原因有三个：一是交通投资不适当导致其作用无法有效发挥；二是交通投资对其他生产性投资的"挤出效应"；三是技术等无形生产要素的高速发展使得交通投资的经济增长作用被弱化。当然，也有一些研究的实证结果支持了交通运输在经济增长上的重要促进作用。荣芬（2013）利用面板聚类法把中国所有省市划分为三类地区，然后利用 1995 ~ 2011 年数据，分区域对交通运输与经济增长之间的动态关系进行了实证分析。结果表明：交通运输与区域经济增长之间存在着长期均衡关系，但显著性水平不高；经济发展对较发达地区的交通运输的促进作用要强于欠发达地区；经济增长是交通运输的"Granger 原因"，且这种关系在经

① 该检验方法为2003年诺贝尔经济学奖得主克莱夫·格兰杰所创，用于分析经济变量之间的格兰杰因果关系。

济发达的一类地区最强，其次是三类地区和二类地区，但交通运输未能成为经济增长的“Granger 原因”。

交通运输的发展水平是否与某一地区的经济发展水平相适应，或二者发展水平是否相协调，是学者们在此课题上的另一个关注点。多数学者在省级层面上对二者发展的协调度做了考察分析。汪传旭（2000）在运用综合加权法研究不同交通方式与经济发展的协调度时发现，公路运输与经济发展的协调效果最低，其次是铁路运输，水运与经济发展的协调效果最好。吴云勇和李文国（2006）对辽宁省的研究发现，交通运输业的发展水平已成为辽宁区域经济快速增长的“瓶颈”，特别是铁路运输业的发展严重滞后于 GDP 的增长。杨运贵、薛锋和罗建（2008）对湖北的研究发现，2000 ~ 2005 年，铁路、公路、水运和民航的旅客周转量和货物周转量都与 GDP 表现出较高的关联度。孙雪花（2009）对湖南省公路交通与区域经济之间协调关系的分析结果显示：湖南省的公路交通与区域经济的综合发展水平在不断提高，但公路交通系统的发展相对滞后于区域经济系统的综合发展水平，二者的协调度和协调发展水平在不断提高。徐阳（2010）对陕西省的研究发现，1990 ~ 2008 年陕西省区域经济和交通运输体系基本保持同步增长，但也存在不协调的现象，如 1990 ~ 2003 年交通运输体系的发展一直落后于区域经济发展，而从 2005 年起交通运输体系的增长速度又明显高于区域经济的发展速度。黄晓燕、曹小曙和李涛（2011）基于海南省的计算结果显示：海南省的交通通达性空间格局与经济发展空间格局并不吻合，但交通优势度与经济发展水平的空间耦合程度较高，具有较强的正相关关系，均呈现“凹”形空间格局，具有明显的“反自然梯度”特征。孟德友等（2013）以县域为分析单元，在运用投影寻踪模型对 2003 年和 2008 年河南省内各县市的交通优势度和经济发展水平进行综合评价与比较基础上，采用耦合协调度模型对河南县域交通优势度与区域经济发展水平的协调性进行了研究，结果发现，2003 ~ 2008 年河南省各县市的交通优势度与县域经济耦合作用强度普遍较高，且呈现明显增强的态势，但多数地区交通与经济发展的协调度还有待提升，大多数县市交通发展水平超前于经济发展水平。彭晗、孙志强和周威（2014）基于所建立的耦合分析模型，对河南省 18 个地级市 2002 ~ 2011 年交通运输与经济发展的协调度进行了计算分析，结果显示：2002 ~ 2011 年这 18 个地级市的交通运输与经济发展的协调度水平，与其经济发展水平之间存在一定的空间对应关系，即两系统综合发展水平高的地区，二者的协调度也高。李康奇和冯明兵（2015）对重庆市的研究结果显示：2004 ~ 2013 年重庆市的交通运输与经济发展处于基本协调状态并相对比较平稳，但是距离完全协调程度还有一定差距。

三、交通一体化发展的对策

祝宝君（2005）研究分析了沈阳经济区交通一体化发展问题，并提出五条交通一体化发展对策：一是要尽快建立起一体化的交通管理体制；二是要建立高层次的政府协调机构；三是要为交通一体化的顺利发展营造良好的法律环境；四是要规范区域内一体化交通运输市场；五是要实现交通运输信息的区域性互通共享。刘秉镰和赵金涛（2005）在实证分析了我国东中西部 30 个省份的交通运输与区域经济发展之间关系的基础上，提出了我国区域交通运输发展的建议：一是制定区域性差别战略；二是将交通运输与区域发展一起规划；三是形成区域交通运输的合理分工；四是充分发挥非正式规划在交通管理中的作用。曾青（2006）认为加快区域交通一体化发展应实现“六个一体化”，即区域内交通规划一体化、交通政策一体化、交通建设观念一体化、交通运输市场一体化、交通运营管理一体化和交通运输信息一体化。李卫宁（2006）以长三角经济区为研究对象，提出长三角综合交通运输发展的方向是加快运输结构调整，发展大容量、无污染、高效率的运输方式，注意土地资源的集约利用，减少对周边环境的损害。贺玉龙等（2006）提出了北京城乡交通一体化发展的对策建议，认为需要建立政府职能部门之间的职能划分与合作的法律体系，通过法律法规制度，使北京城乡交通一体化发展模式在跨部门实施时做到有法可依。付建飞（2007）研究了城市圈内交通一体化发展与经济发展的相互作用，并在此基础上提出加快交通一体化发展的对策：一是要构建科学有效的交通网络；二是要完善综合交通运输体系；三是要建立交通信息网络体系；四是要健全交通运输市场；五是要建立统一的交通管理体制和政策法规。张永春（2008）在对曹妃甸交通一体化发展的研究中，提出加快交通一体化建设应进一步加强区域内交通规划部门、交通运营部门与交通政策制定部门的三方联动，要逐步建立起规范统一的区域交通运输市场。沈文和李志强（2009）论证了交通一体化的重要作用和意义，并在此基础上提出交通一体化就是交通系统资源整合、交通信息系统整合以及各种交通运行方式的衔接，同时要注重交通与城市功能提升的互动作用，交通必须与土地使用、社会、经济、环境等诸多方面紧密联系在一起，才能真正实现交通资源的优化。万英发（2010）研究分析了长三角地区道路运输一体化的现状及存在的问题，提出了完善交通一体化的对策建议：一是要明确道路运输一体化的指导思想和指导原则；二是要建立统一的道路运输市场；三是要推进区域道路运输一体化机制的建立；四是要建设科学高效的道路货物运输配送网络；五是要进一步优化道路旅客运输；六是要努力保障世博专用运输道路畅通。姜革锋（2010）以内蒙古综合交通运输为研究对象，提出了交通一体化发展的四点对策：一是要建立区域性的运输大通道；二是要努力构建区域性交通基础设施网络；三是要实现区域交通运输管理服务一体化；四是要实现交通运输管理服务信息化。冯玫和刘瑶（2011）研究了京津冀城市群基于特色产业发展的交通一体化建设，提出了交通一体化发展的对策：一是建设 900 千米北京大外环、京张高速和京津冀北部城际轨道交通网络；二是建设京津综合运输大通道；三是建设环渤海铁路、环渤海高速公路和京津冀区域城际轨道交通系统的环渤海部分，积极整合京津冀港口资源。

四、区域交通一体化理论

1. 区域交通一体化的内涵

改革开放以来，随着经济特区、城市群、经济圈的纷纷设立，国家制定了不同区域的发展战略目标，通过打破原有的行政规划界线，将相邻或相近的城市或地区划为一个大区域，要求区域内部整合资源，消除行政壁垒，实现区域内各项事业的统一发展，即区域一体化发展。区域一体化发展的目标是经济一体化发展，实现经济快速增长，打造区域性的经济增长极。在经济一体化发展过程中，各种基础设施一体化发展是前提和条件，其中交通一体化发展更是众多基础设施发展中最需优先发展的方面，只有交通实现了一体化，才能畅通经济发展所需要的生产要素流动，才会实现要素的优化配置。

本书认为，区域交通一体化是指在彼此相邻且没有行政隶属关系的若干行政个体组成的一定范围内，为了实现社会经济的统一发展，在区域一体化发展的背景下实现区域交通协调发展的过程，主要包括区域交通基础设施建设一体化和区域交通管理服务一体化。具体而言，它是指通过统筹协调区域交通的规划、建设、运行、组织、管理等工作，使得区域内的交通资源优化配置，交通基础设施无缝对接，交通建设步调一致，交通运输协同合作，交通管理政策统一，从而实现整个区域交通资源配置与管理服务水平的最优化，促进区域交通现代化和区域交通的可持续发展，支撑和引导区域社会经济的一体化发展。

关于区域交通一体化、综合交通运输系统和一体化交通三者之间的关系，本书认为，综合交通运输系统是指各种交通运输方式通过一定方式的衔接而形成的组合体。按照交通技术水平的分类，可将交通运输方式分为铁路、公路、水路、航空和管道五种，因此，综合交通运输系统强调的是交通方式的组合。一体化交通是指在社会经济一体化发展过程中，各种运输方式在一定区域内按照各自的技术经济特征和比较优势，共同构建形成的布局完善、分工合理、衔接顺畅、技术先进、服务高效且能够更好地满足现代化经济社会发展需要和资源节约、环境友好要求的有机整体。可见，一体化交通强调的是交通一体化的概念，它既可以是在一个行政单位内，也可以是在多个行政单位之间形成的大区域的交通一体化建设。而区域交通一体化强调的是多个行政单位组成的大区域范围内的交通发展问题，它既强调行政单位内部的交通一体化，也强调区域内行政单位间的交通一体化。

2. 公共产品理论

本书研究的是区域交通一体化发展问题，其中涉及交通基础设施的发展研究，尤其是交通基础设施的供给问题。按照经济学对社会产品的界定，交通基础设施属于公共产品。

由于政府是公共产品的唯一供给者且本身具有非排他性和非竞争性，因此，在市场机制作用下，公共产品无法抑制“搭便车”的行为。如果由市场提供公共产品，就不可能满足市场激励原则，必然导致市场失灵。

为了达到公共产品由私人供给的目的，可以从不同方面探讨公共产品私人供给的可能性及实现路径。一是通过授予私人经营权来构建市场进入的障碍，进而保护生产者的积极性，其中政府所起的作用主要是确定和行使产权。二是公共产品的消费过程存在“平等进入”和“选择性进入”两种方式，“平等进入”指任何人都可以自由消费公共产品，“选择性进入”指想要消费公共产品的人必须满足一定条件，例如满足付费条件后才可以消费。公共产品选择何种供给方式完全取决于它的排他性技术和消费者个人偏好的多样化。如果公共产品不能同其他物品一样自由进入市场机制，就说明它在供给方面并没有能力把不付费者排除在外，或者更直观地说，这种公共产品在经济运行上不可行。三是不同的消费者对同一个公共产品有不同的偏好，因此可以通过价格歧视的方法来对不同的消费者收费，从技术方面探讨私人提供公共产品的可能性。四是在公共产品供给方面，消费者可以相互间订立契约，约定相互同意的一致性原则来供给公共产品，这样就可以解决“搭便车”的问题。五是从民营化的理论、背景、实践三个角度分析民营化的最佳途径，即公共产品的供给应该从公共管理转为民间私人经营，并分析民营化过程中出现的种种问题及每个问题的解决之道。六是在公共物品供给领域，通过授权和引入竞争机制，通过公司部门的竞争与合作，最终达到公共物品供给的“帕累托最优”。

结合我国的具体国情，公共产品私人供给的可行办法是通过竞争实现公共产品的供给。某种公共产品只有对不同消费者分别定价收费，那么其供给就可以从政府转向私人企业。而抑制“搭便车”行为的有效方法是建立专卖权制度。同时，政府、私营企业和第三方之间不是对立的，而是可以合作的，并且可以结成合作联盟，一起开展公共产品和服务的有效供给。在这一过程中，政府部门与各种社会力量可以形成相互依存的合作关系。交通基础设施建设的发展就是从政府单一供给向民营企业或私人投资供给转变的过程，而政府的职能也由投资主体转变为监管主体，这种发展过程完全符合经济学家所阐述的公共产品由政府供给向私人供给转变的理论。

3. 交通运输走廊理论

交通运输走廊是由巨大的综合交通枢纽和多条基本平行的高效率交通干线组成，承担着所有空间交通相互作用的廊道状地域空间系统。综合交通枢纽之间相互作用的客货流集聚方式形成了交通运输走廊模式。大都市的形成，往往是在区域内两个中心城市间形成交通运输走廊，然后经济空间沿着交通运输走廊进行扩展，形成区域一体化。多个交通运输走廊的逐渐形成，就是大都市形成的具体过程。如港口群的空间发展可分为六个阶段：第一阶段是港口彼此孤立发展；第二阶段是在港口与内陆中心点之间建立交通干线连接；第三阶段是沿着交通干线的支线发展；第四阶段是港口之间产生相互联系；第五阶段是港口间的联系更加紧密；第六阶段是港口群交通运输走廊形成。

在区域经济发展中，交通运输走廊具有最优的通达性，从而使资源、物流、人流、基础设施及资金沿交通走廊集中。由于出行时间的减少和通达性的提高，节约了客货空间位移的成本。当交通运输走廊形成后，区域内城市间的空间距离相对缩短，城市间的联系与合作加强，区域一体化的趋势就显现出来。“走廊”通常是区域发展的核心，它能将区域的边界与腹地紧密联系起来，推动腹地经济、社会、文化、政治等方面的发展，从而促进整个区域的发展。

在促进区域交通一体化对策方面，国内外学者都以特定都市圈或行政区域为对象开展了综合交通一体化政策、实施构想等方面的探讨，但未对研究对象存在的问题进行成因分析，所提出的构想和意见都较零碎和主观，尚未进行系统化和理论化研究，导致研究者提出的对策缺乏系统性和针对性。在交通一体化的条件下，特别是在我国现有管理架构和行政区划条件下，研究者需要将理论研究与实际结合，进一步提升解决问题的对策方案的针对性和可操作性。

为此，本书第七章将针对上述国内外研究存在的不足，结合长江经济带区域一体化的实际，基于 2011 ~ 2015 年公路、铁路、水运以及航空综合交通网络数据，对综合路网密度、客货运枢纽覆盖度、节点平均交通里程、节点平均旅行时间、区位优势度和交通优势度等指标进行权重计算，并对长江经济带进行交通一体化效率评价，研究其区域一体化程度。

第五节 区域社会一体化相关理论及研究评述

一、社会发展相关理论

1. 公共产品理论

公共产品理论作为一种系统的理论产生于 19 世纪 80 年代。公共产品（Public Goods）是相对于私人产品（Private Goods）而言的。其概念由林达尔最早提出，后来萨缪尔森在 1953 年和 1954 年的两篇论文中对其加以发挥，成为公共经济学研究的核心问题。由于不同学者的研究视角不同，以及公共产品涉及范围的边界划分比较困难，因此并未形成公认的概念。现代经济学广泛接受的是萨缪尔森提出的定义，即公共产品就是所有成员集体享用的集体消费品，社会全体成员可以同时享用该产品；而每个人对该产品的消费都不会减少其他社会成员对该产品的消费（萨缪尔森等，1996）。

从公共产品的分类来看，学者认为，公共产品分类遵循的最基本准则是非竞争性和非排他性。所谓非竞争性，是指公共产品一旦被提供出来，就不可能排除任何人对它的不付代价的消费。所谓非排他性，是指公共产品一旦被提供出来，增加一个人的消费不会减少其他任何消费者的受益，也不会增加社会成本，其新增消费者使用该产品的边际成本为零。根据这样的属性特征，一般将公共产品分为纯公共产品和准公共产品（包括俱乐部产品和共同资源）、混合产品和公共中间品、整个社会共同消费的公共产品和地方性公共产品（黄恒学，2009）。

公共服务、社会保障等社会建设领域大都属于公共产品范畴。同时，公共产品理论也是指标选取，划分政府、市场、社会之间的边界，促进资源和机会在社会建设不同领域公平合理配置的重要理论基础。

2. 新公共管理理论

新公共管理理论是 20 世纪 70 年代西方国家应对财政危机、政府信任危机，解决与后工业社会不相适应的行政官僚体制的产物，以对原有的行政管理体制进行彻底的改革。最早提出新公共管理概念的是英国学者克里斯托弗·胡德（1990），他将新公共管理的特征概括为：向职业化转变、标准与绩效测量、产出控制、单位的分散化、私人部门的管理风格、纪律与约束。

我国学者陈振明（2000）将新公共管理内容归纳为：①让管理者进行管理（强调职业化管理）；②衡量业绩（明确的绩效标准与绩效评估）；③产出控制（项目预算与战略管理）；④顾客至上（提供回应性服务）；⑤分散化（公共服务机构的分散化和小型化）；⑥引入

竞争机制；⑦采用私营部门的管理方式；⑧改变管理者与政治家、公众的关系。

胡德（1991）在《一种普适性的公共管理》一文中指出，从20世纪70年代中期以后，英国以及其他经合组织成员国纷纷掀起政府改革运动，他将这些改革运动称为新公共管理运动，认为这些改革运动虽然具体举措不同，但是所遵循的理念是相似的。在胡德看来，新公共管理的理念包括：第一，放手给专业管理者，让高层管理者对结果的达成承担责任；第二，明确绩效标准与衡量，界定公共服务目标、目的，确定成功的数量化指标；第三，更加重视产出控制，将资源分配和奖励与绩效测量挂钩，打破官僚体制范围内的集权式的人事管理；第四，将公共部门分解成更小单元，打破以前庞大的单元，将其变成以产品为中心的企业化小单元；第五，强化公共部门内部竞争，实行任期合同和公共招标程序；第六，重视企业式的管理风格，扬弃公共服务的军队式管理风格，增加人员雇佣和奖惩制度的弹性；第七，强调资源运用上的节制与节约。

新公共管理理论摒弃传统的公共行政，奠基于经济学和管理学架构起来的方法论。其理论的基本思想是把政府职能的市场化作为政府改革的努力方向，重新界定政府的角色，将公共服务等政府职能推向市场化和社会化，并引入竞争机制，提高公共服务等政府职能的效率和质量，在公共部门引入私人部门的顾客导向和绩效评价等方法。

3. 治理理论

治理（Governance）一词既古老又现代。说其古老，是因为从13世纪起它就在法国阶段性地流行过，曾长时间与“统治、政府、指导、指引”等词语联系在一起。说其现代，是因为到20世纪90年代，“治理”一词才在一些政策性出版物上被广泛提及，具有丰富的现代性内涵。当然，总的来说，“治理”仍是一个难以准确界定的概念。

治理理论的创始人英国学者罗德·罗茨认为，治理意味着“统治的含义有了变化，意味着一种新的统治过程，意味着有序统治的条件已不同于以前，或是以新的方法来统治社会”。法国著名治理理论研究者让–皮埃尔·戈丹（2010）认为，治理是一种联邦制度的服从性和企业文化的亲密结合，它促进了机构、企业和协会之间的谈判式合作的多样化。美国著名治理理论家库伊曼和范·弗利埃特（1993）认为，治理是指它所要创造的社会结构或秩序不能由外部强加，它之所以发挥作用，要依靠多种相互发生影响的行为者的互动，而这种互动是由参与者共同的目标支撑的。

我国治理研究学者俞可平（2000）认为，西方的政治学家和管理学家之所以提出治理概念，主张用治理代替统治，是因为他们在社会资源的配置中既看到了市场的失败，又考虑到了国家的失败。在全球化、国际化、市场化、信息化的世界浪潮下，面对纷繁复杂的经济发展和社会进步难题，凯恩斯主义、新自由主义等理论普遍存在政府失灵和市场失灵，各国政府面临不同程度的危机，它们试图寻求解决这些难题的良方。

20世纪90年代，治理理论的提出与建构，为各国政府改革提供了一个崭新的理论视角，与以往单独用政府或者市场的一元视角，抑或是“政府＋市场”或“政府＋社会”的二元视角形成鲜明的对比。总的来说，治理理论为寻求政府、市场、社会的重新定位，为推进政府改革、行政管理体制创新、地方政府自治等提供了强有力的理论分析工具，同时也是研究公共产品或公共服务供给方式和体制的重要理论。从本课题研究来说，治理理论能够为推动社会一体化提供更开阔、更宏观的思路。

二、国外相关社会建设评价指标体系综述

在人类步入现代社会后的很长一段时间内，人们一直把社会发展等同于经济发展，简单地用国民生产总值等经济指标来衡量、评价一个国家或地区的社会发展水平。20世纪60年代中期以后，随着经济的高速发展，许多社会问题（环境污染、犯罪率上升、社会动荡等）日趋严重，这使许多人开始认识到这种以单纯的经济观点来评价社会发展水平的做法是片面的。国民生产总值反映了经济总量的增长，并没有反映社会发展的全面状况。要真实地反映社会发展的全面状况，必须采用一种更为全面、综合的评价指标体系才行。基于这种新的发展观，许多国际组织、国家政府及学者们开始探索和设计这样一种综合性的社会发展综合评价指标体系。从20世纪60年代中期至整个70年代，在世界范围内迅速形成了一个被称为“社会指标运动”的研究高潮。到80年代，已有80多个国家及国际组织建立了各种社会发展指标体系，有关著作达上万种。

当然，国际上并没有与国内的“社会一体化”完全等同的概念，因而也缺乏专门的社会一体化绩效评估指标体系。但这些综合的、与“社会”相关的指标体系，对于制定社会一体化发展指数具有积极的参考意义。

1. 联合国及其附属机构制定的社会相关指标体系

联合国及其附属机构制定的社会指标体系主要包括联合国开发计划署的人类发展指数、联合国千年发展目标、联合国经济合作与发展组织社会指标体系、联合国社会和人口统计体系、世界银行的世界发展指标。这些指标的特点是将人类社会发展的基本成就尽可能地运用可操作的指标进行测量。世界发展指标体系包括人口、环境、经济、政府与市场、全球联系五大主题。其中，人口主题的指标维度包括人

口与统计、劳动与就业、贫困与收入、教育、健康。环境主题的指标维度包括土地利用与农业生产、能源生产与利用、城市化、碳排放、对真实储蓄的估计。经济主题的指标维度包括国民经济核算（当地货币）、国民经济核算（美元）、衍生国民经济核算、购买力平价、贸易、政府财政、货币、国际收支平衡、外债。政府与市场主题的指标维度包括投资环境、工商业环境、金融深度、税收与贸易政策、国防开支与武器贸易、运输、电力与通信、信息与技术。全球联系主题包括投资与贸易、资金流量、发展援助与帮助、OECD（经合组织）国家中的外国劳动力与人口、旅游与旅游业。

2. 部分国家政府制定的社会指标体系

（1）美国

美国商务部、人口普查局编制的“美国社会指标”是一种规划性指标体系。它包括人口与家庭，健康与营养，住房与环境，交通运输，公共安全，教育与训练，工作，社会治安与福利，收入与生产率，社会参与和社会活动，文化，闲暇与时间利用等大类，有 61 个二级指标和众多的三级指标。

（2）日本

日本的“国民生活指标”包括三部分内容。第一部分：生活领域，包括健康、环境与安全、经济安定、家庭生活、劳动与工作、学校生活、地区与社会活动、学习与文化活动。第二部分：关心领域，包括国际化与生活、信息化与生活、高龄化与生活、城市化与生活、国民生活的差距、家庭与社会病理。第三部分：主观意识，这部分指标内容来自民意测验或舆论调查，目的在于从人们的主观意识和心理方面来了解国民的生活意识和需求。

（3）英国

20世纪60年代末，英国中央统计局开始注意社会统计，并在美国“社会指标运动”的影响下着手准备编辑社会指标刊物。70年代初，英国第一本刊物《社会趋势》问世，以后每年定期出版一册。《社会趋势》中的社会指标体系包括以下几个领域：人口，交通运输，通信与环境，资源与支出，就业，闲暇，收入与福利，卫生保健与公共安全，教育，住房，法律实施。

（4）德国

德国的社会指标体系分为10个目标领域和56个目标量纲，以及众多的具体指标。10个目标领域分别是：人口，社会的地位和变动，就业和工作条件，收入和收入分配，消费，交通，住宅，健康，教育，公众参与。

三、国内相关社会建设领域评价指标体系综述

近年来，国内学者在社会领域提出的主要指标体系包括社会发展综合评价指标体系、小康社会及和谐社会指标体系。本书主要参考的指标体系包括：国务院发展研究中心全面建设小康社会指标体系、中国社会科学院全面建设小康社会指标体系、国家统计局全面建设小康社会统计监测指标体系。

1. 基于社会建设及政府绩效测评理论的指标体系

（1）学者提出的社会建设及政府绩效测评指标体系

社会学家陆学艺（2008）将社会建设划分为两个层面：第一个是实体建设层面，包括社区建设、社会组织建设、社会事业建设、社会环境建设等；第二个是制度建设层面，包括社会结构的调整与构建、社会流动机制建设、社会利益关系协调机制建设、社会保障体制建设、社会安

全体制建设、社会管理体制建设等。郑杭生等（2008）则认为社会建设应主要包括社会公共事业、社会建设基本制度、社会公平与公正等规范体系建设、社会秩序、社会管理水平等内容。薛君（2011）在综合了上述理论观点的基础上，提出了一个由实体建设、规范体系建设和制度建设三个维度组成的社会建设指标体系。其中，实体建设指的是通过提供公共产品和服务满足人们的公共需求，规范体系建设是通过深层理念和意识形态的建设形成共同的道德、规范和价值观，制度建设则是通过对越轨和冲突行为的预防及控制使社会更加有序与和谐。

陈天祥教授（2009）开辟了学者研究政府社会建设绩效评估指标体系的先河。他以投入、管理过程、产出及结果的框架模型，以党的十七大报告第八个专题“社会建设”内容为依据，综合考虑政府管理的实际，从当代政府绩效评估所蕴含的民众本位的价值取向出发，引入公民满意度指标的设计，构建了5大领域67项指标。

李晓壮（2011）认为，地方政府社会建设绩效评价，即是对地方政府及其组成部门在推进社会建设过程中，运用科学的方法、标准和程序，考核、研判其所取得的“政绩”的评价，是对社会建设结果的评价。根据构建地方政府社会建设绩效评价体系的系统性、可行性、独立性、易操作性，以及社会建设之间的内在逻辑关系，确定地方政府社会建设绩效评价体系框架应包括民生社会事业绩效、社会管理绩效、社会结构绩效、社会规范绩效4个领域，共计28个指标。

（2）北京市社会建设指标体系

北京市政府早在2007年就成立了推进社会建设工作的专门机构，即北京市社会工作委员会（北京市社会建设办公室）。2011年12月，《北京市“十二五”时期社会建设规划纲要》正式出台，这是全国第一个省级社会建设规划。其围绕社会服务、社会管理、社会参与、社会环境、社会关系五大体系建设，提出了“十二五”时期北京市社会建设的28项核心指标。其中，社会服务包括城镇居民人均可支配收入年均增长率，农村居民人均纯收入年均增长率，城镇登记失业率，城镇职工五项保险参保率，城镇居民养老、医疗保险参保率，提供各类政策性保障住房，全市从业人员平均受教育年限，城乡居民平均期望寿命增加，全市养老床位，每千名常住人口执业（助理）医师，人均体育场地面积，基层公共文化设施建设覆盖率。社会管理包括城市社区规范化建设达标率、城市网格化社会服务管理覆盖率、社区服务管理信息化网络覆盖率。社会参与包括每万人拥有社会组织、社会工作从业人员 / 专业人才、注册志愿者、基层自治组织选举的居（村）民参与率。社会环境包括市民公共行为文明指数、亿元地区生产总值的生产安全事故死亡率降低、重点食物安全检测抽查合格率、药品抽验合格率。社会关系包括群众安全感指数、和谐社区（村镇）创建率、和谐企业创建率、基层社会矛盾纠纷调处率、信访事项按期办结率。

（3）广东省社会建设指标体系

广东省发展改革委与统计局从2005年起即开始实施《广东省社会建设综合评价指标体系》，对该省社会建设工作起到了促进作用。2011年广东省委、省政府下发《关于加强社会建设的决定》后，由广东省社工委牵头，在原《广东省社会建设综合评价指标体系》的基础上，起草制定广东省社会建设考核评价指标体系。2013年7月16日，广东省社工委第一次全委会审议通过了《广东省社会建设综合考核指标体系》。其包括社会事业、社会安全、社会公平、社会参与4个一级指标和37个二级指标。其中二级指标包括规范化幼儿园达标率，城镇登记失业率，城镇居民人均可支配收入，农村居民人均可支配收入，基本社会保险覆盖率，每万人拥有收养性社会福利单位的床位数，住房保障工作目标责任完成率，每万户籍人口接受服务的残疾人数，每万人医师数，环境卫生绿化指数，符合政策生育率，每万人拥有的公共文化设施面积，体育工作达标率，城市每万人公交车辆拥有量，城镇人口所占比重，每万人拥有城乡社区服务设施数，基本公共服务支出占地方公共财政支出比重，应急管理工作，治安刑事指数，食品重点品种监测总合格率，药品安全指数，交通、火灾死亡人口比率，生产安全指数，每十万人群体性事件数，人民调解指数，法律援助率，城乡居民人均收入发展速度与人均 GDP 发展速度之比，城镇居民人均可支配收入与农村居民人均可支配收入之比，城镇最高最低组别收入比，进城务工人员随迁子女平等接收义务教育指数，城市民族工作，行政复议案件按时办结率，社会组织工作，社区参与指数，每万人拥有持证社工人数，志愿者工作指数，已建工会企业工资集体协商建制率。

2. 基于社会全面发展的指标体系

国务院发展研究中心全面建设小康社会指标体系包括 4 大主题 16 个指标。其中，经济主题包括人均国内生产总值、非农产业就业比重、恩格尔系数、城乡居民收入；社会主题包括基尼系数、社会基本保险覆盖率、平均受教育年限、出生时预期寿命、文教体卫增加值比重、犯罪率、日均消费性支出小于 5 元的人口比重；环境主题包括能源利用效率、使用经改善水源的人口比重、环境污染综合指数；制度主题包括：廉政建设、政府管理能力。

国家统计局全面建设小康社会统计监测指标体系包括 3 个维度 15 个具体指标。其中，经济发展包括人均 GDP、科研经费支出占 GDP 比重、第三产业增加值占 GDP 比重、城镇人口比重、失业率（城镇）；社会和谐包括基尼系数、城乡居民收入比、地区经济发展差异系数、基本社会保险覆盖率、高中阶段毕业生性别差异系数；生活质量包括居民人均可支配收入、恩格尔系数、人均住房使用面积、5 岁以下儿童死亡率、平均预期寿命。

中国社会科学院全面建设小康社会指标体系包括 5 个一级指标和 28 个具体指标。其中，社会结构指标包括第三产业从业人员比重、城镇人口占总人口比重、非农业增加值占 GDP 比重、出口额占 GDP 比重、教育经费占 GDP 比重；经济与科教发展指标包括人均 GDP、人均社会固定资产投资、工业企业总资产贡献率、城镇实际失业率、科研经费占 GDP 比值、人均教育经费、每万人专利受理量；人口素质指标包括人口自然增长率、每万名职工的专业技术人员数量、每万人口在校大学生人数、大专以上文化程度人口占 16 岁以上人口比重、每万人医生数、平均预期寿命；生活质量和环保指标包括：恩格尔系数、人均生活用电量、每百户电话拥有量、每百户拥有电脑量、工业“三废”处理率、农村饮用自来水人口占农村人口的比重；法制及治安指标包括每万人刑事案件立案数、每万人治安案件发案数、每万人拥有律师数、每 10 万人交通事故死亡人数。

四、社会建设相关测评指标评述

从已有研究来看，大部分与社会建设领域相关的指标体系都开发了较为全面的测度指标，不同的指标体系侧重社会建设的不同领域。

学者们提出的指标体系根据理论框架的不同，可以划分为两种基本类型：一种是基于社会建设理论的指标体系，另一种是基于政府绩效考评理论的指标体系。这两种指标体系为社会发展尤其是社会建设领域概念的厘清、内涵与外延的明确，做出了开创性的界定。而且，这些指标都建立起了具有一定理论基础的概念框架。对于后来的研究者而言，这些指标体系给出了很好的研究思路和研究方向，但个别指标的设计在可操作性上略显不足。

地方政府执行社会建设领域的指标体系，目的是推动当地社会建设工作，不是用来反映社会建设水平。因此，地方政府采用的指标注重社会建设领域，与期待的目标有一定差距。

第六节　区域生态一体化相关理论及研究评述

一、生态一体化的内涵

生态文明是指人们在改造客观物质世界的过程中，遵循自然规律，积极改善和优化人与自然、人与人之间的关系，建设有序的生态运行机制和良好的生态环境所取得的物质、精神和制度方面的成果的总和。生态文明的实质是人与自然的和谐相处，是人类社会实现可持续发展的必由之路。从制度建设的角度看，生态文明作为对工业文明的超越，代表了一种更为高级的人类文明形态。

生态一体化是指以大系统观为指导，消除区域内各个地区之间在生态环境管理政策、享受权益以及资金投入上的差异，将区域生态环境作为一个整体进行综合治理，最终实现区域内生态环境的整体提升和改善。

二、相关研究综述

随着生态环境对人类生产和生活的影响越来越大，各地区生态环境之间的相互影响也更加深入，关系也更加紧密。区域生产生活当中产生的各类废弃物、有害气体、垃圾、污水，不但对自身产生危害，还通过自然和人为转移，造成其他地区生态破坏和环境污染。同样，区域生产生活对生态环境中土壤、水、大气的污染，森林、草原、湿地的损毁，不仅直接影响各地居民的生活质量和身体健康，而且由于传导作用，对另一地居民的生产生活造成损害。因此，区域生态环境一体化是综合整治区域污染，修复区域生态环境的必然选择。由此可以认为，生态环境一体化是指以大系统观为指导，消除区域内各个地区之间在生态环境管理政策、享受权益以及资金投入上的差异，将区域生态环境作为一个整体进行综合治理，最终实现区域内生态环境的整体提升和改善。

目前，关于生态环境一体化的研究取向主要有以下几种：第一种是城市空间布局与生态环境协调关系。第二种是城镇化与生态环境之间耦合关系研究。第三种是生态环境与贫困之间的关系研究。第四种是生态环境与某种化学排放物和粮食作物之间关系研究（阎大颖，2007；孙平军，2014；方创琳，2016）。总体而言，以上这些都是讲生态环境与经济社会某一方面之间的维度进行比较研究的案例。本次研究则侧重于区域生态环境一体化，更强调从生态环境本身的维度测量区域之间的协调和耦合程度，目前，生态环境一体化指标设置尚没有统一标准，张海鹏等在城乡生态环境一体化指标设置方面做出了一些尝试性的研究，他用自然资源保护指数、垃圾处理、水资源利用率和环境水平四个指标来测度生态环境一体化，对四个指数加权平均得到某地生态一体化数据（张海鹏，2014）。

本研究参照上述提供的指标构建情形，以及区域二元相对独立的特点，城市区域更强调控制污染源，农村地区侧重保护自然生态及生物资源多样性。我们按照资源保护，环境利用，然后污染防治的思路将城乡一体化生态环境评价指标体系中的二级指标划分为三类：一是自然资源保护，二是资源环境利用，三是污染防治。依据二级指标及生态一体化所应涵盖的含义，首先，自然资源保护涵盖大气、植被、水、土壤等内容，参考指标数据的可获得性，可设立三级指标城乡绿化覆盖率（四季森林覆盖率、自然保护区比重），水资源开发强度（流域水系水质状况、农业用水效率），土地退化指数（水土流失与旱涝盐碱治理率、荒山荒地占国土面积比重）；其次，同时考虑到近期流行的对环境保护统一评估的重要参数——单位 GDP 能耗的重要性日益突出，故将此项指标纳入其中，资源环境利用可设立三级指标能源资源节能降耗水平（单位 GDP 能耗等），城乡水资源利用（安全饮用水普及率），空气质量负荷指数（二氧化硫排放、化学需氧排放总量）；最后，污染防治可设立三级指标废弃物处理指数（弃物综合利用率、城市生活垃圾无害化处理率、工业废水治理设施处理能力），环境污染防治综合投资指数（区域环保支出占财政支出比率）。

第七节　区域经济社会一体化发展相关理论及研究评述

一、产业发展与区域经济社会一体化研究

学者从产业发展与经济社会一体化的层面进行了相关研究。冯凌和杨玉英（2012）认为旅游业与经济社会一体化融合是产业发展的新趋势，伴随着城市化和工业化推进，宁夏产业经济、城乡环境和交通建设等为旅游发展奠定了坚实基础，应依托经济社会发展战略、融合传统产业优势、挖掘地域资源特色，努力将宁夏打造成为旅游、文化与经商贸之都。唐亚林（2015）认为当代中国区域治理的内涵经历了从计划经济体制下“行政区经济”到市场经济体制下“区域经济一体化”，再到科学发展观下“区域经济社会一体化”的阶段性嬗变，并

呈现区域产业结构的调整与升级、区域大中小城市群与小城镇的发展、区域经济社会一体化发展“三位一体”要素的耦合特征。袁富华（2020）认为根据发达国家经验，经济社会一体化内生于现代化过程之中，即社会发展的制度化建设由技术创新和管理创新推动，并作为新一轮创新的条件和规范存在，以此促进经济效率改进与制度质量提升的良性互动，报酬递增的发展本质蕴含在这种机制之中。与工业化时期重积累、重产出的技术理念不同，经济社会一体化的要点在于围绕社会政策制定实施经济政策，这种差异是发达国家转型和城市化可持续的关键。

二、城乡发展与区域经济社会一体化研究

学者分别从社会发展史、区域空间规划以及经济社会协调等层面对城乡发展与经济社会一体化内涵进行了阐述。第一，从社会化发展史角度，他们认为城乡经济社会一体化是城乡关系发展的必然趋势，一个地区的生产力达到一定阶段后，城乡关系会逐步由对立走向融合（Marx，1958）。周加来（2001）对农村城镇化、城市化、城镇化、城乡一体化等概念的内在联系和区别进行了辨析，认为城乡一体化是在生产力高度发达的条件下，城乡间在经济、社会等方面实现协调发展的过程，它是城市化的最高阶段，不能超越城市化发展阶段而存在。第二，从区域空间发展的角度，他们认为城乡经济社会一体化指随着劳动力、资本、土地等生产要素在城乡间自由流动，城乡的空间界限、传统差别逐渐模糊（Douglass，1998）。陈学云、史贤华（2011）认为伴随着农村城市化（农业产业化、农民市民化、农业信息化）、城市郊区化（人口、产业等向郊区转移）的推进，农村具有了城镇特色，城镇兼具农村气息，城乡间的界限逐渐模糊。第三，从经济社会协调

发展角度，他们认为城乡经济社会一体化发展不仅要求城乡经济差距缩小，更要求城乡间的公共服务配置均衡以及城乡间的经济协调、社会协调同步提升。迟福林（2009）认为城乡基本公共服务均等化是缩小城乡收入差距、实现统筹发展的先决条件。吴根民（2014）提出城乡间基础教育、医疗卫生、社会保障、基础设施等公共服务方面的差距导致城乡收入差距持续扩大，消除城乡二元结构不能只关注城乡间经济的协调发展，更需要加强农村基础设施的建设、公共服务的供给。邓婕（2018）基于城乡经济社会一体化视角，对城乡二元金融结构的主要特征进行研究，提出在经济社会一体化背景下农村金融模式发展的核心思想、基本思路和制度建设等相关建议。

第三章

区域经济社会一体化发展指数的构建

第一节　指标的形成与分析

一、指标选取的基本原则

一是针对性原则。所选取的指标能够直接反映所要研究的问题，如一体化发展程度评价指标直接反映各种交通方式之间的衔接与各行政区之间的对接水平；一体化运行效率评价指标直接反映各种交通方式的投入与产出水平；经济增长水平评价指标直接反映经济各方面的增长现状。

二是独立性原则。对于反映特定含义的指标，要在初选后择优选取，将具有交叉性或相似性的指标进行剔除，保证所选指标是相互独立的，代表的特性相互间没有重叠性。

三是完整性原则。在初选指标时，要求全而不求优，要全面地反映目标的各个方面，然后对初选指标进行优选，保留那些具有代表性

本章作者：“长江经济带经济社会一体化发展指数研究”课题组。

又没有交叉的指标。

四是客观性原则。选取的指标要能客观反映存在的问题，对分析目标起客观作用。

五是可度量性原则。为便于计算指标，以保证评价结果的客观公正，尽量选取能代表一定特性的可量化指标，或将定性指标进行量化处理后变成可量化指标，尽量不选择定性指标。

六是可操作性原则。选取的量化指标要能得到真实有效的数据，定性指标值的确定要具有一定的说服力，以达到目标评价过程的科学合理。

二、指标的选取过程

评价指标体系的构建是“具体—抽象—具体”的辩证逻辑思维过程。一般来说，这个过程可大致分为四个环节：理论准备、评价指标初选、指标体系的修正、最终指标的确定。本课题指标的形成经过了广泛深入的调研论证。

1. 理论准备

在构建一套区域一体化发展指数指标体系之前，应查阅和整理与区域一体化相关的文献和理论。课题组在查阅大量文献后发现，对区域一体化发展的研究多集中在产业一体化、市场一体化、交通一体化、社会一体化以及生态一体化等领域。由此，课题组深度了解 5 个相关研究领域的基础理论，以全面掌握该领域描述区域一体化指标体系的基本情况。

2. 评价指标初选

课题组结合现有文献的客观指标以及相关理论和方法，从产业一体化、市场一体化、交通一体化、社会一体化以及生态一体化 5

个方面进行了区域一体化发展指数指标的初选。在区域一体化发展指数指标体系初选环节，课题组采用访谈法、文献分析法等进行了广泛调研，并集中开展了专题咨询，构建了区域一体化发展指数指标体系的框架。即在一些已存在的包括产业一体化、市场一体化、交通一体化、社会一体化以及生态一体化等一级指标的基础上，对二级指标进行聚类，使之系统化；再将归类整理的二级指标划分成若干个三级指标，使每个一级指标都可以用具体的统计指标来描述。

3. 指标体系的修正

构建指标体系不仅包括指标遴选，还包括指标权重的科学确定。在对区域一体化发展指数指标进行初选的基础上，为了增强考量的科学性、合理性，课题组进一步对设计的评价指标体系进行了修正。采用问卷调查法征询了有关专家的意见，对专家的意见进行统计、整理、分析和归纳，客观地综合多数专家的经验与主观判断，对初步设定的评价指标进行调整。经过多轮意见征询、反馈和调整后，完成对评价指标体系的修正。

4. 最终指标的确定

经过理论准备、评价指标的初选、指标体系的修正，最终的区域一体化发展指数指标涵盖了产业一体化、市场一体化、交通一体化、社会一体化以及生态一体化 5 个一级指标、12 个二级指标、44 个三级指标。

第二节 区域经济社会一体化发展指数的构建

根据区域经济社会一体化要素结构分析，本研究确定长江经济带区域经济社会一体化发展的 5 个测度一级指标，见表 3–1。

表3-1　基于长江经济带的区域经济社会一体化发展指数指标体系

一级指标	二级指标	三级指标
区域市场一体化发展指数	商品市场价格指数	粮油价格指数
		肉禽蛋奶及水产品价格指数
		蔬菜价格指数
		干鲜瓜果价格指数
		烟酒价格指数
		服装鞋帽价格指数
		家庭设备及日用品价格指数
		医疗保健和个人用品价格指数
		交通和通信价格指数
		文娱及教育价格指数
	要素市场价格指数	城镇单位在岗人员平均工资
		居住价格指数
		固定资产投资价格指数
		住宅平均售价
		办公楼平均售价
		商业营业用房平均售价
区域产业一体化发展指数	横向产业一体化指数	产业结构相似系数
		行业分工指数
		产业集聚度指数
区域交通一体化发展指数	枢纽覆盖水平	省际周转覆盖度
		客运枢纽覆盖度
		货运枢纽覆盖度
	交通网络运输水平	省际可达性
		区内可达性
	综合交通发展水平	综合路网密度
区域社会一体化发展指数	社会结构差异水平	地区城镇化率差异系数
		城乡收入比差异系数
		劳动适龄人口占比差异系数
	社会保障差异水平	城镇职工基本养老保险参保人数占比差异系数
		城镇职工基本医疗保险参保人数占比差异系数
		最低生活保障人数占比差异系数

续表

一级指标	二级指标	三级指标
区域社会一体化发展指数	公共服务差异水平	财政性文化体育、传媒支出占比差异系数
		人均地方财政教育支出差异系数
		每万人执业医师数差异系数
		每万人发明专利数差异系数
		每万人社会组织数差异系数
区域生态一体化发展指数	自然资源保护指数	城乡绿化覆盖率
		水资源保护指数
		土地保护指数
	资源环境利用指数	空气质量负荷指数
		水资源利用效率
		能源资源降耗水平
	污染防治指数	废弃物处理指数
		环境污染防治综合投资指数

由于这 5 个一级指标所涉及的领域各异，因而本研究分别对 5 个一级指标进行具体研究，得出了 5 个指标各自的测度指标体系，并初步确定了具体的测度方法。

第三节 区域市场一体化发展指数的构建

一、指标体系

本研究借鉴价格法的基本视角来测度区域市场一体化的水平，将不同地区同类产品（要素）的价格差异作为评价区域市场一体化的重要标志。

在充分考虑商品市场一体化和要素市场一体化对于区域市场一体化的重要意义，以及依据数据的可得性和权威性的前提下，本研究选取商品市场价格指数和要素市场价格指数作为市场一体化指数的二级指标；依据指标的权威性、代表性和数据的可得性，确立粮油价格指数、肉禽蛋奶及水产品价格指数、蔬菜价格指数等 10 类商品价格指数为商品市场价格指数的三级指标；并确立城镇单位在岗人员平均工资、居住价格指数等 6 类生产要素的“价格指数”，作为要素价格指数的三级指标，见表 3–2。

表3-2　区域市场一体化发展指数指标体系

一级指标	二级指标	三级指标
区域市场一体化发展指数	商品市场价格指数	粮油价格指数
		肉禽蛋奶及水产品价格指数
		蔬菜价格指数
		干鲜瓜果价格指数
		烟酒价格指数
		服装鞋帽价格指数
		家庭设备及日用品价格指数
		医疗保健和个人用品价格指数
		交通和通信价格指数
		文娱及教育价格指数
	要素市场价格指数	城镇单位在岗人员平均工资
		居住价格指数
		固定资产投资价格指数
		住宅平均售价
		办公楼平均售价
		商业营业用房平均售价

二、评价方法

如前文所述，本研究以不同地区同类商品（要素）的价格差异水平作为对区域市场一体化程度的判断依据。在评价方法上，本研究以差异系数法（Coefficient of Variation）测度不同地区同类商品（要素）的价格差异水平。

差异系数也称变差系数、离散系数、变异系数，用 CV 表示。它是一组数据的标准差与其均值的百分比，是测算数据离散程度的相对指标。差异系数由于是相对差异量数，它既可用于不同单位资料的差异比较，也可用于不同水平的同类现象的差异情况比较。最常用的差异系数是由皮尔逊提出的。其计算公式如下。

$$CV = \frac{S}{M} \times (100\%)$$

式中，S 为标准差，M 为平均数。

差异系数通常用标准差计算，因此，差异系数也被称为标准差系数，其计算公式如下。

$$CV = \frac{\sqrt{\frac{\sum_j^n (y_i - y)^2}{N}}}{\overline{y}}$$

式中，CV 为差异系数，$\sqrt{\sum_j^n (y_i - y)^2 / N}$ 为标准差，y 为变量数值，$\overline{y}$ 为平均值，N 为变量个数。

第四节 区域产业一体化发展指数的构建

产业一体化强调通过产业转移、产业集聚等，使不同的优势产业在不同的地区发展壮大，形成区域产业按照资源禀赋合理分工布局的态势。产业一体化要求只有当区域内各城市的产业基础、资源禀赋客观上存在一定的差异，才能在一体化进程中通过产业分工达到优势互补，使资源和市场得到有效对接。这种基于互补化、差异化布局的产业一体化已经成为区域产业发展的一个重要趋势。纵向的产业一体化模式主要是建立有效的产业链，并延伸产业链，在区域内调整产业链合理分工，实现区域内产、供、销的有效结合，形成产业纵向一体化的形态。基于区域分工与协作理论、产业集群发展理论等，产业一体化应按照产业横向一体化和纵向一体化两个维度提出产业一体化发展评价指标体系。

本研究在综合现有产业一体化研究成果的基础上，根据可行性原则和可比性原则，采用横向产业一体化的指标例如产业结构相似系数、行业分工指数、产业集聚度指数作为衡量长江经济带一体化的最终指标。

一、产业结构相似系数

产业结构相似系数是用来比较不同区域的产业结构，来说明区域间的产业布局是否存在差异。即以某一地区的产业结构为基础，通过计算相似系数，对两地区产业结构的同构化程度进行衡量。从动态来看，如果系数不断上升，则产业结构有趋同的趋势；反之，则趋异。如果两个地区的产业结构相似系数高，说明两个地区的产业结构趋同，存在重复建设。产业结构相似系数的计算公式如下。

$$S_{ij} = \sum(X_{ik} \times X_{jk}) / \sqrt{\sum X_{ik}^{2} \times \sum X_{jk}^{2}}$$

式中，S_{ij}表示i区域和j区域的产业结构相似系数。X_{ik}和X_{jk}分别表示i区域和j区域第k种产业在本区产业结构中所占比重。通常情况下，$0< S_{ij} <1$。S_{ij}值越大，说明两个区域的同构度越大。当$S_{ij}=1$时，说明两个区域的产业结构完全一致；当$S_{ij}=0$时，说明两个区域的产业结构完全不一致。

二、行业分工指数

国内外学者运用不同的方法对产业同构程度判断进行了大量研究，Krugman（1991）对行业结构趋同与分工相联系进行了研究，提出了地区间行业分工指数，计算公式如下。

$$K_{ij}=\sum_{k}\left|v_i^k-v_j^k\right|$$

其中，K_{ij}是i区域和j区域的区域分工指数，v_i^k和v_j^k分别表示i区域和j区域的第k种行业占各区域的不同产业总产值的比重，$v_i^k=E_i^k\Big/\sum_{k}E_i^k$，$v_j^k=E_j^k\Big/\sum_{k}E_j^k$，$E_i^k$为$i$区域$k$行业的工业总产值，$E_j^k$为$j$区域$k$行业的工业总产值。如果$i$区域和$j$区域的产业结构一样，$K_{ij}=0$；如果$i$区域和$j$区域的产业结构完全不同，$K_{ij}=2$。$K_{ij}$的阈值范围为[0，2]。指数值越大，表明两个区域的分工程度越高，说明行业结构差异程度越高，区域分工程度则越强；反之，结果相反。

三、产业集聚度

产业集聚度又称为地方专门化率或专业化指数，是表明某地区某行业的生产专业化水平的指标，间接反映区域间经济联系的结构和产业。它建立在区域比较优势理论基础上，由哈盖特首先提出并运用于区位分析中，来衡量某一个区域产业结构与全国总体平均水平的差异。产业集聚度是长期以来得到广泛应用的衡量地区专业化水平的重要指标，常被用来判断一个地区的专业化部门和主导产业。产业集聚度可以在同级的区域之间比较，也可以在不同级区域之间比较，是目前衡量地区产业集群常用的指标，一般用区位熵（Location Quotient）来测量。对某个地区的产业集聚度进行分析，有助于该地区正确把握优势产业，从而促进区域产业的优化升级，提高产业的竞争优势，间接反映区域间经济联系的结构和产业，计算公式如下。

$$LQ_{ij}=\frac{X_{ij}/\sum_{i=1}^{n}X_{ij}}{\sum_{j=1}^{m}X_{ij}/\sum_{i=1}^{n}\sum_{j=1}^{m}X_{ij}}$$

其中，LQ_{ij} 表示 i 区域 j 行业的区位熵，X_{ij} 表示 i 区域 j 行业的国内生产总值，$\sum_{i=1}^{n}X_{ij}$ 表示 i 区域所有行业的生产总值之和，$\sum_{j=1}^{m}X_{ij}$ 表示全部地区 j 行业的国内生产总值之和，$\sum_{i=1}^{n}\sum_{j=1}^{m}X_{ij}$ 表示所有行业、所有地区的国内生产总值之和。$LQ_{ij}<1$，说明该产业的集群化水平较低；$LQ_{ij}>1$，则说明该产业的集群化程度较高。指数越大的地区，该产业的集群化程度越高。

第五节　区域交通一体化发展指数的构建

目前，国内外对区域交通一体化发展评价指标体系和评价方法的探讨仍不多见，对于交通运输系统的评价往往也局限于某一种运输方式或某一规划方案的评价。本章在综合现有区域交通一体化研究成果的基础上，按照枢纽覆盖水平、交通网络运输水平、综合交通发展水平三大维度，尝试建立一套相对全面、适用可行的区域交通一体化发展评价指标体系，从而对长江经济带交通一体化进行综合评价分析，见表 3-3。

表3-3 区域交通一体化发展指数指标体系

一级指标	二级指标	三级指标	四级指标
区域交通一体化发展指数	枢纽覆盖水平	省际周转覆盖度	客运周转量（亿人×千米）
			货运周转量（亿吨×千米）
		客运枢纽覆盖度	铁路客运量（万人）
			公路客运量（万人）
			民用航空客运量（万人）
		货运枢纽覆盖度	铁路货物运量（万吨）
			公路货运量（万吨）
			民用航空货运量（万吨）
	交通网络运输水平	省际可达性	节点平均交通里程
			节点平均旅行时间
		区内可达性	区位优势度
	综合交通发展水平	综合路网密度	铁路密度
			公路密度

其中，需要合成的指标如下。

客运枢纽覆盖度＝客运规模最大的车站/港口年旅客发送量，发送量越大，客运枢纽覆盖度越高。

货运枢纽覆盖度＝货运规模最大的车站/港口年货物发送量，发送量越大，货运枢纽覆盖度越高。

航空枢纽覆盖度＝民航客运规模最大的机场年旅客发送量，发送量越大，航空枢纽覆盖度越高。

节点平均交通里程＝$D_i = \frac{1}{N}\sum_{j=1}^{n} D_{ij}$，*Di*表示节点*i*的平均交通里程，值越小，表示节点可达性越优；*Dij*表示节点*i*和*j*间的最短交通里程；*N*为节点数。连通度越高，一体化程度越高。

节点平均旅行时间＝$A_i = \frac{1}{N}\sum_{j=1}^{n} T_{ij}$，*Ai*为节点*i*的平均旅行时间，值越小，表示节点的可达性越优；*Tij*表示节点*i*通过交通网络中时间最短的路径到达节点*j*的最短旅行时间。

综合路网密度 =（铁路里程 + 公路里程 + 水运里程）/ 地区面积，综合路网密度越大，交通可达性、方便性就越高。

第六节　区域社会一体化发展指数的构建

长江经济带经济社会发展指数，主要基于区域竞争力理论、生态系统理论、系统工程理论、循环经济理论、协同发展理论及城市建设理论。本研究认为，长江经济带一体化的过程是一种跨地区、跨组织、跨文化的复杂的合作创新活动，是涉及产品创新、技术创新、管理创新、制度创新等多方面、多层次相互支持、联动创新的有机整体。长江经济带经济社会发展指数，以实现长江经济带区域协同发展为目标，通过构建长江经济带协同发展模型，旨在促进长江经济带城市群空间优化与质量提升，推动长江经济带地区建设世界级科技创新和产业创新中心，树立城市群发展标杆，探索中国城市群一体化建设评价体系及方法，引领中国参与新一轮产业革命和科技竞争。本指数的建立，将为长期关注和研究长江经济带区域发展的理论工作者和各级政府决策部门提供重要参考。

长江经济带经济社会发展指数是对长江经济带地区的经济、社会发展及其一体化建设进行综合评价，建立系统、全面、特色的评价体系，并运用指数化评价方法进行量化测评，真实反映一定时期内长江经济带地区经济社会综合实力及其一体化发展水平。

一、指标选取原则

系统性：强调每个指标应都能反映社会一体化的特征，尽可能从各个角度全面反映区域社会一体化发展水平，未来指数研究将有一定的延展性，最大限度地依据社会反馈意见和建议进行修正、补充和完善。

客观性：强调对可考可查的真实运行数据进行相对简约化处理，避免指数的灰色性、模糊性和不可追溯性，指数分析方法客观、可复制。

科学性：指数指标论证经多轮次专家意见征集和专家委员会研讨确认，各个指标有明显差异，避免特征上交叉，以确保指标间具有代表性和可比性。

操作性：指标充分考虑数据来源稳定、连续规范、口径统一的原则，使数据易于比较和计算，评价指标含义明确。

二、指标体系

本研究涉及的社会一体化发展指数，是指为实现区域经济一体化所应具备的社会基础性的、社会建设发展一体化的客观条件。该指数包括社会结构差异水平、社会保障差异水平、公共服务差异水平 3 个二级指标，这 3 个二级指标又分别由 3 ~ 5 个三级指标合成（见表 3–4）。

表3-4　　区域社会一体化发展指数指标体系

一级指标	二级指标	三级指标
区域社会一体化发展指数	社会结构差异水平	地区城镇化率差异系数
		劳动适龄人口占比差异系数
		城乡收入比差异系数
	社会保障差异水平	城镇职工基本养老保险参保人数占比差异系数
		城镇职工基本医疗保险参保人数占比差异系数
		最低生活保障人数占比差异系数

续表

一级指标	二级指标	三级指标
区域社会一体化发展指数	公共服务差异水平	财政性文化体育、传媒支出占比差异系数
		人均地方财政教育支出差异系数
		每万人执业医师数差异系数
		每万人发明专利数差异系数
		每万人社会组织数差异系数

社会结构差异水平考察的是区域社会结构领域（主要指资源与机会分配）的均衡性，选取了地区城镇化率差异系数、劳动适龄人口占比差异系数、城乡收入比差异系数、基尼系数、中产阶层人口占比差异系数 5 个三级指标。

地区城镇化率差异系数。城镇化是推动地区一体化发展的主要动力之一，能够从空间上综合反映该区域的一体化发展水平。该指标以常住人口计算的人口城镇化率来衡量。理论上说，城镇化率的差异系数越低，区域发展的一体化水平越高。

劳动适龄人口占比差异系数。人口结构是区域发展的劳动力要素，劳动适龄人口在总人口中的比重是区域经济一体化发展的持续性的劳动力基础。计算差异系数后，差异系数越低，说明区域发展水平越均衡，即一体化发展程度越高。

城乡收入比差异系数。城乡居民收入比（城市 / 农村）反映的是城乡收入分配差距，计算方法为：城镇居民人均可支配收入 / 农村人均纯收入。该指标数值越小，表明城乡收入差距越小。计算差异系数后，差异系数越低，说明区域发展越均衡，即一体化发展程度越高。

需要说明的是，基尼系数是考察区域内居民收入分配差距的重要指标。该指标是反向指标，基尼系数越小，说明地区收入分配相对越公平。由于数据准确性尚不确定，该指标暂不纳入本书分析维度。中产阶层人口占比是指区域内中产阶层（中等收入者）的人口总量占比，中产阶层人口占比越高，说明区域发展水平越均衡。由于数据准确性尚不确定，该指标暂不纳入本书分析维度。

社会保障差异水平考察的是区域社会保障事业发展的状况，选取了城镇职工基本养老保险参保人数占比差异系数、城镇职工基本医疗保险参保人数占比差异系数、最低生活保障人数占比差异系数 3 个三级指标。这 3 个指标是城镇居民社会保障水平的基本判断指标。计算差异系数后，差异系数越低，说明区域发展越均衡，即一体化发展程度越高。

公共服务差异水平考察的是区域公共服务体系均等化的情况，选取了财政性文化体育、传媒支出占比差异系数，人均地方财政教育支出差异系数，每万人执业医师数差异系数，每万人发明专利数差异系数，每万人社会组织数差异系数 5 个公共服务的维度体现区域公共服务水平，计算差异系数后，差异系数越低，说明区域发展越均衡，即一体化发展程度越高。

三、研究方法

本研究使用差异系数来测算每个指标区域之间的差异水平，每个三级指标的差异系数，按照算术平均法计算权重，最终合成二级指标。

需要说明的是，社会一体化的各个区域差异系数越大，说明区域社会一体化水平越低，发展越不均衡；反之，差异系数越小，说明区域社会一体化水平越高，发展越均衡。

第七节　区域生态一体化发展指数的构建

区域生态一体化是在经济发展过程中实现社会效能与生态效能良性循环的最佳手段。区域生态一体化侧重从生态环境本身维度出发，衡量不同区域之间的协调与耦合程度。目前，生态一体化指标设置尚无统一标准，学者们着重围绕自然资源保护、资源环境利用及污染防治 3 个维度展开分析，见表 3–5。基于此，本文以上述 3 个维度作为反映生态治理程度的基础，并综合已有文献对其划分设立指标，以更为全面地阐释生态环境的特性。通过对不同地区、不同年份各项指标数值的统计整理，运用差异系数测算得出生态一体化程度的量化指标，借此比较说明区域间生态环境差异及动态发展趋势，进而根据测度结果提出推动区域生态一体化建设的对策建议。

表3-5　　区域生态一体化发展指数指标体系

一级指标	二级指标	三级指标	四级指标
区域生态一体化发展指数	自然资源保护指数	城乡绿化覆盖率	森林覆盖率（%）
			自然保护区比重（面积比重%）
		水资源保护指数	地区节水灌溉面积（千公顷）
			人均水资源量（立方米/人）
			生态环境补水量（亿立方米）
		土地保护指数	本年增加的耕地面积（公顷）
			人均耕地面积（亩）
			人工湿地面积（千公顷）
	资源环境利用指数	空气质量负荷指数	二氧化硫排放（吨）
			化学需氧量排放（吨）
			氨氮排放总量（吨）
		水资源利用效率	单位GDP用水量（立方米）
			安全饮用水普及率（%）
		能源资源降耗水平	单位GDP能耗（吨标准煤/万元）

续表

一级指标	二级指标	三级指标	四级指标
区域生态一体化发展指数	污染防治指数	废弃物处理指数	一般工业固体废物处置量（万吨）
			城市生活垃圾无害化处理率（%）
			工业废水治理设施处理能力（万吨/日）
		环境污染防治综合投资指数	当年完成环保验收项目环保投资（亿元）

一、生态一体化发展指标体系的建立

1. 自然资源保护指数

自然资源保护指数是反映某个地区生态保护状况的重要指标，是区域内绿化覆盖面积与总面积之比。此项指标由城乡绿化覆盖率、水资源保护指数和土地保护指数组成。城乡绿化覆盖率下设森林覆盖率、自然保护区比重 2 个四级指标，即森林面积、自然保护区分别占土地面积的比重。水资源作为经济发展的基础资源，对区域生态系统健康具有重要影响。水资源的稀缺性特征决定了其需用经济效率进行量化。该项指标涵盖地区节水灌溉面积、人均水资源量、生态环境补水量。城镇化及工业化的快速推进使得土地保护成为理论与实证研究的重要内容，土地保护指数下设本年增加的耕地面积、人均耕地面积和人工湿地面积。显而易见，自然资源保护指数均为正向指标，数值越大，表明资源保护程度越高、生态质量越好。

2. 资源环境利用指数

资源环境指数由单位经济效益带来的大气、水、能源等资源消耗代价来衡量，同等经济增长所付出的空气污染量、水资源、能源资源越低，表示地区的生态质量水平越高。据此，资源环境利用指数下设空气质量负荷指数、水资源利用效率和能源资源降耗水平三项指标。

其中，空气质量负荷指数包括二氧化硫排放量、化学需氧量排放量、氨氮排放量，着眼于研究污染物排放量与经济增长的关系。水资源利用效率包括单位GDP用水量、安全饮用水普及率，核心是反映资源利用效率和居民生活质量问题。

3. 污染防治指数

污染防治指数反映地区环保政策及环境治理投入程度的差异，包括废弃物处理指数和环境污染防治综合投资指数。根据生产、生活废弃物来源的不同，废弃物处理指数涉及一般工业固体废物处置量、城市生活垃圾无害化处理率、工业废水治理设施处理能力3个方面，综合体现地区技术、资金投入及处理总量、难度等现实因素。环境污染防治综合投资指数采用狭义的环境投资概念，即用环境污染治理投资替代保护投资。

二、指标测算方法

针对前述指标构建的情形而言，一方面各项指标量化的出发点角度不同，致使不同指标数值的单位不尽相同；另一方面区域发展不均衡、资源禀赋差异容易导致指标均值相差较大，因此采用绝对差异量进行比较往往不可靠。对此，应当使用差异系数来进行不同水平的同类现象的差异性比较。

第四章

长江经济带经济社会一体化发展指数分析

长江经济带是我国的一条重要经济带，是横贯东中西部、连接南北方的经济走廊。长江经济带特别是长江中下游地区集聚了全国优质的经济、教育、文化、医疗、科技等资源。近年来，区域整体公共服务水平逐渐提升，但因为长江流域各地经济发展水平、资源禀赋不尽相同，社会发展也并不均衡，公共服务的落差较大，从而影响了要素流动、功能疏解和协同发展。

区域经济一体化是区域一体化的基础和保障。区域一体化涉及的领域更广，尤其是社会保障和公共服务的一体化，对于区域一体化发展起到了巨大的支撑作用。

长江经济带经济社会一体化发展指数主要基于区域竞争力理论、生态系统理论、系统工程理论、循环经济理论、协同发展理论及城市建设理论。

本章作者：蔡继辉、曹占忠。

第一节　长江经济带经济社会一体化发展指数指标体系

根据区域一体化要素结构分析，本研究确定长江经济带经济社会一体化发展指数的 5 个测度一级指标为区域产业一体化、区域市场一体化、区域交通一体化、区域社会一体化、区域生态环境一体化，并计算合成长江经济带经济社会一体化发展指数，见表 4-1。

表4-1　长江经济带经济社会一体化发展指数指标体系

一级指标	二级指标
区域市场一体化指数	商品市场价格指数
	要素市场价格指数
区域产业一体化指数	横向产业一体化
区域交通一体化指数	枢纽覆盖水平
	交通网络发展水平
	综合交通水平
区域社会一体化指数	社会结构差异水平
	社会保障差异水平
	公共服务均衡水平
区域生态一体化指数	自然资源保护指数
	资源环境利用指数
	污染防治指数

第二节　数据来源

本章的样本数据均来自《上海统计年鉴》（2013 ~ 2017 年）、《江苏统计年鉴》（2013 ~ 2017 年）、《浙江经济年鉴》（2013 ~ 2017 年）、《安徽经济年鉴》（2013 ~ 2017 年）、《江西经济年鉴》（2013 ~ 2017 年）、《湖北经济年鉴》（2013 ~ 2017 年）、《湖南经济年鉴》（2013 ~ 2017 年）、《重庆经济年鉴》（2013 ~ 2017 年）、《四川经济年鉴》（2013 ~ 2017

年)、《云南经济年鉴》(2013～2017年)、《贵州经济年鉴》(2013～2017年)、《中国统计年鉴》(2013～2017年)、《中国城市统计年鉴》(2013～2017年),以及国家统计局和地方统计局网站。

第三节　长江经济带经济社会一体化发展指数测算结果

表4-2　长江经济带经济社会一体化发展指数测算结果(2012～2016年)

年份	产业一体化指数	市场一体化指数	交通一体化指数	社会一体化指数	生态一体化指数	长江经济带经济社会一体化发展指数
2012	0.762	0.285	0.275	0.585	0.514	0.484
2013	0.808	0.150	0.274	0.577	0.510	0.464
2014	0.718	0.153	0.279	0.601	0.499	0.450
2015	0.867	0.170	0.282	0.611	0.561	0.498
2016	0.801	0.252	0.340	0.623	0.510	0.505

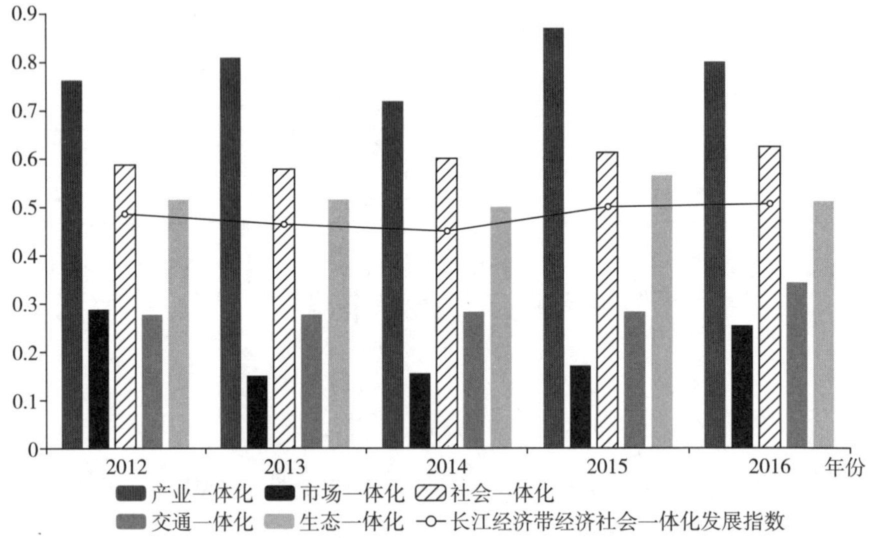

图4-1　长江经济带经济社会一体化发展指数测算结果(2012～2016年)

第四节　长江经济带经济社会一体化发展指数分析

从长江经济带经济社会一体化发展指数测算结果看，有两个突出的特点。

1. 长江经济带经济社会一体化发展指数整体呈不规律变化

2012 ~ 2016 年的指数是 2016 年 9 月印发的《长江经济带发展规划纲要》发布之前长江经济带沿线 11 个省份一体化程度的测算结果。从结果看，2012 ~ 2016 年，无论是总指数还是分指数，基本呈现不规律变化的态势。

从分指数的数值看，市场一体化、社会一体化发展指数均呈现先下降后上升的趋势，交通一体化指数稳中有升，产业一体化、生态一体化发展指数呈波动的变化趋势。其中，社会一体化指数在 2013 ~ 2016 年连续增长，可能与中央加大对西部地区的扶贫力度，云贵川渝地区的社会保障和公共服务水平提升较快有关。从产业一体化指数看，长江经济带产业一体化指数近 5 年来波动上升。具体来看，长江经济带 5 年来的产业结构相似系数比较高，而行业分工指数则相对较低，两个指标从不同方面说明长江经济带的产业结构相似，长江经济带多个区域之间存在重复建设等现象。

2. 长江经济带与京津冀经济社会一体化发展指数相比较低

与使用同样的测算方法得出的京津冀经济社会一体化发展指数相比，京津冀近 5 年的经济社会一体化发展指数为 0.592 ~ 0.650[①]，长江经济带经济社会一体化指数为 0.450 ~ 0.505。从数值看，长江经济带经济社会一体化发展指数值较低，这是因为长江经济带横跨东中西

① 参见谢寿光、蔡继辉、曹占忠等著《京津冀经济社会一体化发展指数研究》，中国发展出版社2022年版，第86页。

三大区域，各省份经济和社会发展水平差异较大。

第五节　长江经济带经济社会一体化发展政策建议

一、基于五个一体化的长江经济带统筹发展建议

1. 要把长江经济带经济社会一体化发展放到历史与时代的大背景下进行考虑与规划

从长江流域的治理与开发，到推动长江流域的区域合作、促进长江流域的共同发展继而带动全国发展的战略性构想，再到长江经济带成为国家区域发展战略，经历了一个长期的过程。长江经济带战略的提出是历史的选择，也是时代的要求。

中国经济正由高速增长阶段向高质量发展阶段转变，正处在转变发展方式、优化经济结构、转换增长动力的攻关期。在这样的背景下，党中央审时度势，把培育新的区域经济带作为推动发展的战略支撑，提出要谋划区域发展新棋局，由东向西，由沿海向内地，沿大江大河和陆路交通干线，推进梯度发展，促进东中西部的协同发展；依托黄金水道，建设长江经济带，以海陆重点口岸为支点，形成新的区域经济增长极。①

中央提出依托黄金水道推动长江经济带发展的宏观战略，其基本思路是：挖掘中上游的巨大内需潜力，促进从沿海向沿江内陆拓展；优化沿江产业结构和城镇化布局；形成上中下游优势互补、协作互动格局；保护长江生态环境，引领全国生态文明建设。②最终，把长江经济带打造成为引领中国经济高质量增长、绿色发展的内河经济带。

---

① 成都市社会科学院联合课题组：《成都参与“一带一路”和长江经济带建设的战略与对策研究》，中国社会科学出版社2016版，第156～157页。

② 同上，第160～161页。

2. 引导地区间工业有序竞争，优化工业空间布局

发挥不同省份在产业基础方面的优势，推动资本、人力资源、信息等要素在省际的流动和合作，构建高水平的创新链，服务产业发展。围绕电子信息、高端装备等产业，打造长江经济带制造业集群。加强长江三角洲城市群、长江中游城市群、成渝城市群的产业辐射带动作用，进行产业有序转移和合理布局，培育发展优势产业。推动长江经济带发展成为东中西互动合作、大中小城市有序竞争的协调发展带。

3. 把“生态优先、绿色发展”作为长江经济带经济社会一体化发展的基本原则和总体要求，处理好生态环境保护与经济、社会发展的关系

2016 年 1 月 5 日，习近平总书记在重庆主持召开的推动长江经济带发展座谈会上强调，长江是中华民族的母亲河，也是中华民族发展的重要支撑；推动长江经济带发展必须从中华民族长远利益考虑，把修复长江生态环境摆在压倒性位置，共抓大保护、不搞大开发，努力把长江经济带建设成为生态更优美、交通更顺畅、经济更协调、市场更统一、机制更科学的黄金经济带，探索出一条生态优先、绿色发展新路子。[①]

作为“中国经济脊梁”的长江经济带，如何处理保护和开发的关系成了重大课题。

根据《长江经济带发展规划纲要》，推动长江经济带发展的目标包括：到 2020 年，生态环境明显改善，水资源得到有效保护和合理利用，河湖、湿地生态功能基本恢复，水质优良（达到或优于Ⅲ类）比例达到 75%以上，森林覆盖率达到 43%，生态环境保护体制机制进一步完善。到 2030 年，水环境和水生态质量全面改善，生态系统功

---

① 《习近平在深入推动长江经济带发展座谈会上的讲话》，中国政府网2018年4月26日，http://www.gov.cn/xinwen/2019-08/31/content_5426136.htm。

能显著增强，上中下游一体化发展格局全面形成，生态环境更加美好、经济发展更具活力、人民生活更加殷实。

从长江经济带发展的目标可以看出，“生态优先、绿色发展”既是长江经济带一体化发展的方向和基本原则，也是长江经济带一体化发展的手段和总体要求。

长江经济带不是“沿江经济开发区”，也不是“长江环保带”。长江经济带不仅是生态一体化，也不仅是经济一体化，而且是经济、交通、市场和要素、生态、社会等多方面的一体化，是总体的、综合的一体化。应处理好生态环境保护和经济、社会发展之间的关系，做好环境资源约束下新旧动能转换，产业转型与升级，人力、资本、技术等要素的合理配置与流动，基本公共服务均等化等工作。

4. 建立高效的协同机制

长江经济带沿江 11 个省份应在中央的指导和统筹下，创新协调发展体制机制，实施区域协调发展战略，建立更加有效的区域协调发展新机制，这是长江经济带发展的重要抓手和发展路径。按照长江经济带沿江 11 个省份的发展特点，建立多层次多类型的省际协商合作机制，统筹人口分布、经济布局与资源环境承载能力，构建优势互补、互利共赢的长江经济带发展新格局。进一步强化环境保护联防联治，推进长江流域水环境监测一体化，搭建资源环境监督管理省际应用平台。不断提升区域协同创新能力，共同推动合作共建产业园区建设。深化市场一体化体系，建立公平开放透明的市场规则。不断加强公共服务共建共享，提高各区域的公共服务水平，创造良好市场环境。①

---

① 《在习近平新时代中国特色社会主义思想指引下努力推动长江经济带发展》，人民网 2018年1月5日，http://theory.people.com.cn/n1/2018/0105/c40531-29747366.html。

5. 建立健全生态补偿机制

2018 年 2 月，财政部发布《关于建立健全长江经济带生态补偿与保护长效机制的指导意见》，提出要“积极发挥财政在国家治理中的基础和重要支柱作用”“构建生态补偿、生态保护和可持续发展之间的良性互动关系”“中央财政加强长江流域生态补偿与保护制度设计，完善转移支付办法，加大支持力度，建立健全激励引导机制。地方政府要采取有效措施，积极推动建立相邻省份及省内长江流域生态补偿与保护的长效机制”“通过统筹一般性转移支付和相关专项转移支付资金，建立激励引导机制，明显加大对长江经济带生态补偿和保护的财政资金投入力度”。

但是，只有财政支持还不够，还必须提高转移支付与生态补偿的效率和效果。当前，生态补偿机制面临较多困难，在实际执行中也存在不少的问题。当前的生态补偿机制主要以行政手段为主，市场化、社会化的补偿模式还不成熟，应用的范围还比较小。

建立健全生态补偿主体、对象、标准明晰，纵向与横向相结合，行政手段与市场力量相结合的生态补偿机制，是统筹长江经济带上中下游生态环境保护、实现一体化发展的重要途径。

6. 以长三角城市群、长江中游城市群、成渝城市群为龙头，提高沿江城市的产业一体化水平，实现长江经济带的一体化

如前所述，长江经济带的产业结构相似，多个区域之间存在重复建设等现象，长江经济带产业一体化还有很多工作要做。当前，东中西部区域发展不平衡，无论是东部部分产业向中西部转移，还是各区域加强新旧动能转换、实现产业结构转型与升级，都应着眼于长江经济带的协同发展。而国家级三大城市群更是长江经济带产业集聚、产业升级的龙头。以三大城市群为中心，发挥带动和辐射作用，推动资源和要素逐步向沿江中小城市以及内陆城市扩散，实现产业的合理分工以及在分工基础上的集聚，从而实现长江经济带产业的一体化。

区域一体化发展是一个比较长的过程，长江经济带区域跨度大，资源、环境、经济基础、历史文化等差异大，要实现一体化发展确属不易，但依托长江这一黄金水道，以“生态优先、绿色发展”作为基本原则和总体要求，“共抓大保护、不搞大开发”，则长江经济带区域一体化发展未来可期。

7. 加强上中下游互动合作

不断加强与“一带一路”沿线国家和地区的合作，提高贸易便利化互通水平。全面实施区域通关一体化，不断加快沿江地区综合保税区建设，实施全流域关检直通的“一站式”作业。依托沿江自由贸易试验区，加快内陆开放型经济高地建设，发挥长江经济带对外开放引领作用——打造重庆作为西部地区开放的重要支撑，加强成都、武汉、长沙、南昌、合肥、贵阳等中心城市的内陆开放型经济高地建设。不断提升江苏、浙江对海上丝绸之路的支撑能力。完善中欧铁路通道协调机制，增强对中亚、欧洲等地区进出口货物的吸引能力。打造对外开放的沿江经济走廊，构建较高水平的对外开放平台。建设并形成与国际投资、贸易通行规则相衔接的各种制度体系，全面提升长江经济带开放型区域的整体经济水平。

二、各省份在长江经济带经济社会一体化发展中的对策建议

1. 上海

市场一体化方面，上海要主动融入长江经济带建设，发挥辐射带动作用，提升资源配置能力。同时，上海服务长江经济带建设不应只

停留于产业转移层面，更应复制开放经验，促进内陆开放。在推进长江经济带协同发展时，政府应力争破除行政壁垒，制定整体推进规划，而实际运作中必须充分发挥市场机制和社会力量的参与作用，形成一批跨地区一体化运作的机构和载体，使企业、非政府组织等成为区域协同发展的主体。

产业一体化方面，上海应重点发展现代服务业、先进制造业和战略性新兴产业，实现产业结构转型升级，并提升辐射能力，进而更好地实现长江经济带产业转型发展。创建一批制造业创新中心、绿色节能技术推广应用中心，发挥在技术领域的领先地位，着力推进长江经济带各种软硬件设施的建设。

交通一体化方面，积极推进港口、陆港、空港三大枢纽建设，最大限度发挥上海国际航运中心的主导作用，辐射带动周边地区的发展。协调长江沿岸港口规划，加快江海直通、大通关进程，进一步深化长江黄金水道建设，科学规划、优化港口功能布局，打造世界一流港口，形成跨区域航道和港口基础设施建设融资机制，促进基础设施共建共享。强化上海国际性综合交通枢纽功能，联动苏州、南通、嘉兴等打造国际门户枢纽集群。

社会一体化方面，建议在上海的各科技、产业、生态合作示范区内率先实现社会政策对接和基本公共服务均等化。通过试点经验的推广，尽快形成区域公共服务均等化的制度体系和法律框架。为解决各县（区）财力不均衡的问题，可创立“区域基本公共服务一体化专项统筹资金”，实行横向转移支付，为实现基本公共服务“底线公平”，制定统一的区域基本公共服务标准。

生态一体化方面，上海依托江海交汇的自然环境、全球城市、科创中心、制度创新等优势，在长江经济带生态共同体中应发挥服务引领作用，使其成为共抓生态保护的示范者、创新驱动发展的先行者、协调区域发展的“领头羊”、对内对外开放的动力源、引领制度创新的排头兵。同时，上海应在建设长江经济带绿色生态廊道重要节点，打造要素配置与服务重要枢纽，带动长江经济带产业绿色转型发展，在引领长江经济带环境治理体制机制创新方面发挥积极作用。

2. 江苏

市场一体化方面，江苏要充分发挥自身经济实力雄厚、综合运输能力强、开放型经济活跃等特点，紧紧抓住长江经济带的建设契机，推动经济带沿线区域省市协调发展，促进生产要素在经济带区域内自由流通，资源得到充分高效的配置和利用，经济带内部市场深度融合，引领长江经济带整体参与国际经济新竞争。

产业一体化方面，江苏省要大力升级第二产业、发展第三产业。第二产业作为江苏省的支柱型产业，应进行大力整顿升级，增大第二产业中增长快的朝阳产业份额，引进新兴技术提升第二产业的竞争力并且输出过剩产能，以促进与其他省份的协同发展。

交通一体化方面，基于南京区域航运物流中心的服务功能和高端航运服务的发展，江苏省要优化港口功能结构，促进港口枢纽的合理布局、分工与协作。结合区域港口布局，进一步明确沿江港口的发展定位；坚持统筹规划开发，重点抓好港口重大基础设施建设；依托各港口自身优势，加强职能分工，建立良性竞合机制；创新管理体制机制，为港口协同发展搭建实质性平台。

社会一体化方面，为实现基本公共服务“底线公平”，制定统一的区域基本公共服务标准。加快推进地区间社会保障对接与基本公共服务待遇互认。积极探索在养老、医疗、教育、社会保障等民生领域的合作。

生态一体化方面，加强针对长江经济带污染密集型产业环境规制政策的实施力度，关停沿江各省产能过剩、高污染高能耗的小型低端制造业企业，倒逼竞争力不足或达不到节能环保标准的污染密集型企业退出市场。

3. 浙江

市场一体化方面，宁波—舟山港为全球最大的综合港、第六大集装箱干线港，义乌为全球最大的轻工产品贸易中心，浙江海洋经济发展示范区、舟山群岛新区、义乌国际贸易综合改革试验区、温州金融综合改革试验区正积极推进，以此促进生产要素在经济带区域内自由流通，资源得到充分高效的配置和利用，经济带内部市场深度融合。

产业一体化方面，浙江省是全国主要的民营经济发祥地。电子商务等现代服务业发展速度不断加快，规模效应日益显现，正不断加快向长江经济带的辐射。伴随着综合通道的建设和经济走廊的健全，浙江省应优先发展壮大服务业和高新技术产业，使之成为现代产业的战略高地，不断服务长江经济带的产业转型升级。

社会一体化方面，积极探索在养老、医疗、教育、社会保障等民生领域的合作，逐步形成长江经济带公共服务的协同管理机制。加强社会服务和社会福利事业建设。加强公共交通、服务设施建设。

交通一体化方面，强化舟山江海联运中心的服务功能，在培育和发展高端航运服务业的基础上，优化港口功能结构，促进港口枢纽的合理布局和分工协作。宁波—舟山港作为上海国际航运中心的重要组成部分，已经成为全球首个10亿吨级国际大港，拥有丰富的深水岸线和有待开发的航道锚地资源。宁波—舟山港作为长江经济带建设的新型主要载体，可以承担支撑经济带港口物流发展的战略使命。浙江省还拥有杭甬温三大吞吐量千万级机场，综合排名全国前五。

生态一体化方面，浙江省在重点生态功能建设、农村人居环境建设、清水河道建设与水生态环境修复、生态公益林建设与质量提升等方面取得了较显著的成效。浙江省要进一步积极参与长三角平原水网生态修复、浙皖赣闽生态屏障建设，探索实施省际地表水达标排放考核、长江口外侧及东海近海生态保护等。

4. 安徽

市场一体化方面，推进以市场为导向的科技创新，把科技创新与产业转型升级结合起来。创新需要市场充分竞争，要引导资金、人才、技术等创新要素向企业集聚，完善科研院所和高校技术成果向企业转移机制，加大对创新型企业的扶持力度，着力突破研发、设计、标准、品牌、供应链管理等关键环节，力求掌握核心技术，增加高附加值环节的比重，提高产品的知识、技术和人力资本含量，提升优势传统产业竞争力。

产业一体化方面，安徽省可充分利用这一发展良机，承接全球经济发达国家以及上海、江苏、浙江等发达地区的先进制造业、高端服务业，加快产业转型升级的进程。同时，长江经济带也为安徽省部分产业带来巨大发展空间，比如高端装备制造、节能环保、新能源、生物医药、新材料、物流快递、文化旅游、信息咨询、农副产品加工等新兴产业，这些产业的发展将是安徽省未来产业结构转型升级的主导推力。

交通一体化方面，安徽省综合交通运输体系建设是长江经济带一体化的重要战略支点。要加快构建现代立体化综合交通运输体系，长江流域综合交通运输体系的大规模建设和发展迫在眉睫，必须扭转这一局面，为安徽省交通运输体系建设，特别是大型交通运输设施建设提供更多的政策和资金支持。

社会一体化方面，进一步消除行政壁垒，探索城市发展质量提升、基本公共服务便利的现代化治理体系，推进长江中游城市群与长三角等区域在社会政策对接等领域的进一步融合，促进区域一体化。

生态一体化方面，安徽省整体生态基础较雄厚，尤其是沿江城市，如安庆、池州、芜湖等拥有“中国十佳绿色城市”“国家森林城市”等“名片”，目前正在积极推进创建国家环境保护模范城市和文明城市。安徽省完全可以结合长江经济带绿色生态建设的总体格局，明确方向、凝练特色、形成优势，创建在长江经济带甚至在全国具有较强影响力的生态文明城市。

5. 江西

市场一体化方面，通过深化改革引领市场化，构建“省统筹、市为主、市场化”的推进机制，把企业作为推进区域经济一体化的主体，鼓励各种所有制企业参与到跨区域的经济合作项目中，使区域合作建立在市场经济主体的内在利益联系之中。通过全面深化改革，打破行政壁垒和区划界限，建设统一、开放、竞争、有序的区内市场体系，使商品和要素自由流动，提高资源配置的效率和公平性。

产业一体化方面，江西省应优化产业配套能力，完善产业承接选择标准。充分利用现有的自然资源禀赋和工业基础，大力发展中小配套企业，加强地方基础性工业的建设，提升配套服务机制，为劳动密集型产业转移提供产业配套及技术基础。结合江西产业的发展方向和要求，从投资、技术、生态等角度出发，健全承接产业转移的选择机制。

交通一体化方面，江西省的交通还不太发达，不能满足社会经济发展的需要。江西省要抓住依托黄金水道带动长江经济带发展的机遇，全面推进公路、铁路、港口、航空等工程建设。加强赣州革命老区交通运输高质量发展、普通国省道公路与城市道路衔接协调发展，推进赣鄱黄金水道智能航运发展、“四好农村路”高质量发展，弘扬红色交通文化等，进一步完善综合交通运输体系，促使江西省融入长江经济带。

社会一体化方面，积极与长江经济带其他省份协同，形成协同管理机制，不断改善民生和社会事业的投入比重，建立健全基本公共服务体系。保持民生政策的连续性和稳定性。不断加强社会服务、社会保障和社会福利等民生事业的建设以及公共交通和服务设施的建设。

生态一体化方面，以水资源和环境治理为重点，落实严格的水资源管理制度，严格控制水资源过度开发。率先划定沿江生态保护红线，将自然保护区、饮用水源保护区、重要湿地等纳入生态红线区域管理。以大江大湖综合治理为重点，优先保障“一江三湖”及汉江、赣江、湘江等流域生态屏障安全。推动建立以水质为主要依据的横向生态补偿机制。

6. 湖北

市场一体化方面，在重点区域、重点行业、重点领域开展试点示范，形成可复制推广的成功经验。积极探索如何打破市场壁垒，实现贸易、服务、投资等市场要素的自由流动。围绕钢铁、煤炭、农产品等行业、产业和商品，促进产地、集散地和主要消费地之间形成生产、流通、消费的高效衔接。

产业一体化方面，坚持以“水”兴“带”，建立现代产业体系，充分利用沿江的地理优势，优先发展涉水产业。抓住时机发展汽车、船舶、化工等先进制造产业，以沿江重点城市为基点，发展新能源、新材料环保产业，充分利用“黄金水道”的优势，促进运输业和沿江产业协调发展，促进现代产业体系的形成。

交通一体化方面，创新交通运输投融资体制，加快高速公路、港口、铁路建设，做好沙市区机场搬迁前期工作，加强现代港口集群建设，推进长江航道“645”工程[①]，解决中游“肠梗阻”问题，推进铁路、公路、水路联运，实现各种交通运输方式快速转型和无缝连通。改善高速公路网，加快构建“3239”[②]全省综合交通运输布局，推进长江高速公路建设，形成一小时经济圈。加快铁路建设，构建江汉平原重要的铁路运输中转中心。完善江汉航道网建设，发展水上运输。

社会一体化方面，加强社会保障体系建设。兜底线、织密网、建机制，全面建成覆盖全民、城乡统筹、权责清晰、保障适度、可持续的多层次社会保障体系。注重民生、保障民生、改善民生，更多更公平惠及广大人民群众。加快社会救助制度城乡统筹发展，加强农村低保制度与扶贫开发政策的有效衔接。

生态一体化方面，加强生态文明制度建设和执行力度，建立体现生态文明要求的目标体系、考核办法和奖惩机制。健全生态环境保护责任追究制度和环境损害赔偿制度，加强环境监督。积极开展节能、碳排放权、排污权、水权交易试点示范。强化武汉中游的服务功能，培育发展高端航运服务业态，以此为基础，优化港口功能结构，促进港口枢纽合理布局、分工协作。

7. 湖南

市场一体化方面，加强与沿江省市的横向联合与协作，组建区域大市场。在与南部沿海地区经济交往与协作的同时，搞好与长江经济带其他省市的联合与协作。要打破人为障碍，建立完善的市场体系和

---

① 长江航道“645”整治工程，是指通过整治长江中游航道将武汉到安庆段水深提高到6米、宜昌到武汉段水深提高到4.5米，旨在解决中游不畅的现状，打通长江中游航运的“肠梗阻”，携手“龙头”上海、“龙尾”重庆，共同舞动长江“巨龙”。

② “3239”的综合交通运输布局，“3”指三枢纽，即打造武汉国际性综合交通枢纽和襄阳、宜昌全国性综合交通枢纽；“2”指两走廊，即打造长江、汉江综合立体交通运输走廊；“3”指三区域，即打造鄂西交通绿色发展示范区、江汉平原交通振兴发展示范区、鄂东交通转型发展示范区；“9”指九通道，即打造南北方向的京九、京广、随岳、襄荆、十宜恩和东西方向的福银、沪汉蓉、沪汉渝、杭瑞等“五纵四横”9条综合交通运输大通道。

统一的市场，扩大协作区域，加强与沿江其他省市的协作，形成一个密集的互惠互利的协作网络。同时，要将联合、协作的领域由农业、工业等生产领域扩展到金融、物资、科技、信息等第三产业领域。

产业一体化方面，以原有的高产优质农业为基础，不断加速传统农业、工业的技术改造，不断开发深加工工业和高新技术产业，并促进第三产业的发展，实现整体经济向出口导向型经济转型的发展战略。在这一目标实施中，要解决好现有传统企业的管理机制转换、技术改造和技术进步。大力调整现有产品结构和提高企业整体素质，不断增强省内主导产业和产品的市场竞争能力。

交通一体化方面，加强交通运输设施，特别是重要交通干线的建设和改造。加快沿江经济发展和高等级航道建设，加快建设湘江航道提升工程。积极发挥铁路、水运优势。

社会一体化方面，加强社会服务和社会福利事业建设。加强公共交通等服务设施建设，大力发展信息、咨询服务和旅游业，加大文化、卫生、体育投入，完善社会保险和救济事业。

生态一体化方面，湖南省生态环境现状总体保持稳定，但环境治理任务繁重复杂、环境污染风险敏感突出、农村环境保护基础相对薄弱、地方生态环境保护工作缺乏长效机制等现实困境客观存在。要划定资源利用上线，妥善处理江、河、湖、库关系，筑牢生态保护红线，实施生态保护与修复，坚守环境质量底线，加大污染治理力度，加强农村环境综合整治，把生态优先、绿色发展的要求落实到产业升级、开放合作、乡村振兴等重点领域。

8. 重庆

市场一体化方面，除了与沿海省市进行合作外，尤其要注重成渝间的合作。长期以来，成渝之间竞争多于合作，如何重构成渝关系，打造一种和谐的新型“双城记”，还有很多工作要做。为此，重庆既要发挥市场在资源配置中的决定性作用，又要从国家层面进行规划引导，还要构建一个各方广泛参与、有利于协同发展的新型长效机制。

产业一体化方面，重庆市应依托长江经济带的发展和建设，承接部分适合重庆市产业发展的转移，不断优化已有产业结构，防止产业错配、区域接力变成污染接力。同时，结合重庆市已有特色，促进已有和转移的产业集聚，发挥产业集聚效应。注重产业创新人才的培育，不断提升产业创新能力。

社会一体化方面，立足重庆作为西部大开发重要战略支点、“一带一路”和长江经济带联结点的战略定位，促进与各区域在养老、医疗、教育、社会保障等民生领域的合作，促进重庆的特色发展、差异发展、联动发展、协调发展，推动一体化发展。

交通一体化方面，重庆市应该从质量与数量上推动基础交通设施建设。建设一体化交通运输网络体系，实现交通畅通、运行平稳、承载能力强的目标。依托长江航道，提高港口货物吞吐量和辐射半径。从机场建设的角度看，开通我国主要省市的航线，提升航空的中西部门户地位，加快构建集海关、仓储、物流于一体的现代航空货运体系，加强机场建设，打造国内航空枢纽。城市交通主要完善高速公路网和轨道交通网，加强公路与城市道路的有效衔接，提升路网整体标准和质量，提高公路网密度。积极推动智慧航空枢纽、智慧高速公路、智慧地铁、智慧公交等建设，注重运输方式的无缝连接，提高运营效率，通过组合政策逐步提升重庆市交通实力，构建重庆市现代化直辖市建设的“快车道”。

生态一体化方面，重庆市应着力建设生态文明示范区，打造沿江生态走廊。以长江黄金水道为支撑，大力发展绿色经济、低碳经济。

优化重庆沿江空间格局，形成以重庆市为龙头，以江津、长寿、涪陵、万州等城市为支点的城市群，将其打造成为生产方式低碳循环、生活方式绿色环保、生态环境舒适宜居、生态制度健全完善的重庆沿江生态走廊。

9. 四川

市场一体化方面，除了与长江经济带其他市进行合作外，四川省尤其要注重与重庆的合作。推进两地产业联动，促进市场多方面深化合作，发挥市场在资源配置中的决定性作用，共同推动成渝地区双城经济圈发展走深走实。建立有利于两地协同发展的新型长效机制。

产业一体化方面，四川省以大型企业为骨干和领头企业，不断加强重大关键技术攻关、重大技术产业化的应用示范，进而培育一批研发实力强、集聚程度高、技术水平领先、具有核心竞争力的大型企业集团，在推动中国制造由大变强的跨越中起到引领推动作用。同时，不断优化沿江产业布局和产业规模，防止污染型产业、企业向长江上游地区转移。

交通一体化方面，以完善综合运输体系为支撑，夯实四川省的交通运输基础条件，完善沿江综合运输体系。大力发展多式运输，建成投运成都天府国际机场，提升成都双流国际机场运营保障能力，建设通江达海的航运体系，协同重庆市共建长江上游航运中心。降低物流运输成本，提高运输效率，推动交通—旅游深度融合，构建大九寨等旅游风景廊道体系，带动区域经济发展。

社会一体化方面，围绕民生事业发展变化实际，持续保持对社会事业的重点投入。完善养老、医疗、教育、社会保障等基本公共服务体系，用改革思路促进社会事业发展，努力提升民生保障水平。同时，要与长江经济带其他省份建立协同机制，协调发展，推动一体化发展。

生态一体化方面，四川省要高度重视生态安全，继续推进重大生态工程建设，加强污染物排放总量控制，健全生态补偿机制，创新生态保护体制，确保长江流域生态环境得到不断改善，实现经济社会可持续发展。

10. 贵州

市场一体化方面，全面扩大对内对外开放，把贵州省建成长江经济带内陆开放型经济示范区和自由贸易园区。目前贵阳已经建成了贵阳综合保税区，依托这一窗口提高贵阳的外向型经济发展。加大招商引资力度，大力引进一些优势企业到贵州省进行投资，特别是围绕大数据、医药行业等的招商，让贵州省的优势充分发挥出来，在区际分工中形成贵州特色。

产业一体化方面，贵州省处于工业化初始阶段。长江上游、中游各省市的第二产业产值和比重很大，而长江下游地区已处于工业化后期，上海、江浙一带第二产业产值的比重远远超过了第一产业。所以要利用互补优势，合理配置资源，优化地区产业结构，提升贵州省的工业基础，加大贵州省能源开发力度，从而推动从长江下游经济区至长江中上游经济区的产业结构升级。

交通一体化方面，根据云贵地理位置和现状，以及其在长江经济带和“一带一路”建设中的重要通道作用，大力提升交通运输和信息枢纽地位，推进国家级“云贵交通与信息走廊区域规划”，引导两省着力实现交通运输和信息现代化，推动高速公路 PPP（政府和社会资本合作）项目落地。全面盘活交通基础设施存量资产，创新交通运输投融资新模式，协调航运、铁路、公路、航空等建设，加快多式运输建设。提升旅游交通服务质量和水平，构建安全、便捷、绿色、低碳的综合性立体交通信息通道。打通长江内陆经济带通往南亚、东南亚的战略通道，创建人员、物资、信息出境新港口，通过开展内外联动，加强对长江经济带建设的战略支撑。

社会一体化方面，围绕养老、医疗、教育、社会保障等民生发展的实际需求，持续重点投入，提升民生保障水平。依托与长江经济带其他省市的协同联动发展、协同发展，不断提升贵州省的社会服务和一体化水平。

生态一体化方面，加快建设长江上游生态安全屏障，把贵州省建成长江经济带的生态文明建设先行区。贵州处在长江经济带的上游，具有生态环境的天然优势，应肩负维护长江流域生态安全的责任。要加大贵州省的生态建设，实行退耕还林，加强森林、草地、湿地等的建设，强化生态保护功能，把贵州省打造成长江经济带绿色生态新走廊，筑牢长江上游生态安全屏障。同时，应加强与区域各方在环境保护方面的合作。

11. 云南

市场一体化方面，全面扩大对内对外开放，促进外向型经济发展。同时抓住国家战略机遇，加大招商引资力度，吸引一些优势企业到云南进行投资，让云南的优势充分发挥出来，在区际分工中形成云南特色。

产业一体化方面，云南省以当地资源环境承载能力为基础，不断优化产业布局和扩大已有产业规模，淘汰落后产业。调整产品结构，实现产业结构不断升级。提高企业的整体素质，增强省内支柱产业和产品的市场竞争能力。

交通一体化方面，云南省与贵州省的地理环境及现状相似，应推动国家出台“云贵交通与信息走廊区域规划”。云南省要全力推进出境入滇的重点通道建设，提升交通通达度，滇中地区要进一步提升路网密度；铁路提速增线扩能，尽量实现高速化，补齐运输能力短板；水路打通重点航道，增强集、疏、运功能，提升干支线服务能力，积极发挥澜沧江—湄公河国际航运优势。

社会一体化方面，应把消除贫困、公平分配、大众参与、生态保护、社会稳定和可持续发展等作为发展目标。长江经济带建设如果不能实现沿江各区域社会事业协同发展、统一布局，并作为示范区构建和谐社会，就难以实现共同富裕。

生态一体化方面，云贵川等长江上游地区更需要协同解决环境保护与发展方面的问题。

第五章

长江经济带市场一体化发展指数分析

第一节　数据来源

本章的样本数据均来自《上海统计年鉴》（2012 ~ 2016 年）、《江苏统计年鉴》（2012 ~ 2016 年）、《湖南经济年鉴》（2012 ~ 2016 年）等长江经济带各省份相关年份统计年鉴。

同时，个别省份的个别年份数据缺失，导致个别数据无法获取。但是，因本研究所涉及省份较多，且涉及 5 个年份，因而个别数据的缺失并不会对市场一体化的测度造成太大影响。

第二节　数据分析

本章利用前面章节确定的评价指标、搜集的评价数据、确立的评价方法，对长江经济带 2012 ~ 2016 年的市场一体化水平进行测度，

本章作者：孙胜元、丁阿丽。

结果见表 5-1。

表5-1　2012～2016年长江经济带市场一体化发展指数

指标	2012年	2013年	2014年	2015年	2016年
商品市场一体化指数	0.026	0.018	0.016	0.019	0.144
要素市场一体化指数	0.543	0.282	0.289	0.321	0.361
市场一体化指数	0.285	0.150	0.153	0.170	0.252

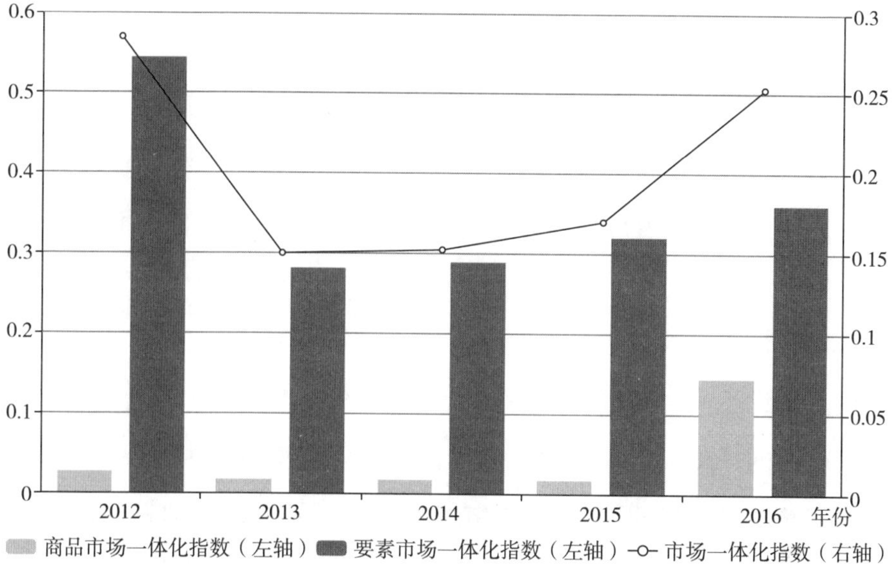

图5-1　2012～2016年长江经济带市场一体化发展指数

可以看出，长江经济带地区的市场一体化发展指数在 2012 ～ 2016 年经历了先下降再上升的波动趋势。2014 年后，市场一体化指数不断提高，这得益于国家大力推动长江经济带建设，以及区域内各省份的积极行动。长江经济带建设上升为国家战略以来，沿江各省市高度重视，主动融入，通过加强本地区的顶层设计和谋篇布局，积极贯彻落实《长江经济带发展规划纲要》（以下简称《纲要》）。2014 年底，在商务部指导下，长三角区域市场一体化合作机制正式建立，共同推动区域规则体系共建、创新模式共推、市场监管共治、流通设施互联、市场信息互通、信用体系互认的“三共三互”工程。2015年以来，苏浙皖赣沪四省一市的商务部门围绕《推进长三角区域市场一体化发展合作协议》内容和《2015年推进长三角区域市场一体化工作要点》部署，在物流标准化、农产品流通、商品市场转型升级和“双打”[①]等四个领域，以项目化形式启动协作，加快构建统一开放、竞争有序的区域现代市场体系。

但是，由于沿江各省市在长江经济带所处区位不同、利益博弈视角不同以及区域协作角色不同，因而在融入长江经济带建设过程中存在着明显的“一体化”行为落差，具体表现是：全域一盘棋意识不强、综合立体交通互联互通不够、创新能力有待提升、产业特色不够鲜明、绿色生态产业发展滞后，亟须在政策协调和区域协作方面加强衔接。长江经济带统一大市场远未形成。尤其是在长江中游地区，由于经济发展水平还不高，各级政府在很长一段时间内出于保护本地企业、税收、就业的需求，设置了一些门槛，造成了市场的某些割裂。所以，政府应减少对市场的干预，各省市之间可选择那些对当地就业、税收、重要企业影响较小的领域为突破口，由浅入深、由易到难推进合作。

第三节　长江经济带市场一体化发展政策建议

一、强化“全域意识”价值观，加强宏观层面引导

国家要从一体化和系统性的角度加强对沿江各省市的引导，统筹协调长江经济带市场一体化建设。国家要督促相关部门以《纲要》为“龙头”，强化《纲要》对各区域规划的统筹，确保各区域规划与《纲

① 见“长三角四大领域先行一体化取得积极成效”，《中国经济网》2016年7月7日。

要》充分协调。加强顶层设计，跨省的规划设计由国家层面加以制定，同时加强长江经济带区域内部的沟通协作，建立良好的沟通机制。对长江经济带市场一体化进程中面临的各种问题，需建立统筹协调和公共财政机制，推动城市群之间由竞争变竞合，进一步发挥市场在城市群发育过程中的作用。发挥区域内部的主动性，积极探索长江经济带区域内部市场与全国统一大市场的衔接，在充分考虑长江经济带区域范围广、涉及省份多的现实下跨省合作中区域各自的特殊性。

二、打破行政藩篱，建立区域协同发展机制

构建长江经济带一体化的金融服务体系。构建“大通关、大通道”合作机制，建立长江全流域大通关机制，逐步实现长江经济带全域出口检验检疫一体化，降低交易成本，推动区域市场一体化发展。

三、优化产业空间布局，引导生产要素合理配置

出台长江经济带产业发展指导目录，以减少重化工业比重为指向，引导沿江各省市形成分工合理、优势凸显、整体水平不断提升的长江经济带产业新格局。有序推进沿江产业梯度转移，引导沿江各省市将产业梯度转移作为中上游地区产业转型升级与产业发展的重要途径，做好产业筛选，防止“污染转移”，推动“技术转移”，实现“绿色转移”。构建区域协同创新体系，支持沿江省市组建一批区域性产业技术创新战略联盟和面向区域发展的协同创新中心，建设长江经济带科技资源共享与交易的云服务平台。

四、着眼互联互通，打造综合立体交通枢纽

加快建设沿江重点港口和支线航道，提高长江上游航运中心运营

能力。引导沿江各省市共同拟定“负面清单”，推动实现市场准入、工商登记、市场监管机制以及户籍、社会保障的一体化。优化长江航运中的利益格局。中央财政资金对三峡大坝碍航予以短期补偿，增加长江航运税收抵扣项目，允许港口费、保险费等进项税额抵扣。降低长江船舶收费标准，取消货物港务费和货物港口建设费，压缩相关证照费用。建立流域生态合作补偿机制。由中央部门与沿江各省市共同组建长江经济带生态补偿委员会，设立长江流域生态补偿专项基金。重视长江航道整治，尽快开工建设长江三峡“第二船闸”，提高三峡大坝通行能力。提前规划建设沿江铁路，与长江黄金水道相互支撑、相互补充。加快建设沿江高速路网，打通上中下游沿江城市之间的高速公路大通道。适时谋划和论证沿江高速路网拓宽改造的可行性方案，推动沿江高速路网与沿江港区进港通道实现互联互通和快捷转换。积极推动长江经济带各省市水、电、气能源运输管道等基础设施建设，支撑产业加快发展。以区域协调的交通网络为基础，配置以不同区域间政策和管理的对接，从而形成一个庞大的统一市场，促进经济带内产业有序转移、要素自由流动以及城市群间的连接与发展。这种不同地区间的统一规划需要协调，并在协调中逐步消除区域壁垒。目前，交通规划和建设先行，就是以交通为突破口，打破区域分割，逐步建立统一的市场，从各个区域一体化实现全国市场的一体化。这将完成城镇化与产业升级的历史使命，让长三角的经济奇迹向内地扩张，让长江流域成为全国改革和发展的先驱。

五、以资源配置型平台企业为抓手，推动电子商务平台建设

电子商务在突破市场壁垒、提高流通产业核心竞争力中具有重要作用，也是商品流通产业改革发展的必然趋势。要推动包括传统的商

贸流通企业、电子商务平台、互联网信息平台、供应链公司和大宗商品交易市场在内的电子商务平台企业建设。这其中要尤为注重基础设施建设，尤其是仓储、物流方面的公共信息服务平台，以促进信息数据资源的共享和利用。区域市场一体化首先需要的是信息与数据的互联互通。随着电子商务的快速发展和流通信息化建设的不断推进，当前多数流通企业已经具备良好的计算机和网络硬件条件，它们也开发和实施了大量的应用软件系统。与此同时，也存在数据孤岛、数据冗余、数据标准不统一、数据共享程度低、数据质量差等问题，市场信息资源的综合利用程度低，行业间、系统间、部门间信息难以实现共享和交换。这种情况制约了商品流通信息化的深入发展，各信息系统之间、信息之间的异构、语义不一致，数据重复采集，导致难以实现信息的一致性和保证信息的有效性，不能实现系统之间的交互，成为制约流通产业现代化的瓶颈问题。

六、开展试点示范，推广可复制的成功经验

在重点区域方面，结合“十三五”规划提出的发挥城市群辐射带动作用，积极探索如何打破市场壁垒，实现贸易、服务、投资等市场要素的自由流动。在重点行业方面，围绕钢铁、煤炭、农产品等行业、产业和商品，促进产地、集散地和主要消费地之间形成生产、流通、消费的高效衔接。在重点领域方面，例如跨境电商、电子商务、多式联运、供应链创新、物流金融和食品安全等方面，促进交易服务模式和监管制度的创新。

第六章

长江经济带产业一体化发展指数分析

第一节　数据来源

本章的样本数据均来自《上海统计年鉴》（2008 ~ 2017 年）、《江苏统计年鉴》（2008 ~ 2017 年）、《浙江经济年鉴》（2008 ~ 2017 年）、《安徽经济年鉴》（2008 ~ 2017 年）、《江西经济年鉴》（2008 ~ 2017 年）、《湖北经济年鉴》（2008 ~ 2017 年）、《湖南经济年鉴》（2008 ~ 2017 年）、《重庆经济年鉴》（2008 ~ 2017 年）、《四川经济年鉴》（2008 ~ 2017 年）、《云南经济年鉴》（2008 ~ 2017 年）、《贵州经济年鉴》（2008 ~ 2017 年）、《中国统计年鉴》（2008 ~ 2017 年）。其中，2016 年的部分数据来自国家统计局网站以及地方统计局网站。

本章作者：张艳丽、陈青。

第二节　数据分析

一、产业结构相似系数

产业结构的相似性可以用来测量各城市产业部门之间优势互补的情况和资源合理流动以及利用程度。如果长江经济带各省份产业结构非常相似，说明它们之间没有形成产业的优势互补，主导产业不突出，资源流动性差，存在重复建设的现象；反之，则形成了优势互补，主导产业突出，资源配置合理。

本章根据长江经济带各省份统计年鉴中 2012 ~ 2016 年的相关数据，对两两配对省份的三次产业结构相似系数进行了计算（见表 6–1 至表 6–5），计算结果见表 6–6。从 2016 年的计算结果看，产业结构相似系数比较高的省份包括：浙江—江苏、安徽—江苏、安徽—浙江、江西—江苏、江西—浙江、江西—安徽、湖北—江苏、湖北—浙江、湖北—安徽、湖北—江西、湖南—江苏、湖南—浙江、湖南—安徽、湖南—江西、湖南—湖北、重庆—江苏、重庆—浙江、重庆—安徽、重庆—江西、重庆—湖北、重庆—湖南、四川—江苏、四川—浙江、四川—安徽、四川—江西、四川—湖北、四川—湖南、四川—重庆、云南—江苏、云南—浙江、云南—安徽、云南—江西、云南—湖北、云南—湖南、云南—重庆、云南—四川、贵州—江苏、贵州—浙江、贵州—安徽、贵州—江西、贵州—湖北、贵州—湖南、贵州—重庆、贵州—四川、贵州—云南。这些省份之间的相似系数很高，2016 年的相似系数都在 95% 以上。安徽—上海、江西—上海的产业结构相似系数较低，未到 90%。这说明长江经济带多个城市之间的产业结构存在重复建设等现象。从 2012 ~ 2016 年长江经济带产业结构相似系数平均值可以看出，长江经济带 5 年来的产业结构相似系数比较高。

表6-1 2012年长江经济带三次产业结构相似系数测算结果

省份	上海	江苏	浙江	安徽	江西	湖北	湖南	重庆	四川	云南	贵州
上海	1.000										
江苏	0.958	1.000									
浙江	0.970	0.999	1.000								
安徽	0.883	0.980	0.969	1.000							
江西	0.899	0.986	0.977	0.999	1.000						
湖北	0.918	0.991	0.984	0.996	0.998	1.000					
湖南	0.933	0.992	0.987	0.989	0.993	0.998	1.000				
重庆	0.974	0.996	0.998	0.966	0.974	0.984	0.990	1.000			
四川	0.935	0.992	0.987	0.988	0.992	0.998	1.000	0.991	1.000		
云南	0.942	0.985	0.982	0.974	0.980	0.990	0.996	0.990	0.997	1.000	
贵州	0.974	0.980	0.983	0.943	0.954	0.970	0.982	0.993	0.983	0.992	1.000

表6-2 2013年长江经济带三次产业结构相似系数测算结果

省份	上海	江苏	浙江	安徽	江西	湖北	湖南	重庆	四川	云南	贵州
上海	1.000										
江苏	0.955	1.000									
浙江	0.964	0.999	1.000								
安徽	0.874	0.978	0.970	1.000							
江西	0.886	0.983	0.976	1.000	1.000						
湖北	0.926	0.993	0.989	0.991	0.993	1.000					
湖南	0.931	0.994	0.990	0.989	0.991	1.000	1.000				
重庆	0.964	0.998	0.999	0.971	0.977	0.993	0.994	1.000			
四川	0.927	0.992	0.988	0.990	0.992	1.000	1.000	0.993	1.000		
云南	0.939	0.985	0.982	0.972	0.975	0.994	0.995	0.990	0.995	1.000	
贵州	0.966	0.988	0.989	0.958	0.964	0.988	0.990	0.995	0.989	0.996	1.000

表6-3 2014年长江经济带三次产业结构相似系数测算结果

省份	上海	江苏	浙江	安徽	江西	湖北	湖南	重庆	四川	云南	贵州
上海	1.000										
江苏	0.955	1.000									
浙江	0.958	1.000	1.000								
安徽	0.872	0.977	0.974	1.000							
江西	0.885	0.983	0.980	1.000	1.000						
湖北	0.926	0.993	0.991	0.991	0.994	1.000					
湖南	0.931	0.994	0.992	0.989	0.992	1.000	1.000				

续表

省份	上海	江苏	浙江	安徽	江西	湖北	湖南	重庆	四川	云南	贵州
重庆	0.957	0.999	0.999	0.977	0.982	0.995	0.996	1.000			
四川	0.934	0.993	0.991	0.986	0.989	0.999	1.000	0.996	1.000		
云南	0.936	0.985	0.982	0.974	0.977	0.994	0.995	0.990	0.997	1.000	
贵州	0.946	0.990	0.987	0.974	0.978	0.995	0.996	0.994	0.998	0.999	1.000

表6-4　2015年长江经济带三次产业结构相似系数测算结果

省份	上海	江苏	浙江	安徽	江西	湖北	湖南	重庆	四川	云南	贵州
上海	1.000										
江苏	0.950	1.000									
浙江	0.954	1.000	1.000								
安徽	0.884	0.985	0.981	1.000							
江西	0.883	0.985	0.981	1.000	1.000						
湖北	0.919	0.994	0.991	0.996	0.996	1.000					
湖南	0.928	0.995	0.992	0.993	0.992	1.000	1.000				
重庆	0.947	1.000	0.999	0.987	0.987	0.996	0.997	1.000			
四川	0.925	0.993	0.990	0.993	0.993	1.000	1.000	0.996	1.000		
云南	0.934	0.987	0.983	0.982	0.980	0.994	0.996	0.990	0.997	1.000	
贵州	0.932	0.985	0.981	0.981	0.979	0.993	0.995	0.989	0.996	1.000	1.000

表6-5　2016年长江经济带三次产业结构相似系数测算结果

省份	上海	江苏	浙江	安徽	江西	湖北	湖南	重庆	四川	云南	贵州
上海	1.000										
江苏	0.948	1.000									
浙江	0.949	1.000	1.000								
安徽	0.886	0.986	0.985	1.000							
江西	0.892	0.988	0.987	1.000	1.000						
湖北	0.913	0.993	0.991	0.997	0.998	1.000					
湖南	0.930	0.995	0.993	0.993	0.994	0.999	1.000				
重庆	0.939	0.999	0.999	0.991	0.993	0.997	0.998	1.000			
四川	0.923	0.993	0.991	0.994	0.995	0.999	1.000	0.997	1.000		
云南	0.933	0.987	0.983	0.983	0.984	0.993	0.997	0.990	0.997	1.000	
贵州	0.918	0.984	0.981	0.987	0.988	0.995	0.997	0.989	0.997	0.999	1.000

表6-6 2012～2016年长江经济带产业结构相似系数平均值

年份	平均值
2012	0.977
2013	0.978
2014	0.979
2015	0.980
2016	0.980

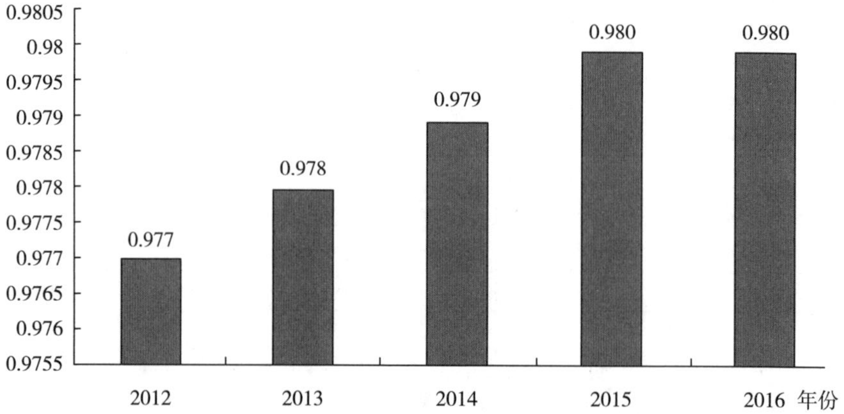

图6-1 2012～2016年长江经济带产业结构相似系数平均值

二、行业分工指数

通过计算可得2012 ～ 2016年长江经济带各工业[①]行业的分工指数，见表6–7至表6–11。

表6-7 2012年长江经济带工业行业分工指数测算结果

省份	上海	江苏	浙江	安徽	江西	湖北	湖南	重庆	四川	云南	贵州
上海											
江苏	0.548										
浙江	0.633	0.468									
安徽	0.707	0.588	0.555								
江西	0.818	0.698	0.660	0.560							

① “工业”指《2017年国民经济行业分类》（GB/T 4754—2017）中的采矿业、制造业以及电力、热力、天然气及水生产和供应业。

续表

省份	上海	江苏	浙江	安徽	江西	湖北	湖南	重庆	四川	云南	贵州
湖北	0.632	0.639	0.640	0.484	0.576						
湖南	0.738	0.719	0.706	0.475	0.449	0.516					
重庆	0.524	0.669	0.778	0.636	0.739	0.599	0.696				
四川	0.651	0.637	0.708	0.440	0.584	0.445	0.433	0.620			
云南	1.150	1.103	1.104	0.882	0.710	0.883	0.759	1.097	0.874		
贵州	1.088	1.061	1.047	0.874	0.924	0.852	0.832	1.047	0.766	0.649	

表6-8　2013年长江经济带工业行业分工指数测算结果

省份	上海	江苏	浙江	安徽	江西	湖北	湖南	重庆	四川	云南	贵州
上海											
江苏	0.554										
浙江	0.670	0.465									
安徽	0.729	0.558	0.540								
江西	0.839	0.689	0.621	0.515							
湖北	0.624	0.608	0.663	0.493	0.580						
湖南	0.719	0.688	0.679	0.458	0.453	0.492					
重庆	0.483	0.666	0.821	0.668	0.777	0.598	0.682				
四川	0.645	0.597	0.730	0.446	0.634	0.441	0.444	0.584			
云南	1.157	1.119	1.094	0.874	0.748	0.915	0.763	1.111	0.883		
贵州	1.163	1.199	1.097	0.979	1.064	1.020	0.989	1.148	0.881	0.843	

表6-9　2014年长江经济带工业行业分工指数测算结果

省份	上海	江苏	浙江	安徽	江西	湖北	湖南	重庆	四川	云南	贵州
上海											
江苏	0.533										
浙江	0.657	0.447									
安徽	0.706	0.499	0.525								
江西	0.837	0.679	0.623	0.491							
湖北	0.631	0.605	0.639	0.460	0.550						
湖南	0.718	0.643	0.670	0.402	0.428	0.459					
重庆	0.449	0.693	0.826	0.687	0.797	0.622	0.698				

续表

省份	上海	江苏	浙江	安徽	江西	湖北	湖南	重庆	四川	云南	贵州
四川	0.620	0.575	0.733	0.439	0.614	0.419	0.436	0.607			
云南	1.156	1.045	1.090	0.879	0.714	0.919	0.762	1.123	0.867		
贵州	1.019	1.004	1.001	0.855	0.856	0.838	0.779	1.028	0.716	0.653	

表6-10　　2015年长江经济带工业行业分工指数测算结果

省份	上海	江苏	浙江	安徽	江西	湖北	湖南	重庆	四川	云南	贵州
上海											
江苏	0.528										
浙江	0.653	0.446									
安徽	0.653	0.479	0.495								
江西	0.824	0.636	0.591	0.459							
湖北	1.021	0.963	0.863	0.861	0.962						
湖南	0.692	0.630	0.661	0.400	0.413	1.184					
重庆	0.407	0.680	0.825	0.687	0.778	0.986	0.697				
四川	0.499	0.587	0.691	0.438	0.601	1.298	0.458	0.632			
云南	1.148	1.078	1.087	0.886	0.706	1.081	0.767	1.127	0.843		
贵州	0.966	0.889	0.955	0.840	0.718	1.052	0.743	0.992	0.647	0.662	

表6-11　　2016年长江经济带工业行业分工指数测算结果

省份	上海	江苏	浙江	安徽	江西	湖北	湖南	重庆	四川	云南	贵州
上海											
江苏	0.544										
浙江	0.625	0.443									
安徽	0.664	0.477	0.488								
江西	0.805	0.621	0.609	0.463							
湖北	0.616	0.626	0.628	0.485	0.537						
湖南	0.682	0.595	0.664	0.394	0.421	0.440					
重庆	0.694	0.755	0.927	0.815	0.979	0.862	0.963				
四川	—	—	—	—	—	—	—	—			
云南	1.127	1.070	1.069	0.854	0.713	0.863	0.727	1.312	1.127		
贵州	0.942	0.949	0.943	0.817	0.781	0.780	0.713	1.176	—	0.666	

注：四川数据缺失，行业分工指数和产业聚集度未进行计算。

表6-12　2012～2016年长江经济带区域行业分工指数平均值

年份	平均值
2012	0.730
2013	0.751
2014	0.716
2015	0.846
2016	0.748

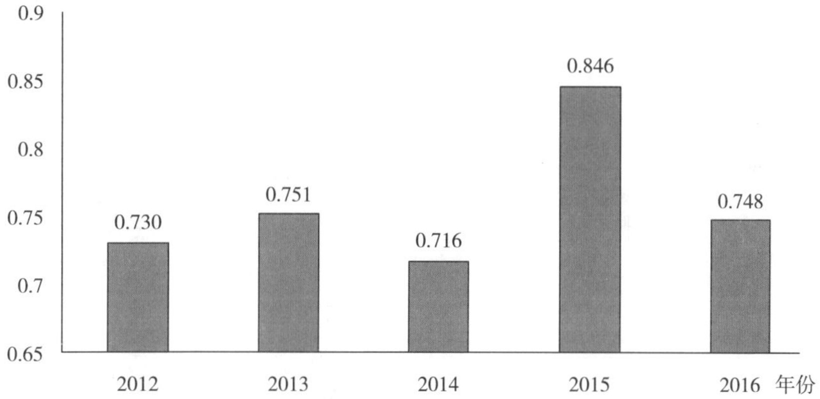

图6-2　2012～2016年长江经济带区域行业分工指数趋势

三、产业集聚度

通过对长江经济带41个规模以上工业内部细分行业在2012～2016年的数据计算可知，有些细分行业的区位熵为"—"，有些是因为没有这个统计项（见表6-13至表6-17）。这在本章的计算中均剔除。

表6-13 **2012年长江经济带规模以上工业总产值区位熵**

序号	行业	上海	江苏	浙江	安徽	江西	湖北	湖南	重庆	四川	云南	贵州
1	煤炭开采和洗选业	—	—	—	—	—	—	—	—	—	—	—
2	石油和天然气开采业	—	—	—	—	—	—	—	—	—	—	—
3	黑色金属矿采选业	—	—	—	—	—	—	—	—	—	—	—
4	有色金属矿采选业	—	—	—	—	—	—	—	—	—	—	—
5	非金属矿采选业	—	—	—	—	—	—	—	—	—	—	—
6	开采辅助活动	—	—	—	—	—	—	—	—	—	—	—
7	其他采矿业	—	—	—	—	—	—	—	—	—	—	—
8	农副食品加工业	0.232	0.614	0.368	1.756	1.245	2.228	1.774	0.949	1.766	1.083	0.611
9	食品制造业	1.438	0.405	0.681	1.125	1.356	1.607	1.851	0.759	1.799	1.256	0.996
10	酒、饮料和精制茶制造业	0.191	0.414	0.497	1.096	0.596	1.864	1.007	0.600	4.100	1.006	4.740
11	烟草制品业	1.650	0.260	0.438	0.738	0.479	0.999	1.840	0.782	0.589	11.898	4.212
12	纺织业	0.178	1.152	2.181	0.612	0.705	1.171	0.448	0.303	0.621	0.053	0.022
13	纺织服装、服饰业	0.725	1.224	1.655	0.887	1.553	0.922	0.369	0.285	0.252	0.018	0.040
14	皮革、毛皮、羽毛及其制品业和制鞋业	0.502	0.605	2.491	1.022	1.531	0.299	1.023	0.904	1.079	0.062	0.293
15	木材加工和木、竹、藤、棕、草制品业	0.208	1.199	0.689	1.490	1.336	0.777	1.811	0.187	0.915	0.533	1.199
16	家具制造业	—	—	—	—	—	—	—	—	—	—	—
17	造纸及纸制品业	0.696	0.783	1.527	0.711	0.973	1.023	1.582	1.027	1.133	0.608	0.432
18	印刷和记录媒介复制业	1.057	0.748	0.980	1.391	1.192	0.896	1.311	1.007	1.348	1.334	0.409
19	文教、工美、体育和娱乐用品制造业	1.355	1.071	1.901	0.835	1.439	0.311	0.512	0.231	0.231	0.624	0.059
20	石油加工、炼焦及核燃料加工业	2.153	0.739	1.262	0.530	1.001	0.954	1.331	0.185	0.769	1.296	0.863
21	化学原料及化学制品制造业	0.875	1.221	0.961	0.650	0.940	0.954	0.984	0.615	0.854	1.114	1.162

续表

序号	行业	上海	江苏	浙江	安徽	江西	湖北	湖南	重庆	四川	云南	贵州
22	医药制造业	0.755	0.911	0.831	0.742	1.687	1.044	0.989	0.948	1.490	1.233	2.034
23	化学纤维制造业	—	—	—	—	—	—	—	—	—	—	—
24	橡胶和塑料制品业	1.049	0.729	1.764	1.421	0.741	0.880	0.674	0.941	0.933	0.507	1.036
25	非金属矿物制品业	0.367	0.677	0.671	1.305	1.872	1.370	1.579	1.219	1.652	0.967	1.546
26	黑色金属冶炼和压延加工业	0.708	1.146	0.624	1.022	0.832	1.374	0.841	0.733	1.090	1.729	1.564
27	有色金属冶炼和压延加工业	0.300	0.599	0.798	1.137	4.021	0.577	1.820	0.790	0.545	3.582	1.484
28	金属制品业	0.897	1.189	1.228	1.006	0.632	0.934	0.787	0.729	0.853	0.273	0.382
29	通用设备制造业	1.498	1.081	1.318	0.971	0.434	0.608	0.832	0.626	1.073	0.158	0.176
30	专用设备制造业	0.981	1.070	0.705	0.994	0.436	0.580	2.885	0.423	1.036	0.255	0.213
31	汽车制造业	2.148	0.617	0.820	1.037	0.535	2.026	0.426	2.995	0.773	0.270	0.272
32	铁路、船舶、航空航天和其他运输设备制造业	0.951	1.258	0.864	0.369	0.492	0.642	0.979	3.849	0.615	0.175	0.962
33	电气机械和器材制造业	0.834	1.349	1.177	1.623	0.815	0.496	0.507	0.781	0.434	0.132	0.208
34	计算机、通信和其他电子设备制造业	2.056	1.563	0.458	0.330	0.430	0.412	0.447	1.334	1.091	0.034	0.139
35	仪器仪表制造业	0.797	1.869	1.065	0.386	0.409	0.243	0.580	0.895	0.191	0.144	0.161
36	其他制造业	0.570	0.682	1.922	0.799	0.558	1.214	1.158	2.410	0.596	0.406	1.153
37	废弃资源综合利用业	0.265	0.741	1.611	3.243	0.708	0.609	1.219	0.701	0.481	0.099	0.168
38	金属制品、机械和设备修理业	—	—	—	—	—	—	—	—	—	—	—
39	电力、热力生产和供应业	0.923	0.620	1.283	1.414	0.812	1.015	0.850	0.822	1.141	2.244	3.895
40	燃气生产和供应业	1.375	0.712	0.944	0.883	0.625	0.654	0.867	2.137	2.150	1.174	1.560
41	水的生产和供应业	1.062	0.612	1.401	0.730	0.997	0.740	1.407	1.031	1.828	1.243	1.185

表6-14 2013年长江经济带规模以上工业总产值区位熵

序号	行业	上海	江苏	浙江	安徽	江西	湖北	湖南	重庆	四川	云南	贵州
1	煤炭开采和洗选业	—	—	—	—	—	—	—	—	—	—	—
2	石油和天然气开采业	—	—	—	—	—	—	—	—	—	—	—
3	黑色金属矿采选业	—	—	—	—	—	—	—	—	—	—	—
4	有色金属矿采选业	—	—	—	—	—	—	—	—	—	—	—
5	非金属矿采选业	—	—	—	—	—	—	—	—	—	—	—
6	开采辅助活动	—	—	—	—	—	—	—	—	—	—	—
7	其他采矿业	—	—	—	—	—	—	—	—	—	—	—
8	农副食品加工业	0.228	0.607	0.357	1.706	1.271	2.273	1.701	0.931	1.659	1.189	0.610
9	食品制造业	1.473	0.385	0.630	1.156	1.258	1.690	1.926	0.814	1.780	1.348	0.911
10	酒、饮料和精制茶制造业	0.191	0.377	0.443	0.945	0.592	1.889	1.008	0.588	4.106	1.229	4.175
11	烟草制品业	1.957	0.261	0.439	0.733	0.492	0.996	1.869	0.739	0.577	11.731	3.269
12	纺织业	0.166	1.143	2.198	0.619	0.730	1.211	0.441	0.283	0.604	0.051	0.034
13	纺织服装、服饰业	0.676	1.228	1.594	0.968	1.706	0.936	0.370	0.284	0.246	0.035	0.067
14	皮革、毛皮、羽毛及其制品业和制鞋业	0.556	0.629	2.393	1.039	1.679	0.340	1.122	0.941	0.854	0.061	0.324
15	木材加工和木、竹、藤、棕、草制品业	0.190	1.246	0.627	1.523	1.251	0.815	1.733	0.201	0.768	0.599	1.243
16	家具制造业	1.400	0.319	2.061	1.090	0.906	0.526	1.308	0.948	2.061	0.029	0.338
17	造纸及纸制品业	0.710	0.805	1.539	0.665	0.881	0.991	1.568	1.113	1.151	0.566	0.440
18	印刷和记录媒介复制业	0.915	0.640	0.911	1.588	1.516	1.082	1.593	1.072	1.217	1.106	0.377
19	文教、工美、体育和娱乐用品制造业	1.366	0.977	1.879	0.935	1.725	0.380	0.589	0.359	0.281	0.702	0.094
20	石油加工、炼焦及核燃料加工业	2.398	0.767	1.216	0.605	0.995	1.004	1.228	0.141	0.745	1.347	0.607
21	化学原料及化学制品制造业	0.906	1.240	0.994	0.677	0.881	0.982	0.987	0.550	0.787	1.001	0.922

续表

序号	行业	上海	江苏	浙江	安徽	江西	湖北	湖南	重庆	四川	云南	贵州
22	医药制造业	0.847	0.940	0.747	0.748	1.604	1.035	1.003	0.961	1.404	1.287	1.763
23	化学纤维制造业	0.091	1.467	2.790	0.164	0.197	0.146	0.061	0.022	0.365	0.117	1.607
24	橡胶和塑料制品业	1.037	0.682	1.654	1.367	0.756	0.950	0.635	0.995	0.889	0.529	2.988
25	非金属矿物制品业	0.357	0.659	0.642	1.278	1.809	1.439	1.649	1.152	1.500	1.029	1.698
26	黑色金属冶炼和压延加工业	0.739	1.193	0.653	0.987	0.757	1.236	0.809	0.735	1.145	1.868	0.831
27	有色金属冶炼和压延加工业	0.321	0.600	0.825	1.194	3.982	0.576	1.893	0.791	0.510	3.499	0.298
28	金属制品业	0.885	1.216	1.143	1.048	0.635	0.987	0.837	0.745	0.840	0.249	0.259
29	通用设备制造业	1.533	1.073	1.341	1.074	0.442	0.625	0.856	0.647	1.018	0.169	0.183
30	专用设备制造业	1.002	1.085	0.732	1.053	0.459	0.697	2.485	0.525	1.007	0.303	0.544
31	汽车制造业	2.360	0.666	0.573	0.948	0.547	2.045	0.505	3.047	0.912	0.287	0.223
32	铁路、船舶、航空航天和其他运输设备制造业	0.972	1.221	0.827	0.318	0.565	0.682	1.089	3.846	0.685	0.184	0.741
33	电气机械和器材制造业	0.829	1.363	1.133	1.586	1.025	0.545	0.522	0.705	0.394	0.143	0.098
34	计算机、通信和其他电子设备制造业	1.973	1.501	0.467	0.388	0.415	0.447	0.577	1.616	1.294	0.031	0.015
35	仪器仪表制造业	0.836	1.964	0.923	0.406	0.321	0.272	0.618	0.765	0.161	0.140	0.255
36	其他制造业	0.642	0.704	1.774	0.840	0.642	1.221	1.355	1.109	1.136	0.565	0.347
37	废弃资源综合利用业	0.125	0.373	0.784	1.859	0.478	0.368	0.658	0.387	0.497	0.091	24.079
38	金属制品、机械和设备修理业	—	—	—	—	—	—	—	—	—	—	—
39	电力、热力生产和供应业	0.700	0.636	1.327	1.494	0.837	0.793	0.890	0.869	1.196	2.712	3.198
40	燃气生产和供应业	1.210	0.729	1.277	0.867	0.571	0.693	0.860	1.912	1.839	1.053	1.087
41	水的生产和供应业	1.063	0.631	1.444	0.669	1.059	0.795	1.197	1.003	1.808	1.365	1.102

表6-15　　2014年长江经济带规模以上工业总产值区位熵

序号	行业	上海	江苏	浙江	安徽	江西	湖北	湖南	重庆	四川	云南	贵州
1	煤炭开采和洗选业	—	—	—	—	—	—	—	—	—	—	—
2	石油和天然气开采业	—	—	—	—	—	—	—	—	—	—	—
3	黑色金属矿采选业	—	—	—	—	—	—	—	—	—	—	—
4	有色金属矿采选业	—	—	—	—	—	—	—	—	—	—	—
5	非金属矿采选业	—	—	—	—	—	—	—	—	—	—	—
6	开采辅助活动	—	—	—	—	—	—	—	—	—	—	—
7	其他采矿业	—	—	—	—	—	—	—	—	—	—	—
8	农副食品加工业	0.224	0.608	0.338	1.618	1.251	2.231	1.686	0.874	1.583	1.454	0.752
9	食品制造业	1.360	0.428	0.580	1.156	1.314	1.617	1.889	0.740	1.733	1.621	1.182
10	酒、饮料和精制茶制造业	0.182	0.373	0.401	0.950	0.549	1.937	1.008	0.499	3.866	1.663	5.165
11	烟草制品业	—	—	—	—	—	—	—	—	—	—	—
12	纺织业	0.173	1.126	2.198	0.610	0.878	1.241	0.441	0.235	0.585	0.067	0.043
13	纺织服装、服饰业	0.508	1.216	1.619	1.053	1.784	0.910	0.362	0.278	0.239	0.053	0.160
14	皮革、毛皮、羽毛及其制品业和制鞋业	0.564	0.620	2.331	1.103	1.731	0.418	1.140	0.868	0.741	0.102	0.508
15	木材加工和木、竹、藤、棕、草制品业	0.197	1.233	0.628	1.465	1.098	0.844	1.680	0.269	0.807	0.783	1.544
16	家具制造业	1.397	0.333	1.955	1.240	1.149	0.564	1.173	0.727	2.030	0.059	0.452
17	造纸及纸制品业	0.671	0.804	1.459	0.692	1.025	0.984	1.671	1.053	1.079	0.598	0.632
18	印刷和记录媒介复制业	0.831	0.746	0.863	1.525	1.198	1.145	1.489	1.099	1.133	1.109	0.520
19	文教、工美、体育和娱乐用品制造业	1.118	1.112	1.821	1.011	1.331	0.301	0.746	0.399	0.250	0.862	0.173
20	石油加工、炼焦及核燃料加工业	2.054	0.763	1.302	0.754	0.842	1.023	1.059	0.158	1.105	1.324	0.956
21	化学原料及化学制品制造业	0.905	1.247	0.990	0.655	0.935	1.018	0.956	0.496	0.767	1.116	1.014

续表

序号	行业	上海	江苏	浙江	安徽	江西	湖北	湖南	重庆	四川	云南	贵州
22	医药制造业	0.821	0.932	0.772	0.758	1.478	1.018	1.031	0.913	1.400	1.436	2.036
23	化学纤维制造业	—	—	—	—	—	—	—	—	—	—	—
24	橡胶和塑料制品业	1.081	0.724	1.689	1.371	0.786	1.005	0.659	0.952	0.929	0.696	1.143
25	非金属矿物制品业	0.351	0.644	0.640	1.244	1.747	1.418	1.591	1.085	1.433	1.174	2.366
26	黑色金属冶炼和压延加工业	0.766	1.195	0.690	1.040	0.719	1.020	0.804	0.684	1.171	2.013	1.460
27	有色金属冶炼和压延加工业	0.302	0.574	0.844	1.219	3.784	0.479	1.819	0.781	0.451	4.002	1.251
28	金属制品业	0.855	1.197	1.137	1.002	0.643	1.000	0.906	0.734	0.822	0.371	0.609
29	通用设备制造业	1.569	1.109	1.327	1.014	0.445	0.617	0.874	0.626	0.977	0.206	0.244
30	专用设备制造业	0.962	1.123	0.731	1.087	0.450	0.741	2.333	0.523	0.998	0.325	0.396
31	汽车制造业	2.418	0.658	0.662	0.850	0.521	1.863	0.511	2.971	0.920	0.331	0.339
32	铁路、船舶、航空航天和其他运输设备制造业	1.079	1.178	0.917	0.308	0.236	0.681	1.235	3.547	0.703	0.197	0.983
33	电气机械和器材制造业	0.879	1.371	1.148	1.535	0.866	0.525	0.551	0.650	0.408	0.177	0.300
34	计算机、通信和其他电子设备制造业	1.891	1.412	0.476	0.520	0.513	0.499	0.586	1.792	1.328	0.039	0.202
35	仪器仪表制造业	0.836	1.969	0.940	0.416	0.360	0.314	0.589	0.717	0.164	0.282	0.128
36	其他制造业	0.526	0.653	1.583	0.824	0.724	1.247	1.341	1.219	1.394	0.566	1.637
37	废弃资源综合利用业	0.256	0.471	1.546	3.148	1.106	0.826	1.161	0.321	1.209	0.396	0.373
38	金属制品、机械和设备修理业	—	—	—	—	—	—	—	—	—	—	—
39	电力、热力生产和供应业	0.738	0.673	1.447	1.119	0.820	0.811	0.907	0.862	0.886	3.793	3.860
40	燃气生产和供应业	1.947	0.653	1.477	0.778	0.562	0.648	0.738	1.347	1.686	0.965	1.112
41	水的生产和供应业	1.214	0.591	1.445	0.671	1.019	0.838	1.249	0.939	1.697	1.708	1.397

表6-16　　2015年长江经济带规模以上工业总产值区位熵

序号	行业	上海	江苏	浙江	安徽	江西	湖北	湖南	重庆	四川	云南	贵州
1	煤炭开采和洗选业	—	—	—	—	—	—	—	—	—	—	—
2	石油和天然气开采业	—	—	—	—	—	—	—	—	—	—	—
3	黑色金属矿采选业	—	—	—	—	—	—	—	—	—	—	—
4	有色金属矿采选业	—	—	—	—	—	—	—	—	—	—	—
5	非金属矿采选业	—	—	—	—	—	—	—	—	—	—	—
6	开采辅助活动	—	—	—	—	—	—	—	—	—	—	—
7	其他采矿业	—	—	—	—	—	—	—	—	—	—	—
8	农副食品加工业	—	—	—	—	—	—	—	—	—	—	—
9	食品制造业	—	—	—	—	—	—	—	—	—	—	—
10	酒、饮料和精制茶制造业	—	—	—	—	—	—	—	—	—	—	—
11	烟草制品业	—	—	—	—	—	—	—	—	—	—	—
12	纺织业	0.172	1.157	2.225	0.671	1.009	0.692	0.499	0.227	0.672	0.090	0.056
13	纺织服装、服饰业	0.470	1.242	1.619	1.220	1.918	0.269	0.417	0.259	0.286	0.083	0.281
14	皮革、毛皮、羽毛及其制品业和制鞋业	0.497	0.616	1.940	1.062	1.691	1.137	1.172	0.782	0.772	0.129	0.627
15	木材加工和木、竹、藤、棕、草制品业	0.173	1.234	0.600	1.528	1.115	0.446	1.833	0.345	0.906	0.891	1.712
16	家具制造业	1.130	0.279	1.674	1.175	1.110	2.029	1.177	0.425	1.920	0.049	0.527
17	造纸及纸制品业	0.592	0.804	1.505	0.780	1.111	0.838	1.626	1.038	1.044	0.774	0.852
18	印刷和记录媒介复制业	0.808	0.736	0.853	1.652	1.190	1.099	1.672	0.118	1.601	1.294	0.720
19	文教、工美、体育和娱乐用品制造业	0.898	0.962	1.599	0.949	1.185	1.542	0.666	0.349	0.253	1.145	0.272
20	石油加工、炼焦及核燃料加工业	1.390	0.547	0.858	0.486	0.582	4.528	0.803	0.122	0.926	0.899	0.911
21	化学原料及化学制品制造业	0.912	1.297	0.944	0.730	0.996	0.372	1.073	0.519	0.915	1.415	1.178

续表

序号	行业	上海	江苏	浙江	安徽	江西	湖北	湖南	重庆	四川	云南	贵州
22	医药制造业	0.864	0.972	0.797	0.856	1.582	0.090	1.227	1.123	1.575	1.685	2.169
23	化学纤维制造业	—	—	—	—	—	—	—	—	—	—	—
24	橡胶和塑料制品业	0.849	0.619	1.322	1.245	0.725	2.835	0.616	0.733	0.857	0.627	1.022
25	非金属矿物制品业	0.341	0.628	0.596	1.296	1.852	1.174	1.719	1.092	1.685	1.334	2.631
26	黑色金属冶炼和压延加工业	0.764	1.245	0.683	1.078	0.763	0.494	0.902	0.686	1.323	1.951	1.710
27	有色金属冶炼和压延加工业	0.258	0.570	0.785	1.223	3.520	0.883	1.849	0.765	0.426	4.035	1.234
28	金属制品业	0.802	1.157	1.048	1.005	0.656	1.086	0.987	0.801	0.909	0.421	0.692
29	通用设备制造业	1.488	1.089	1.200	1.127	0.492	0.602	0.927	0.620	1.111	0.143	0.281
30	专用设备制造业	0.703	0.834	0.527	0.873	0.362	3.599	1.803	0.417	0.811	0.336	0.315
31	汽车制造业	2.573	0.714	0.857	1.057	0.606	0.311	0.666	3.442	1.140	0.452	0.462
32	铁路、船舶、航空航天和其他运输设备制造业	0.978	0.990	0.784	0.315	0.181	2.046	1.310	2.678	0.684	0.208	0.950
33	电气机械和器材制造业	0.801	1.264	1.110	1.543	0.903	0.722	0.623	0.632	0.471	0.199	0.321
34	计算机、通信和其他电子设备制造业	1.881	1.393	0.484	0.622	0.569	0.061	0.637	1.784	1.384	0.047	0.448
35	仪器仪表制造业	0.837	1.801	1.001	0.444	0.422	0.406	0.583	0.634	0.190	0.488	0.148
36	其他制造业	0.520	0.598	1.532	0.897	0.698	1.217	1.564	1.088	1.530	0.666	2.310
37	废弃资源综合利用业	0.223	0.451	1.383	3.357	1.295	0.388	1.280	0.464	1.513	0.627	0.598
38	金属制品、机械和设备修理业	—	—	—	—	—	—	—	—	—	—	—
39	电力、热力生产和供应业	0.738	0.617	1.369	1.073	0.783	0.938	0.887	0.761	1.387	4.016	3.790
40	燃气生产和供应业	1.874	0.534	1.097	0.690	0.670	0.772	0.636	1.531	3.032	1.159	0.592
41	水的生产和供应业	1.213	0.544	1.323	0.639	1.031	1.060	1.327	0.854	1.844	2.488	1.617

表6-17 2016年长江经济带规模以上工业总产值区位熵

序号	行业	上海	江苏	浙江	安徽	江西	湖北	湖南	重庆	四川	云南	贵州
1	煤炭开采和洗选业	—	—	—	—	—	—	—	—	—	—	—
2	石油和天然气开采业	—	—	—	—	—	—	—	—	—	—	—
3	黑色金属矿采选业	—	—	—	—	—	—	—	—	—	—	—
4	有色金属矿采选业	—	—	—	—	—	—	—	—	—	—	—
5	非金属矿采选业	—	—	—	—	—	—	—	—	—	—	—
6	开采辅助活动	—	—	—	—	—	—	—	—	—	—	—
7	其他采矿业	—	—	—	—	—	—	—	—	—	—	—
8	农副食品加工业	0.209	0.644	0.326	1.518	1.305	2.165	1.675	0.626	—	1.591	0.774
9	食品制造业	1.314	0.524	0.572	1.244	1.367	1.932	2.059	0.524	—	1.713	1.286
10	酒、饮料和精制茶制造业	0.242	0.478	0.450	1.119	0.608	2.558	1.184	0.423	—	2.173	6.644
11	烟草制品业	2.310	0.304	0.651	0.599	0.468	1.062	1.890	0.343	—	13.802	2.934
12	纺织业	0.157	1.088	2.099	0.582	0.900	1.186	0.412	0.133	—	0.071	0.053
13	纺织服装、服饰业	0.377	1.162	1.462	1.073	1.668	0.860	0.341	0.142	—	0.081	0.259
14	皮革、毛皮、羽毛及其制品业和制鞋业	0.511	0.668	2.058	1.083	1.753	0.482	1.203	0.574	—	0.107	0.568
15	木材加工和木、竹、藤、棕、草制品业	0.168	1.247	0.553	1.303	1.012	0.773	1.509	0.224	—	0.592	1.436
16	家具制造业	1.349	0.388	2.343	1.438	1.638	0.712	1.294	0.390	—	0.074	0.697
17	造纸及纸制品业	0.565	0.818	1.576	0.787	1.108	0.956	1.405	0.686	—	0.647	0.830
18	印刷和记录媒介复制业	0.794	0.786	0.938	1.506	1.014	1.168	1.568	0.697	—	1.028	0.687
19	文教、工美、体育和娱乐用品制造业	0.724	1.135	1.730	0.917	1.298	0.376	0.655	0.284	—	0.961	0.345
20	石油加工、炼焦及核燃料加工业	2.468	0.910	1.586	0.627	1.054	1.145	1.130	0.125	—	1.138	0.841
21	化学原料及化学制品制造业	0.940	1.305	0.916	0.671	0.942	1.045	0.898	0.316	—	0.985	0.952

续表

序号	行业	上海	江苏	浙江	安徽	江西	湖北	湖南	重庆	四川	云南	贵州
22	医药制造业	0.899	0.992	0.819	0.811	1.405	1.035	1.129	0.734	—	1.328	1.782
23	化学纤维制造业	—	—	—	—	—	—	—	—	—	—	—
24	橡胶和塑料制品业	1.076	0.786	1.601	1.554	0.925	1.042	0.640	0.644	—	0.595	0.975
25	非金属矿物制品业	0.330	0.658	0.563	1.223	1.793	1.440	1.562	0.727	—	1.173	2.543
26	黑色金属冶炼和压延加工业	0.853	1.310	0.742	1.005	0.773	0.848	0.904	0.393	—	1.465	1.432
27	有色金属冶炼和压延加工业	0.268	0.576	0.793	1.191	3.258	0.436	1.647	0.523	—	2.844	1.212
28	金属制品业	0.801	1.213	1.085	1.009	0.662	0.982	0.948	0.559	—	0.434	0.639
29	通用设备制造业	1.827	1.222	1.354	1.166	0.540	0.626	0.927	0.484	—	0.123	0.281
30	专用设备制造业	1.008	1.194	0.731	1.124	0.494	0.742	2.142	0.429	—	0.300	0.394
31	汽车制造业	2.275	0.699	0.944	1.012	0.574	1.937	0.646	2.135	—	0.373	0.358
32	铁路、船舶、航空航天和其他运输设备制造业	1.316	1.140	1.022	0.371	0.230	0.766	1.196	2.140	—	0.286	0.848
33	电气机械和器材制造业	0.735	1.018	0.915	1.144	0.714	0.394	0.444	3.150	—	0.120	0.258
34	计算机、通信和其他电子设备制造业	1.826	1.473	0.588	0.674	0.703	0.581	0.797	1.397	—	0.124	0.613
35	仪器仪表制造业	0.884	1.866	0.948	0.432	0.425	0.333	0.463	0.396	—	0.403	0.129
36	其他制造业	0.574	0.706	1.528	1.042	0.788	1.041	1.639	0.548	—	0.483	2.195
37	废弃资源综合利用业	0.231	0.479	1.084	3.511	1.311	0.931	1.044	0.176	—	0.776	0.519
38	金属制品、机械和设备修理业	—	—	—	—	—	—	—	—	—	—	—
39	电力、热力生产和供应业	0.847	0.717	1.650	0.906	0.664	0.837	0.833	0.546	—	3.430	3.239
40	燃气生产和供应业	2.481	0.756	1.588	0.890	0.938	0.795	0.803	1.566	—	0.923	0.682
41	水的生产和供应业	1.438	0.636	1.605	0.742	1.129	0.911	1.488	0.615	—	2.126	1.848

从表6–13至表6–17可以发现，在2012 ~ 2016年，上海市的41个细分工业行业中，由于数据缺失，煤炭开采和洗选业，石油和天然气开采业，黑色金属矿采选业，有色金属矿采选业，非金属矿采选业，开采辅助活动，其他采矿业，金属制品、机械和设备修理业等均未参与计算。石油加工、炼焦及核燃料加工业，通用设备制造业，汽车制造业，计算机、通信和其他电子设备制造业，燃气生产和供应业，水的生产和供应业的区位熵均大于1。

江苏的41个细分工业行业中，由于数据缺失，煤炭开采和洗选业，石油和天然气开采业，黑色金属矿采选业，有色金属矿采选业，非金属矿采选业，开采辅助活动，其他采矿业，金属制品、机械和设备修理业等均未参与计算。纺织业，纺织服装、服饰业，木材加工和木、竹、藤、棕、草制品业，化学原料及化学制品制造业，黑色金属冶炼和压延加工业，金属制品业，通用设备制造业，计算机、通信和其他电子设备制造业，仪器仪表制造业等的区位熵在2012 ~ 2016年均大于1。

浙江的41个细分工业行业中，由于数据缺失，煤炭开采和洗选业，石油和天然气开采业，黑色金属矿采选业，有色金属矿采选业，非金属矿采选业，开采辅助活动，其他采矿业，金属制品、机械和设备修理业等均未参与计算。纺织业，纺织服装、服饰业，皮革、毛皮、羽毛及其制品业和制鞋业，造纸及纸制品业，文教、工美、体育和娱乐用品制造业，橡胶和塑料制品业，金属制品业，通用设备制造业，电力、热力生产和供应业，水的生产和供应业等的区位熵在2012 ~ 2016年均大于1。

安徽的41个细分工业行业中，由于数据缺失，煤炭开采和洗选业，石油和天然气开采业，黑色金属矿采选业，有色金属矿采选业，非金属矿采选业，开采辅助活动，其他采矿业，金属制品、机械和设备修理业等均未参与计算。皮革、毛皮、羽毛及其制品业和制鞋业，木材加工和木、竹、藤、棕、草制品业，印刷和记录媒介复制业，橡胶和塑料制品业，非金属矿物制品业，有色金属冶炼和压延加工业，金属制品业，电气机械和器材制造业，废弃资源综合利用业等的区位熵在2012 ~ 2016年均大于1。

江西的41个细分工业行业中，由于数据缺失，煤炭开采和洗选业，石油和天然气开采业，黑色金属矿采选业，有色金属矿采选业，非金属矿采选业，开采辅助活动，其他采矿业，金属制品、机械和设备修理业等均未参与计算。纺织服装、服饰业，皮革、毛皮、羽毛及其制品业和制鞋业，木材加工和木、竹、藤、棕、草制品业，印刷和记录媒介复制业，文教、工美、体育和娱乐用品制造业，医药制造业，非金属矿物制品业，有色金属冶炼和压延加工业等的区位熵在2012 ~ 2016年均大于1。

湖北的41个细分工业行业中，由于数据缺失，煤炭开采和洗选业，石油和天然气开采业，黑色金属矿采选业，有色金属矿采选业，非金属矿采选业，开采辅助活动，其他采矿业，金属制品、机械和设备修理业等均未参与计算。非金属矿物制品业、其他制造业等的区位熵在2012 ~ 2016年均大于1。

湖南的41个细分工业行业中，由于数据缺失，煤炭开采和洗选业，石油和天然气开采业，黑色金属矿采选业，有色金属矿采选业，非金属矿采选业，开采辅助活动，其他采矿业，金属制品、机械和设备修理业等均未参与计算。皮革、毛皮、羽毛及其制品业和制鞋业，木材加工和木、竹、藤、棕、草制品业，造纸及纸制品业，印刷和记录媒介复制业，非金属矿物制品业，有色金属冶炼和压延加工业，专用设备制造业，其他制造业，废弃资源综合利用业，水的生产和供应业等的区位熵在 2012 ~ 2016 年均大于 1。

重庆的 41 个细分工业行业中，由于数据缺失，煤炭开采和洗选业，石油和天然气开采业，黑色金属矿采选业，有色金属矿采选业，非金属矿采选业，开采辅助活动，其他采矿业，金属制品、机械和设备修理业等均未参与计算。汽车制造业，铁路、船舶、航空航天和其他运输设备制造业，计算机、通信和其他电子设备制造业，燃气生产和供应业等的区位熵在 2012 ~ 2016 年均大于 1。

四川的 41 个细分工业行业中，由于数据缺失，煤炭开采和洗选业，石油和天然气开采业，黑色金属矿采选业，有色金属矿采选业，非金属矿采选业，开采辅助活动，其他采矿业，金属制品、机械和设备修理业等均未参与计算。同时，2016 年数据缺失，仅对 2012 ~ 2015 年的数据进行了测算。造纸及纸制品业，印刷和记录媒介复制业，医药制造业，非金属矿物制品业，黑色金属冶炼和压延加工业，计算机、通信和其他电子设备制造业，燃气生产和供应业，水的生产和供应业等的区位熵在 2012 ~ 2015 年均大于 1。

云南的 41 个细分工业行业中，由于数据缺失，煤炭开采和洗选业，石油和天然气开采业，黑色金属矿采选业，有色金属矿采选业，非金属矿采选业，开采辅助活动，其他采矿业，金属制品、机械和设备修理业等均未参与计算。印刷和记录媒介复制业，医药制造业，黑色金属冶炼和压延加工业，有色金属冶炼和压延加工业，电力、热力生产和供应业，水的生产和供应业等的区位熵在 2012 ~ 2016 年均大于 1。

贵州的 41 个细分工业行业中，由于数据缺失，煤炭开采和洗选业，石油和天然气开采业，黑色金属矿采选业，有色金属矿采选业，非金属矿采选业，开采辅助活动，其他采矿业，金属制品、机械和设备修理业等均未参与计算。木材加工和木、竹、藤、棕、草制品业，医药制造业，非金属矿物制品业，电力、热力生产和供应业，水的生产和供应业等的区位熵在 2012 ~ 2016 年均大于 1。

通过计算可得 2012 ~ 2016 年长江经济带的产业集聚度测算结果，见表 6–18。从表中可以看出，2012 ~ 2016 年长江经济带的产业集聚度平均值多数大于 1，说明长江经济带产业集聚度水平较高。

表6-18　2012 ~ 2016年长江经济带工业行业产业集聚度测算结果

年份	平均值
2012	1.009
2013	1.035
2014	0.981
2015	1.001
2016	1.033

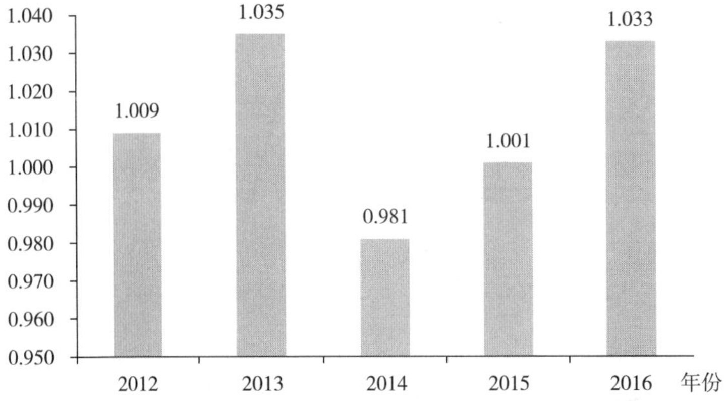

图6-3　2012 ~ 2016年长江经济带工业行业产业集聚度测算结果

四、产业一体化指数

从动态来看，如果系数不断上升，则产业结构有趋同的趋势；反之，则趋异。如果两个地区的产业结构相似系数高，说明两个地区的产业结构趋同，存在重复建设。因此，在计算的时候，产业结构相似系数为负向指标。产业一体化指数最终结果见表 6–19。从表 6–19 可以看出，产业一体化的指数不断波动上升。

表6-19 2012～2016年长江经济带产业一体化测算结果

年份	产业结构相似系数	行业分工指数	产业集聚度	产业一体化
2012	0.977	0.730	1.009	0.762
2013	0.978	0.751	1.035	0.808
2014	0.979	0.716	0.981	0.718
2015	0.98	0.846	1.001	0.867
2016	0.98	0.748	1.033	0.801

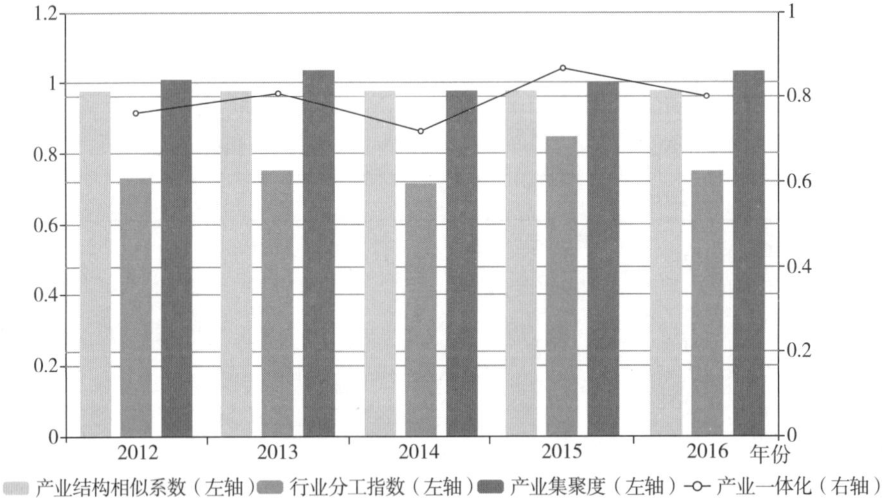

图6-4 2012～2016年长江经济带产业一体化指数

第三节 长江经济带产业一体化发展政策建议

一、在国家政策的宏观指导下把握好功能定位

长江经济带区域面积约205万平方千米，约占全国面积的21%。从面积和人口看，长江经济带的发展潜力巨大。但是，由于长江水道存在“瓶颈”制约，生态环境形势不容乐观，区域发展不平衡问题突出，产业转型升级任务艰巨，区域合作机制尚不健全，所以在发展中面临

诸多亟待解决的问题。

2016 年 3 月 25 日，中共中央政治局召开会议，审议通过《长江经济带发展规划纲要》。该文件在加快构建综合立体交通走廊、大力保护长江生态环创新驱动产业转型升级、积极推进新型城镇化、努力构建全方位开放新格局、创新区域协调发展体制机制等方面，描绘了长江经济带发展的宏伟蓝图，是推动长江经济带发展的纲领性文件，为长江经济带产业一体化发展规划了蓝图，指明了方向。

在地方政府层面，地方政府的长江经济带产业一体化发展要围绕《长江经济带发展规划纲要》，积极落实相关内容，把握功能定位、找准发展坐标，切实加大协同发展的力度，起到引导者的作用。各地政府要突破行政体制分割，统筹区域产业发展，顺应产业一体化的发展趋势，根据长江经济带各自的城市功能定位，有目的地引导产业发展。

二、根据行业优势推进产业转型升级

不断推进传统产业转型升级，依托已有的产业基础和龙头企业，整合各类产业园区和经济开发区，引导生产要素集聚。积极推动钢铁、石化、有色金属等产业改造升级，淘汰落后产能。

打造产业集群，加强重大关键技术攻关、重大技术产业化应用示范，依据各省市优势打造电子信息、高端装备、汽车等制造业集群。

积极发展生产性服务业，提升研发设计、节能环保、检验检测、电子商务、商务咨询、金融保险、融资租赁、服务外包等服务业质量和水平。大力发展教育培训、文化体育等生活性服务业，推动其向规范化和精细化转变。

大力发展现代文化产业，加快发展现代传媒、数字出版、动漫游戏等文化产业，推动文化产业创新，促进文化与科技、信息、金融等产业融合发展。

三、引导产业形成梯度有序转移

产业转移的重点要有所倾向。长江经济带下游地区引导劳动密集型产业、资源加工型产业和以内需为主的资金加快向中上游地区转移。中上游地区借力当地资源环境承载能力和优势，承接相关产业，因地制宜，促进长江经济带产业价值链的整体提升。严禁污染型产业向中上游地区转移。

创新产业转移模式。积极探索多种形式的产业转移模式，鼓励江苏、上海、浙江到中上游地区进行产业园区建设，发展“飞地经济”，实现利益共享，拓展市场和发展空间。

进行产业转移平台建设。促进产业集中布局、集聚发展，不断推进国家级承接产业转移示范区建设。鼓励社会资本积极参与承接产业转移园区建设和管理。

第七章

长江经济带交通一体化发展指数分析

第一节　数据来源

本章的样本数据均来自《上海统计年鉴》（2012 ~ 2016 年）、《重庆统计年鉴》（2012 ~ 2016 年）、《武汉经济年鉴》（2012 ~ 2016 年）、《中国统计年鉴》（2012 ~ 2016 年）。

第二节　数据分析

一、综合交通发展水平

本章采用交通网络密度衡量综合交通发展水平。交通网络密度指单位国土面积上的路网长度，反映区域交通线路的疏密程度，交通运输干线越密集，说明区内联系越紧密、便捷，交通设施对区域发展的支撑能力越强。交通网络密度 =（铁路里程 + 公路里程 + 水运里程）/ 地区面积。

本章作者：刘建朝、亓芳芳。

这里主要选取长江经济带城市代表上海、武汉、重庆进行综合路网面积密度的计算，结果见表 7–1 和图 7–1 至图 7–3。

表7-1　　上海、武汉、重庆2012～2016年综合道路网密度

	年份	地区面积（平方千米）	铁路里程（千米）	公路里程（千米）	航道里程（万千米）	综合路网密度
上海	2012	6340	453	12084	2037	2.37
	2013	6340	457	12541	2074	2.39
	2014	6340	456	12633	2074	2.44
	2015	6340	456	12945	2073	2.47
	2016	6340	456	13195	2058	2.47
武汉	2012	8483	2709	13103	2380	3.60
	2013	8483	1567	13337	2389	3.80
	2014	8483	2567	14023	2374	4.00
	2015	8483	2601	14520	2380	4.22
	2016	8483	2709	15658	2383	2.43
重庆	2012	82403	1386	120728	4451	1.53
	2013	82403	1452	122846	4451	1.59
	2014	82403	1680	127392	4451	1.59
	2015	82403	1774	127392	4451	1.75
	2016	82403	1929	140551	4451	1.75

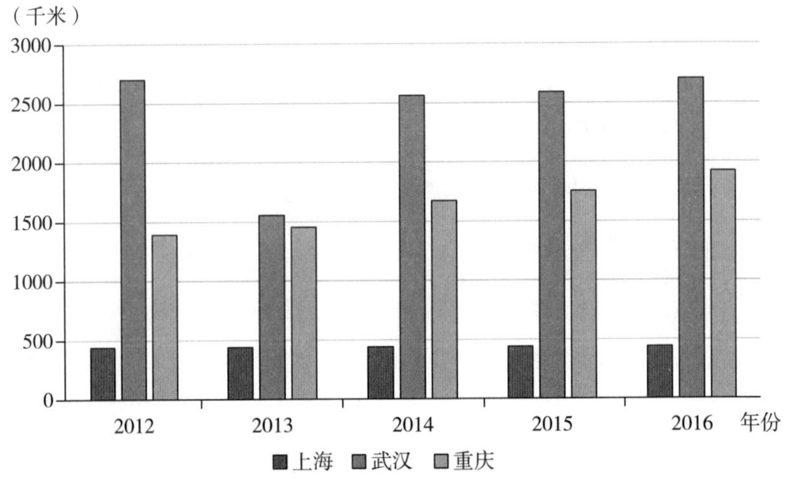

图7-1　上海、武汉、重庆2012～2016年铁路里程

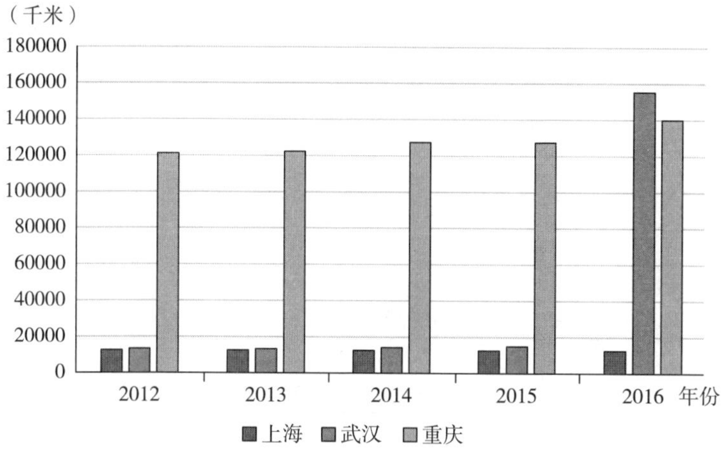

图7-2　上海、武汉、重庆2012～2016年公路里程

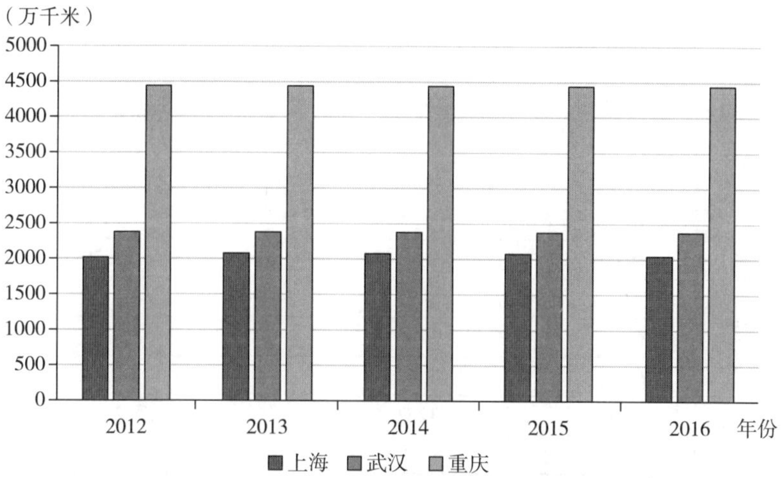

图7-3　上海、武汉、重庆2012～2016年航道里程

可以看出，2012～2016年上海、武汉、重庆三地的综合路网密度逐年上升。铁路里程、公路里程、航道里程虽有微小变动，但幅度不大。相比较而言，国际化大都市上海的交通运输干线最密集，武汉紧跟其后，重庆位列第三。这说明上海市的交通设施对区域发展的支撑能力最强。

二、枢纽覆盖度

交叉点是两种以上交通方式的衔接点，结合区域特色，依然选取上海、武汉、重庆三地在 2012 ~ 2016 年的海陆空三种交通方式，计算规模最大站台的客运和货运发送量。发送量越大，说明其覆盖度越高。具体见表 7–2，图 7–4、图 7–5。

表7-2　　上海、武汉、重庆2012 ~ 2016年枢纽覆盖水平

	年份	客运规模最大的车站/港口年旅客发送量（万人）	货运规模最大的车站/港口年货物发送量（万吨）
上海	2012	6198	959
	2013	6758	888
	2014	7972	825
	2015	9194	694
	2016	9692	549
武汉	2012	9764.9	10059
	2013	9765	9010.4
	2014	14300	7686
	2015	12104	9010
	2016	15083.9	6579
重庆	2012	2933	2191
	2013	3040	2241
	2014	4057	1952
	2015	3251	2337
	2016	3993.6	1861.51

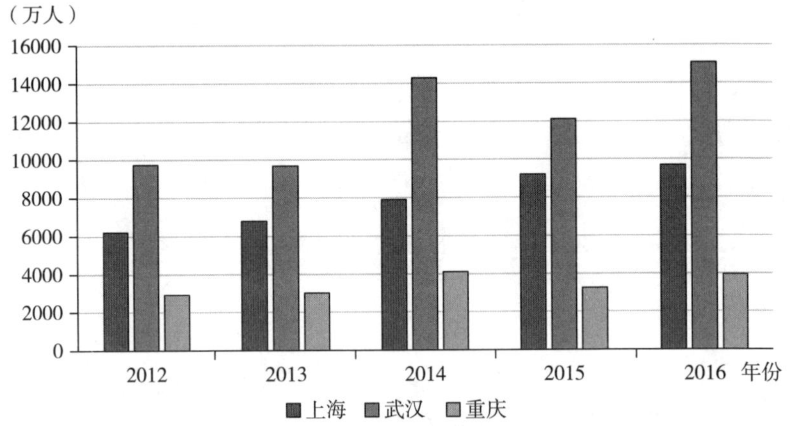

图7-4　上海、武汉、重庆2012 ~ 2016年客运规模最大的车站/港口年旅客发送量

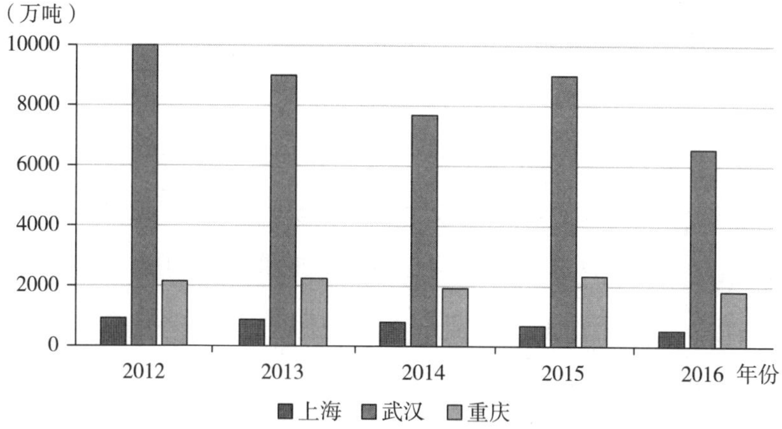

图7-5　上海、武汉、重庆2012～2016年货运规模最大的车站/港口年货物发送量

三、交通网络运输水平

本章采用交通可达性衡量交通网络运输水平。可达性是利用特定的交通系统从给定地点到达活动地点的便利程度，宏观上反映城市、区域某点的相对区位价值与融入地区社会经济活动的便捷程度。可达性分区内可达性（区域内节点间联系的便利性）和区际可达性（区域对外联系的便捷性）两个方面。区内可达性采用京津冀与长江经济带各城市间公路最短平均通勤时间衡量，区际可达性采用各城市与全国省会城市间的最短平均通勤时间度量。在可达性研究中，最短时空距离是常用指标，其中最短空间距离可采用节点平均交通里程和节点平均迂回系数表示，而最短时间距离常采用节点平均旅行时间和区域平均旅行时间表示。

1. 节点平均交通里程

节点平均时间是节点与其他节点最短公路里程的平均值。该指标偏重于从空间距离的角度衡量节点的可达性，并能够表达可达性水平的变化状况，其与路网分布和节点位置相关而与路网技术等级无关，表达式如下。

$$D_i = \frac{1}{N}\sum_{j=1}^{n} D_{ij}$$

式中，D_i 表示节点 i 的平均交通里程，值越小表示节点可达性越优；D_{ij} 表示节点 i 和 j 间的最短交通里程；N 为节点数。

从表 7–3 和表 7–4 可以看出，长江经济带的平均交通公路里程中，上海—南京可达性最优。长江经济带的平均交通铁路里程中，武汉—长沙的可达性最优。

表7-3 长江经济带平均交通公路里程

	始终点	N	D_{ij}	D_i
长江经济带	上海—南京	2	299.28	149.64
	武汉—长沙	2	338.53	169.27
	重庆—成都	2	337.40	168.70
	上海—武汉	3	839.42	279.81
	上海—重庆	3	1701.38	567.13
	重庆—武汉	3	897.74	299.25

表7-4 长江经济带平均交通铁路里程

	始终点	N	D_{ij}	D_i
长江经济带	上海—南京	2	481.67	240.83
	武汉—长沙	2	445.83	222.92
	重庆—成都	2	462.50	231.25
	上海—武汉	3	1500.00	500.00
	上海—重庆	3	2722.50	907.50
	重庆—武汉	3	1712.50	570.83

2. 节点平均旅行时间

节点平均旅行时间是节点到区域各节点最短旅行时间的度量，偏重于从时间节约的角度来衡量节点的通达水平，且能够直观地表现可达性水平的高低及变化。该指标除与路网分布、路网技术等级等因素有关外，还受到交通组织的影响，节点平均旅行时间可表示如下。

$$A_i = \frac{1}{N}\sum_{j=1}^{n} T_{ij}$$

式中，A_i 为节点 i 的平均旅行时间，值越小表示节点的可达性越优；T_{ij} 表示节点 i 通过交通网络中时间最短的路径到达节点 j 的最短旅行时间。

从表 7–5 和表 7–6 可以看出，长江经济带的平均公路旅行时间中，上海—南京、武汉—长沙的可达性最优。长江经济带的平均铁路旅行时间中，上海—南京、武汉—长沙、重庆—成都的可达性最优。

表7-5　　长江经济带平均公路旅行时间

	始终点	N	T_{ij}	A_i
长江经济带	上海—南京	2	3.77	1.88
	武汉—长沙	2	3.77	1.88
	重庆—成都	2	3.90	1.95
	上海—武汉	3	8.92	12.74
	上海—重庆	3	18.90	12.74
	重庆—武汉	3	10.40	12.74

表7-6　　长江经济带平均铁路旅行时间

	始终点	N	T_{ij}	A_i
长江经济带	上海—南京	2	1.50	0.75
	武汉—长沙	2	1.50	0.75
	重庆—成都	2	1.50	0.75
	上海—武汉	3	5.50	7.39
	上海—重庆	3	10.67	7.39
	重庆—武汉	3	6.00	7.39

3. 优势度

优势度是评价交通优劣的集成指标，其核心是以包括评价区域在内的更大区域系统为平台，以定量手段从相对角度判别各区域单元交通条件的优劣势和级别高低。由于公路是区域内经济联系的主导交通方式，县市交通路网密度和区内可达性主要基于公路交通进行度量。考虑到铁路是省际经济联系的主导交通方式，节点省际可达性基于铁路客运网络来度量。

区位优势度指各县域单元与区域关键节点的通达程度，采用各城市与长江经济带中心城市的平均最短通勤时间表示，值越小表示接受中心城市辐射带动作用越强，发展潜力越大，区位优势度越高。

从表7–7可以看出，长江经济带的平均最短通行时间中，高铁是上海—杭州，公路是上海—南通。

表7-7 长江经济带平均最短通行时间

城市群	始终点	平均最短通行时间	
		火车高铁（h）	公路（h）
长江经济带	上海—南京	1.50	3.77
	上海—南通	4.88	2
	上海—杭州	0.87	2.25
	上海—合肥	2.72	6.9
	武汉—长沙	1.50	3.77
	武汉—株洲	1.85	4.42
	武汉—湘潭	1.78	4.45
	重庆—成都	1.50	3.90
	重庆—宜宾	8.98	3.01
	上海—武汉	5.50	8.92
	上海—重庆	10.67	18.90
	重庆—武汉	6.00	10.40

四、交通一体化发展指数

从表 7–8、图 7–6 可以看出，长江经济带交通一体化发展指数稳中有升，从 2012 年的 0.275 提升到 2016 年的 0.340。其中，枢纽覆盖水平在波动中略有下降，从 2012 年的 0.067，下降到 2016 年的 0.064，其中，2013 年与 2015 年没有波动；交通网络运输水平保持在 0.103；综合交通发展水平从 2012 年的 0.105 大幅增长到 0.174。

表7-8　　2012 ~ 2016年长江经济带交通一体化发展指数

指标	2012年	2013年	2014年	2015年	2016年
交通一体化	0.275	0.274	0.279	0.282	0.340
枢纽覆盖水平	0.067	0.063	0.065	0.063	0.064
交通网络运输水平	0.103	0.103	0.103	0.103	0.103
综合交通发展水平	0.105	0.108	0.111	0.116	0.174

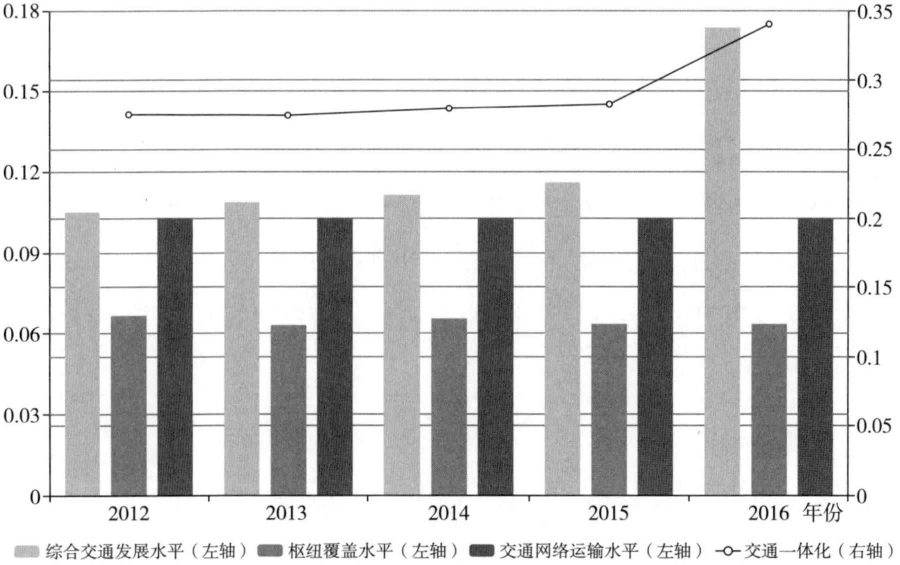

图7-6　2012 ~ 2016年长江经济带交通一体化发展指数

第三节 长江经济带交通一体化发展政策建议

长江经济带是在国家层面推进落实国家“两横三纵”城镇化战略格局的重要战略举措。以武汉为中心的长江中游城市群，具有长江水道、国家级公路及铁路通道的区位优势，宜构建综合交通网络体系。

一、加强规划引领，出台相关发展规划

加快制定长江经济带与经济发展相适应的综合交通发展规划。在长江经济带即将进入经济发展快车道的关键时期，利用长江黄金水道优势，制定中长期发展规划，引导全区域交通综合发展，深化交通一体化理念，确保交通一体化的速度、质量、结构和交通设施的空间布局与经济发展速度、结构、城市空间布局和经济圈发展高度一致。只有在整个经济区的发展过程中充分发挥交通一体化的作用，促进经济发展和支撑，才能推动整个经济区的协调统一发展。交通一体化发展规划不仅要考虑经济因素，还要与土地开发、能源利用和环境保护相协调，形成共识，建立健全交通运输全链条协同体制机制，确保交通一体化建设项目的投入运行，对整个国民经济的可持续发展具有促进作用。

二、构建综合运输大通道，支撑互联互通

完善国家运输通道体系，推进长江经济带经济一体化，构建长江经济带经济综合交通运输体系，支持长江经济带与国家综合运输通道的衔接。面对全球化和国际产业分工的新形势，根据国家“空海双港”国际航运体系战略，完善长江经济带、丝绸之路经济带等国家对外开

放格局的交通物流渠道，逐步形成连接东亚、西亚、南亚的交通网络，加快发展武汉等内陆中心城市的国际客运和货运航线，依托长江水运优势，建立水路—铁路—公路—空运一体化无缝连接的综合运输系统。在国家“五横五纵”综合运输通道的基础上，以长江黄金水道为主轴，以综合运输通道为支撑，进一步完善长江高速铁路和国道线路，加强与京广、京九纵向通道的衔接，促进区域经济一体化，实现基础设施与公共服务互联、互通与共享。

三、构建城际快速通道网络，缩短城际距离

发挥中心城市向周边邻近地区的延伸作用，形成相互关联、功能互补、产业互动和良性竞争的空间格局，提升中心城市综合承载能力和区域辐射能力。以长江中游地区的中心城市武汉为例，城郊铁路等区域快速轨道交通是一种最有效途径，可以缩短城际距离，服务“1 + 8”城市圈①，提前建设城郊铁路，引导“1 + 6”城市群②发展，谋划建设智慧高速公路。发挥武汉作为中心城市对长江中游城市群的主导作用，促进城市群区域合作与分工，实现大中小城市“共同城市化”。

四、建立“集疏运”通道体系，支撑产业转型升级

建立长江经济带机场、港口集散通道体系，支撑区域产业转型升级和空间结构调整。深入推进供给侧结构性改革，大力实施产业转型升级，培育低碳经济和循环经济，推广绿色制造和智能建造，努力提

① “1+8”城市圈指以武汉为圆心，包括黄石、鄂州、黄冈、孝感、咸宁、仙桃、天门、潜江。

② “1+6”城市群包括上海，江苏省的苏州、无锡、南通，浙江省的宁波、嘉兴、舟山。

高资源能源利用效率，构建可持续的生产方式和产业模式，完善长江沿江重大港口的“集疏运”通道体系。此外，结合武汉等中心城市机场扩建的机遇，构建机场和经济区的“集疏运”体系。

五、打造多式联运的现代货运体系，促进物流运输高效流通

促进区域物流运输的有效流通。长江经济带要适应产业发展机遇，承接东部产业转移，提升自身产业优势，重点建设公路铁路、“水铁”“水水”等多式联运体系，将海港、陆港、空港、信息港联动发展，提高货物运输效率，支持区域产业升级和经济社会发展。

第八章

长江经济带社会一体化发展指数分析

第一节　数据来源

本章的样本数据均来自《上海统计年鉴》（2008 ~ 2017 年）、《江苏统计年鉴》（2008 ~ 2017 年）、《浙江经济年鉴》（2008 ~ 2017 年）、《安徽经济年鉴》（2008 ~ 2017 年）、《江西经济年鉴》（2008 ~ 2017 年）、《湖北经济年鉴》（2008 ~ 2017 年）、《湖南经济年鉴》（2008 ~ 2017 年）、《重庆经济年鉴》（2008 ~ 2017 年）、《四川经济年鉴》（2008 ~ 2017 年）、《云南经济年鉴》（2008 ~ 2017 年）、《贵州经济年鉴》（2008 ~ 2017 年）、《中国统计年鉴》（2008 ~ 2017 年）。其中，2016 年的部分数据来自国家统计局网站以及地方统计局网站。

本章作者：谢寿光、吴丹。

第二节 数据分析

一、长江经济带社会结构差异水平实证分析

社会结构差异水平考察的是区域社会结构领域（主要指资源与机会分配）的均衡性，选取了地区城镇化率差异系数、劳动适龄人口占比差异系数、城乡收入比差异系数、基尼系数、中产阶层人口占比差异系数5个三级指标。需要说明的是，考虑到指标数据的可获得性和可对比性，基尼系数、中产阶层人口占比差异系数两个指标由于各地区数据的统计口径不一致，无法做横向对比，暂未纳入本次指数的数据分析。

从社会结构差异水平指数来看，地区城镇化率的差异系数逐年降低（见表8-1）。可见，长江经济带地区城镇化率水平的差异越来越小，地区发展水平逐步均衡；青壮年劳动力人口占比的差异系数水平也在不断缩小；城乡收入比差异系数在2014年下降比较明显，2015 ~ 2016年略有下降，说明城乡收入比的差异在长江经济带城市之间也变小了。

表8-1 2012 ~ 2016年长江经济带社会结构差异水平指数

指标	2012年	2013年	2014年	2015年	2016年
地区城镇化率	0.27	0.25	0.24	0.23	0.21
城乡收入比	0.18	0.19	0.15	0.15	0.14
青壮年劳动人口占比	0.06	0.05	0.05	0.04	0.04
社会结构差异水平	0.17	0.17	0.15	0.14	0.13

1. 城镇化率差异系数

从2012 ~ 2016年长江经济带11个省份及全国地区城镇化率数

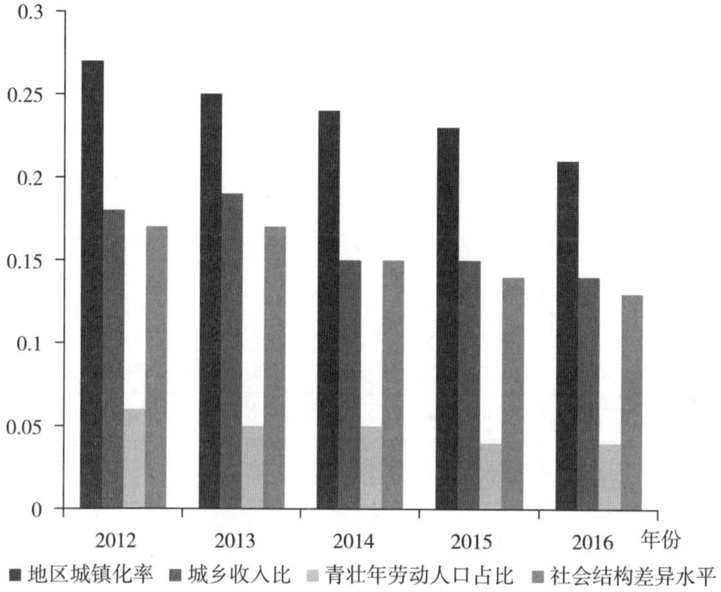

图8-1　2012～2016年长江经济带社会结构差异水平指数

据来看（见附表5–1），上海的城镇化率最高，贵州城镇化率水平最低。2016年，比全国平均城镇化率高的省份包括上海、江苏、浙江、重庆四个省份。

就城镇化率差异系数而言，从2012年的将近0.27下降到了2016年的0.21，下降趋势还是比较明显的（见表8–2）。

表8-2　2012～2016年长江经济带地区城镇化率差异系数

年份	差异系数
2012	0.27
2013	0.25
2014	0.24
2015	0.23
2016	0.21

2. 城乡收入比

城乡收入比是城镇居民人均可支配收入与该地区农村人均纯收入的比值，该比值越高，说明城乡收入差距越大。上海的城乡收入比

2006～2016年先上升，2008年后开始下降；江苏的城乡收入比也是先上升，2010年后持续下降。城乡收入比较大的不是经济发展相对发达地区，反而是贵州、云南，这两个省份的城乡收入比高于全国水平（见附表5–2）。

2012～2016年，长江经济带地区城乡收入比系数有轻微波折，但在2014年以后呈现下降趋势，到2016年下降到了0.14（见表8–3）。

表8-3　2012～2016年长江经济带地区城乡收入比差异系数

年份	差异系数
2012	0.18
2013	0.19
2014	0.15
2015	0.15
2016	0.14

3. 劳动适龄人口占比

为保持数据统计口径的统一，本研究的劳动适龄人口是指15–64周岁年龄段的人口。从表8–4来看，2012～2016年，长江经济带地区青壮年劳动人口占比的差异系数2012年最高，呈逐年降低的趋势。2006～2016年，上海、江苏的劳动适龄人口占比在2011年达到峰值，此后该比例逐年下降；浙江这十年的劳动适龄人口占比有波动，2012年和2013年是峰值（见附表5–3）。

表8-4　2012～2016年长江经济带地区青壮年劳动人口占比差异系数

年份	差异系数
2012	0.06
2013	0.05
2014	0.05
2015	0.04
2016	0.04

二、长江经济带社会保障差异水平实证分析

社会保障差异水平考察的是区域社会保障事业发展的状况，这里选取了城镇职工基本养老保险参保人数占比差异系数、城镇职工基本医疗保险参保人数占比差异系数、最低生活保障人数占比差异系数 3 个三级指标。

从表 8-5 来看，2012 ~ 2016 年，长江经济带社会保障差异系数一直保持下降的趋势，但 2016 年的差异系数为 0.62，仍然较高。从这个角度来说，长江经济带地区在社会保障水平方面的差距仍然较大，社会保障方面的一体化仍有待提高。

表8-5　2012 ~ 2016年长江经济带社会保障水平指数变化趋势

指标	2012年	2013年	2014年	2015年	2016年
城镇职工基本养老保险参保人数占比	0.63	0.60	0.60	0.59	0.55
城镇职工基本医疗保险参保人数占比	0.69	0.67	0.67	0.68	0.67
最低生活保障人数占比	0.70	0.70	0.69	0.67	0.66
社会保障差异系数	0.67	0.66	0.65	0.64	0.62

1. 城镇职工基本养老保险参保人数占比

2006 ~ 2016 年，长江经济带各省份城镇职工基本养老保险参保人数占比是不断增长的，但水平差异比较大。其中，上海参保人数占比最高，2016 年达到了 63%；浙江、江苏为第二梯队，2016 年分别约为 45%、36%；第三梯队为重庆、四川、湖北、江西，均在 20% 以上；贵州和云南较低，2016 年均为 12%（见附表 5–4）。

从差异系数来看，2012 ~ 2016 年，这 11 个省份的差异系数是逐步下降的。可见，省份间的差距在不断缩小（见表 8–6）。

表 8-6 2012 ~ 2016 年长江经济带地区城镇职工基本养老保险参保人数占比差异系数

年份	差异系数
2012	0.63
2013	0.60
2014	0.60
2015	0.59
2016	0.55

2. 城镇职工基本医疗保险参保人数占比

从表 8–7 来看，长江经济带地区城镇职工基本医疗保险参保人数的差异系数 2012 年最高，2016 年最低。2006 ~ 2016 年，城镇职工基本医疗保险参保人数占比也是连年上升，但跟基本养老保险相似的是，上海的发展速度明显超过了其他地区，导致 2015 年长江经济带地区这一指标的差异系数不降反升，也就是说，区域间的差距有所扩大（见附表 5–5）。

表8-7 2012 ~ 2016年长江经济带地区城镇职工基本医疗保险参保人数占比差异系数

年份	差异系数
2012	0.69
2013	0.67
2014	0.67
2015	0.68
2016	0.67

3. 最低生活保障参保人数占比

2011 ~ 2016 年长江经济带地区乃至全国最低生活保障人数占比是逐年降低的。其中，贵州省低保人数占比最高，但其下降得也较快（见附表 5–6）。

所以，从差异系数来看，2012 ~ 2016 年长江经济带各省份的这一指标差距是保持下降的。可见，近两年的精准扶贫工作还是有成效的，低收入人群数量得到了控制。长江经济带地区这一指标的差距虽然仍较大，但在逐步缩小中（见表 8-8）。

表 8-8　2012 ～ 2016 年长江经济带地区最低生活保障人数占比差异系数

年份	差异系数
2012	0.70
2013	0.70
2014	0.69
2015	0.67
2016	0.66

三、长江经济带公共服务均衡水平实证分析

公共服务均衡水平是通过区域主要公共服务指标的差异系数情况来体现，这个二级指标选取了财政性文化体育、传媒支出占比差异系数，人均地方财政教育支出差异系数，每万人执业医师数差异系数，每万人发明专利数，每万人社会组织数差异系数 5 个三级指标。

从表 8-9 和图 8-2 来看，在长江经济带各省份，每万人发明专利数的差异系数最大（2012 年一度超过了 1，经过 5 年连降，2016 年也在 0.8 以上），也就是差距最大；每万人执业医师数差异系数最小（2014 年之后，均不到 0.3）；每万人社会组织数差异系数先上升，2016 年有轻微下降的趋势（0.37）；人均地方财政教育支出差异系数五年来变化不大，在 0.3 左右；财政性文化体育、传媒支出占比差异系数变化也不大，一直在 0.2 左右。

表8-9　2012～2016年长江经济带地区公共服务均衡水平差异系数

指标	2012年	2013年	2014年	2015年	2016年
财政性文化体育、传媒支出占比	0.20	0.20	0.21	0.20	0.18
人均地方财政教育支出	0.27	0.28	0.28	0.27	0.27
每万人执业医师数	0.17	0.38	0.17	0.17	0.18
每万人发明专利数	1.10	1.04	0.96	0.90	0.86
每万人社会组织数	0.28	0.32	0.37	0.38	0.37
公共服务均衡水平	0.40	0.44	0.40	0.39	0.37

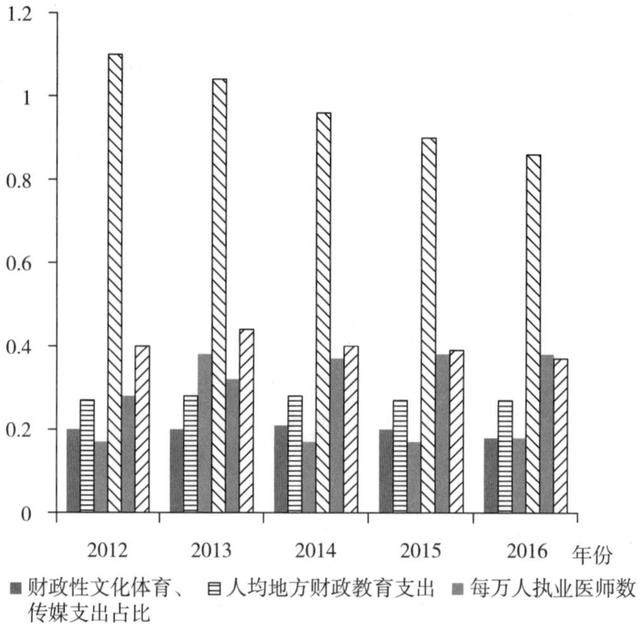

图8-2 2012～2016年长江经济带地区公共服务均衡水平差异系数

1. 财政性文化体育、传媒支出占比差异系数

2007～2016年长江经济带地区及全国地方财政文化体育与传媒支出占比是波动的，且占比都不高。从2016年结果来看，最高的是浙江，也仅占2.28%；其次是湖南，占比2.22%；再次是江苏（1.94%）、四川（1.81%）；最低的是重庆，占比1.2%（见附表5-7）。

从差异系数来看，2012～2016年，长江经济带地区的这一指标是日益均衡的有略微下降（见表8-10）。

表8-10 2012～2016年长江经济带地区财政性文化体育、传媒支出占比差异系数

年份	差异系数
2012	0.20
2013	0.20
2014	0.21
2015	0.20
2016	0.18

2. 人均地方财政教育支出差异系数

上海的人均地方财政教育支出在 2007 年到 2016 年始终远高于长江经济带的其他地区和全国水平，且始终保持增长。从 2016 年结果来看，上海 3475 元排在第一位，排在第二位的是贵州（2372 元），浙江（2325 元）、江苏（2303 元）紧随其后。这四个省份是高于全国平均数的。长江经济带其他省份的数据均低于全国平均数，最低的是安徽（1470 元）（见附表 5–8）。

从差异系数来看，长江经济带的人均地方财政教育支出从 2012 年到 2016 年也是逐年缓慢降低的，也就是说，从这个指标来看，长江经济带地区在继续朝均衡的方向发展（见表 8–11）。

表8-11　　2012 ~ 2016年长江经济带地区人均地方财政教育支出差异系数

年份	差异系数
2012	0.27
2013	0.28
2014	0.28
2015	0.27
2016	0.27

3. 每万人执业医师数

2008 ~ 2016 年长江经济带地区及全国每万人执业医师数大部分年份都是保持增长的，个别年份有下降。从 2016 年数据来看，浙江的每万人执业医师数（30）最高，高于全国平均水平（23）；比全国水平高的省份包括：上海（27）、江苏（26）、湖北（24）、湖南（24）；其他省份均低于全国平均水平，最低的是江西（17）（见附表 5–9）。

从差异系数来看，长江经济带地区 2012 ~ 2016 年的每万人执业医师数这一指标的差距还是缓慢降低的，但在2013年有个比较大的起伏（见表8-12）。

表8-12　　长江经济带地区每万人执业医师数差异系数

年份	差异系数
2012	0.17
2013	0.38
2014	0.17
2015	0.17
2016	0.18

4. 每万人发明专利数

长江经济带地区及全国每万人发明专利数2006 ~ 2016年总体上各省份都保持增长的态势，且全部省份的这一指标都高于全国平均水平。从2016年数据来看，每万人发明专利数最多的是浙江（39.62），远高于全国平均水平（2.19），在第二梯队的是江苏（28.88）、上海（26.54），云南省最低（2.52）（见附表5-10）。

从差异系数来看，各地差异是十分明显的，所以该指标的差异系数也是5个三级指标中最高的。但值得欣慰的是，该指标的差异系数在2012 ~ 2016年比较快速地下降，说明差距在一步步缩小，见表8-13。

表8-13　　长江经济带地区每万人发明专利数差异系数

年份	差异系数
2012	1.10
2013	1.04
2014	0.96
2015	0.90
2016	0.86

5. 每万人社会组织数

长江经济带各省份每万人社会组织数十年来是呈上涨态势的。从2016年数据来看，最多的是江苏（10.51个），其次是浙江（8.5个），远高于全国的平均数（5.08个）。而江西、贵州则是远低于全国平均水平（见附表5-11）。

从长江经济带地区差异系数来看，每万人社会组织数差距较大，但近几年有略微上涨的趋势，见表8-14。

表8-14　长江经济带地区每万人社会组织数差异系数

年份	差异系数
2012	0.28
2013	0.32
2014	0.37
2015	0.38
2016	0.38

四、长江经济带社会一体化发展指数分析

从表8-15、图8-3可见，2012～2016年，长江经济带社会一体化指数从0.58上升到0.62。

需要说明的是，由于二级指标计算的都是差异系数，差异系数越高，说明一体化指数越低，所以在合成“社会一体化指标”指数时，做了反向处理。

就3个二级指标而言，社会结构差异水平最低，始终不到0.2（京津冀区域在0.15以下）；公共服务均衡水平差异系数也在0.4左右；社会保障差异系数在3个二级指标中是最高的，超过了0.6。

从前述数据分析来看，长江经济带地区的社会一体化各个二级指标的差异系数整体较高，但自2012年以来，呈现缓慢下降的趋势，

说明在社会领域的差距开始逐步缩小。但是，在社会保障领域、部分公共服务领域的差距是比较大的。正如党的十九大报告所说，当前中国的主要矛盾已经转化为人民日益增长的对美好生活的需求和不平衡、不充分的发展之间的矛盾。其中，不平衡是首要的。下一步推动长江经济带地区的经济社会发展，社会一体化及社会建设领域还有很大需要提升的空间。

表8-15　　2012～2016年长江经济带社会一体化发展指数

指标	2012年	2013年	2014年	2015年	2016年
社会结构差异水平	0.17	0.17	0.15	0.14	0.13
社会保障水平	0.67	0.66	0.65	0.64	0.63
公共服务均衡水平	0.40	0.44	0.40	0.39	0.37
社会一体化	0.58	0.58	0.60	0.61	0.62

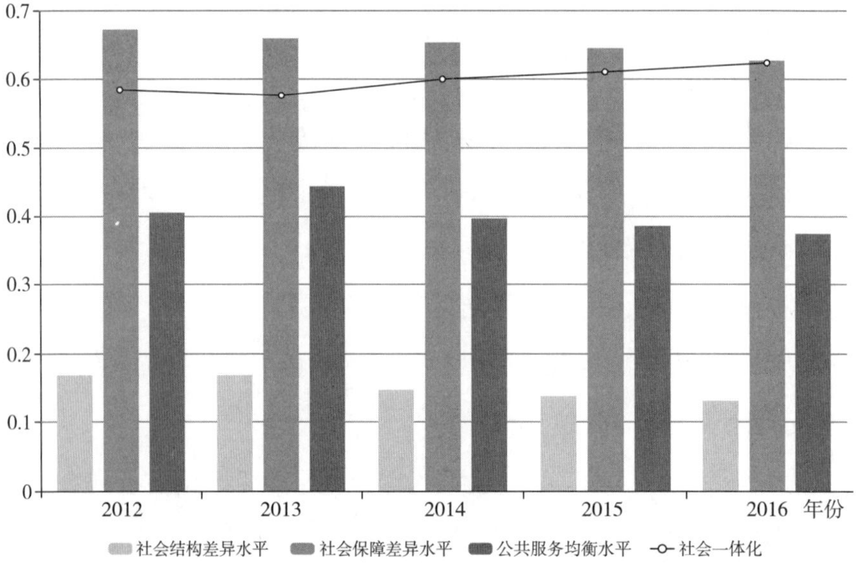

图8-3　2012～2016年长江经济带社会一体化发展指数

第三节　长江经济带社会一体化发展政策建议

2016 年 9 月，《长江经济带发展规划纲要》正式印发，明确了长江经济带“一轴、两翼、三极、多点”的发展新格局。其中，“一轴”是指以长江黄金水道为依托，以沿江主要城镇为节点，构建沿江绿色发展轴，引导人口经济要素向资源环境承载能力较强的地区集聚，推动经济由沿海溯江而上梯度发展，实现上中下游协调发展。“两翼”是指发挥长江主轴线的辐射带动作用，向南北两侧腹地延伸拓展，提升南北两翼支撑力。“三极”是指以长江三角洲城市群、长江中游城市群、成渝城市群为主体，发挥辐射带动作用，打造长江经济带三大增长极。“多点”是指发挥三大城市群以外地级城市的支撑作用，以资源环境承载力为基础，不断完善城市功能，发展优势产业，建设特色城市，加强与中心城市的经济联系与互动，带动地区经济发展。

参照《长江经济带发展规划纲要》的宏观规划及目标，本章结合前述数据分析中的指标不同表现，针对社会保障水平差异较大、公共服务多个指标不均衡的现状，对长江经济带的社会一体化提出如下建议。

一、加快制度统筹，制定目标引领

首先，要加快推进制度统筹。长江经济带覆盖区域广、面积大，地区差异也比较大，全流域的制度建设短时间内可能难以协调，可以考虑通过试点的方式，在试点区域先行先试，再通过试点经验的推广，进一步探索适合全区域通行的公共服务均等化的制度体系和法律框架。对于长江经济带不同省份、不同县区财力不均衡的问题，可以探索横向转移支付的制度，通过创立“基本公共服务一体化专项基金”，确保实现基本公共服务的“底线公平”。

其次，加快推进地区间社会保障的对接和基本公共服务待遇互认。长江经济带区域的流动人口较多，积极探索养老、医疗、教育、社会保障等民生领域的合作，有利于推动不同区域人口在长江经济带范围内实现居民养老保险的互联、职工养老保险的互通、医疗保险的异地结算，有利于在长江经济带区域进一步形成一个公共服务管理的协同机制。

最后，要分阶段统筹制定长江经济带公共服务发展目标。从近期目标来看，可以通过逐步缩小地区差距，推进不同区域间教育、医疗、社会保障标准的相对均等；从中期目标来看，可以从待遇互认、制度对接、资源共享等方面，探索出一体化的制度性框架，实现长江经济带区域公共服务的一体化目标；从远期目标来看，就是要实现不同地域、不同群体之间公共服务设施的共享、社会保障标准的一致，全面实现公共服务一体化的目标。

二、推动城镇化的整体布局及人口的合理流动

正如前文所述，长江流域从西部到东部，区域间的资源禀赋、发展路径，差异都非常大，要推进长江经济带的一体化发展，要充分尊重城市及城市群发展规律。

首先，进一步推动长江经济带区域的高质量城镇化发展。以“长江流域”为轴线，发挥长江三角洲城市群的龙头作用，通过长江成渝城市群及长江中游城市群的带动，抓住城市群这个重点，发挥一线城市上海，“新一线”城市武汉、重庆、南京、杭州、成都等的引领带动作用，发挥合肥、南昌、长沙、贵阳、昆明等核心城市对地区发展

的带动作用，依托长江沿线的大中小型城市，培育极具特色的小城镇，建立起区域联动、集约高效的新型城镇化模式。

其次，建立健全有利于人口合理流动的体制机制。一方面，城市发展要以“促进人的发展”为目标，增强城市综合承载能力，增强城市经济、基础设施、公共服务和资源环境的承载能力，建设和谐宜居、充满活力的新型城市；另一方面，因城施策，实施差别化落户政策，超大城市和特大城市要建立完善积分落户制度，统筹推进外来人口落户和控制城市人口规模，其他城市要努力实现符合条件的农业转移人口自由落户。要创新农业转移人口市民化模式，不断拓宽进城落户渠道。

最后，要改善农村公共服务条件，推动农村基本公共服务的全覆盖。在长江经济带区域推进乡村振兴战略，一方面，做好乡村规划，提高农民生活水平，实施积极的农民就业政策，鼓励乡贤创业带就业，加强上中下游产业合作，创造更多农民就业岗位；另一方面，以革命老区、原中央苏区为重点，推动老区的开发与建设。加强革命老区道路、供水、垃圾、污水等设施建设和环境治理保护，体现特色、传承文化，扶持建设一批具有历史、地域、民族特点的特色旅游村镇。

三、不断深化改革，提升创新潜力

科技兴则民族兴，科技强则国家强。长江经济带是具有全球影响力的内河经济带、东中西互动合作的协调发展带、沿海沿江沿边全面推进的对内对外开放带，也是生态文明建设的先行示范带。长江经济带要继续坚持深化改革、持续创新，挖掘高质量发展的新动力。

首先，建议进一步深化改革。要以改革提供增长动力，以改革扩大开放，着力破解体制性藩篱、发展中的深层问题和结构性矛盾。主动探索和实施引资、合资、联营联建和企业改制等一系列举措，大力发展国有、民营、外资等多种所有制经济，构筑多元化的市场经济发展体系。坚持市场导向，发挥市场在资源配置中的决定性作用。着力构建市场机制有效、微观主体有活力、宏观调控有度的经济体制，推动社会治理体系和治理能力现代化。

其次，建议进一步提升区域的科技创新能力。长江经济带在区域创新能力上处于我国的第一方阵。一方面，围绕构建国家战略科技力量体系，加大科技创新政策支持，挖掘企业创新主体潜力；另一方面，要发挥产学研合作优势，加快创建一批服务功能完备的新型孵化载体，通过平台机制，探索独立法人实体化运行，提高创新效率，促进创新成果的产品化、产业化，在科技前沿和产业急需等领域建设一批公共研发平台、科学数据共享中心。

最后，围绕构建开放协同的创新体系，实施长江经济带科技创新共同体建设行动。加强长江经济带各省份的创新资源对接，支持企业参与重大基础研究，通过委托研发、联合研发、共建研究机构等形式，实施区域间创新项目的合作。突出应用导向，瞄准重大需求，打破瓶颈制约，加强区域间科研机构、智库机构的创新合作，通过高水平的科技创新成果平台、会议等市场化合作模式的探索，畅通多渠道的科技创新模式。

第九章

长江经济带生态一体化指数分析

第一节　数据来源

本研究的样本数据均来自《上海统计年鉴》（2013 ~ 2017 年）、《江苏统计年鉴》（2013 ~ 2017 年）、《浙江经济年鉴》（2013 ~ 2017 年）、《安徽经济年鉴》（2013 ~ 2017 年）、《江西经济年鉴》（2013 ~ 2017 年）、《湖北经济年鉴》（2013 ~ 2017 年）、《湖南经济年鉴》（2013 ~ 2017 年）、《重庆经济年鉴》（2013 ~ 2017 年）、《四川经济年鉴》（2013 ~ 2017 年）、《云南经济年鉴》（2013 ~ 2017 年）、《贵州经济年鉴》（2013 ~ 2017 年）、《中国统计年鉴》（2013 ~ 2017 年）。

第二节　数据分析

鉴于生态一体化研究的重点为年度指标发展趋势，且不同生态质

本章作者：炊国亮。

量指标难以找到权重比例的有效依据，在此测算中各项指标按照所含子指标数量平均赋予权重，并由四级指标依次汇总计算差异系数，见表 9–1。

表9-1　　2012～2016年长江经济带生态一体化指数测算结果

生态一体化指数			2012年	2013年	2014年	2015年	2016年
自然资源保护指数	城乡绿化覆盖率	森林覆盖率	0.49	0.44	0.42	0.42	0.42
		自然保护区比重（面积比重）	0.66	0.66	0.74	0.84	0.61
	水资源保护指数	地区节水灌溉面积	0.78	0.85	0.86	0.85	0.87
		人均水资源量	0.31	0.33	0.55	0.33	0.52
		生态环境补水量	0.75	0.73	0.69	0.72	0.71
	土地保护指数	本年增加的耕地面积	0.63	0.63	0.51	0.89	0.44
		人均耕地面积	0.46	0.46	0.48	0.48	0.48
		人工湿地面积	1.00	0.96	0.96	0.96	0.96
资源环境利用指数	空气质量负荷指数	二氧化硫排放	0.35	0.33	0.33	0.30	0.74
		化学需氧量排放	0.47	0.47	0.47	0.48	0.68
		氨氮排放总量	0.45	0.45	0.44	0.45	0.45
	水资源利用效率	单位GDP用水量	0.27	0.43	0.40	0.39	0.45
		安全饮用水普及率（2016年）	0.03	0.03	0.03	0.02	0.02
	能源资源降耗水平	单位GDP能耗	0.42	0.36	0.36	0.23	0.27
污染防治指数	废弃物处理指数	一般工业固体废物处置量	0.99	1.11	1.17	1.00	0.90
		城市生活垃圾无害化处理率	0.09	0.05	0.04	0.30	0.02
		工业废水治理设施处理能力	0.54	0.50	0.53	0.54	0.54
	环境污染防治综合投资指数	当年完成环保验收项目环保投资	0.80	0.75	0.62	1.00	0.75

一、自然资源保护指数

从表 9–2、图 9–1 可见，从各分级指标来看，不同指标之间的分化情况相对明显。城乡绿化覆盖率差异系数指标趋势平稳且一体化程度高，如森林覆盖率差异系数长期保持在 0.4 ～ 0.6。水资源保护指数受天然资源禀赋的影响较大，省市之间的差异较为明显，且整体略有下降，如地区节水灌溉面积、人均水资源量的差异系数呈现上升态势，2012 ～ 2016 年从 0.78 快速增长至 0.87，从 0.31 迅速增长至 0.52。通过采取水源涵养、水源供给—消费经济补偿模式，制定水资源保护的产业发展规划，一定程度推动了水资源供给量和水质的提升，使得地区水资源保护指数出现分化趋势，但是总体指数显现出优化提升现象。

水土保持是长江经济带生态保护的重要举措之一。加强生态系统修复和综合治理，做好重点区域水土流失治理和保护工作。强化长江沿线天然林保护、退耕还林等生态工程建设，实施坡耕地水土流失综合治理、丹江口库区及上游水土保持等工程。安排林业专项资金 266 亿元，支持长江经济带 11 个省市开展林业生态保护。土地保护指数受城镇化发展速度与资源禀赋双重因素影响。一方面长江经济带区域处于城镇化快速发展阶段，区域之间发展速度存在明显差异，如上海地区城镇化水平明显高于全国平均水平，而贵州地区城镇化速度相对滞后，区域之间经济发展不平衡，农业的产业地位引起土地需求量的差别；另一方面自然禀赋如地区面积、地理环境的不同，造成土地有效供应量的差异化程度高。总体来看，伴随城镇化的加快推进，区域内本年增加的耕地面积差异系数呈现微幅下降，0.63 下降至 0.44，同时，人均耕地面积差异系数基本保持不变，人均湿地面积差异系数明显上升。

表9-2　2012～2016年长江经济带自然资源保护指数变动趋势

自然资源保护指数		2012年	2013年	2014年	2015年	2016年
城乡绿化覆盖率	森林覆盖率	0.49	0.44	0.42	0.42	0.42
	自然保护区比重	0.66	0.66	0.74	0.84	0.61
	综合指数	0.58	0.55	0.58	0.63	0.51
水资源保护指数	地区节水灌溉面积	0.78	0.85	0.86	0.85	0.87
	人均水资源量	0.31	0.33	0.55	0.33	0.52
	生态环境补水量	0.75	0.73	0.69	0.72	0.71
	综合指数	0.55	0.57	0.63	0.57	0.62
土地保护指数	本年增加的耕地面积	0.63	0.63	0.51	0.89	0.44
	人均耕地面积	0.46	0.46	0.48	0.48	0.48
	人工湿地面积	1.00	0.96	0.96	0.96	0.96
	综合指数	0.63	0.62	0.59	0.70	0.56.

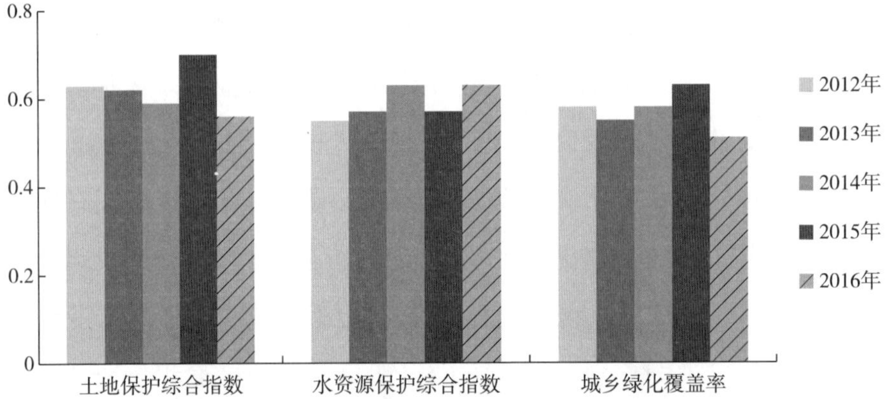

图9-1　2012～2016年长江经济带自然资源保护指数变动趋势

二、资源环境利用指数

随着生活水平的提高，人们对生态环境服务的需求加大，生态产品的稀缺性进一步凸显，需要进一步建立机制，提升生态功能保护区的生态产品生产能力。持续推进农业面源污染综合防控示范区建设，提高农业面源污染监测预警能力。长江经济带污染排放总量大、强度高，废水排放总量占全国的 40% 以上，单位面积化学需氧量、氨氮、二氧化硫、氮氧化物、挥发性有机物排放强度是全国平均水平 1.5 ~ 2.0 倍。长江经济带大部分地区长期受到“酸沉降”影响，仍属我国酸雨污染较严重的区域。大气污染严重，成渝城市群与湘鄂两省所有城市空气质量均未达标。

2014 年 9 月，国务院发布《关于依托黄金水道推动长江经济带发展的指导意见》，为确保这一文件落地，将 2014 ~ 2015 年主要任务分解落实到各有关部门，明确了每项任务的时间进度和预期成果，形成《重点任务分工方案（2014—2015 年）》。在相继出台和实施大气污染防治行动方案过程中，长江经济带空气污染防治规制机制得到不断完善，空气污染排放量、单位能耗水平也在不断下降。伴随空气污染防治措施的执行到位，空气污染排放的绝对量显著下降，生态一体化程度显著提升。在表 9-3、图 9-2 中，2012 ~ 2016 年区域内空气质量负荷指数从 38% 上升至 56%、水资源利用效率从 15% 上升至 23%，涨幅均在 30% ~ 40%。在流域“生态共同体”共建共享的理念下，建立长江流域生态补偿制度，将区域经济社会发展、生态环境保护从过去的局部问题提升为流域共同体的全局问题，实现了长江经济带建设和发展的可持续性，推动了长江流域生态环境保护实现一体化。

能源资源降耗水平显著下降。从区域分工来看，长江经济带地区积极引导沿江各省市形成分工合理、优势凸显、整体水平不断提升的长江经济带产业新格局，有序推进沿江产业梯度转移作为中上游地区产业转型升级与产业发展的重要途径，做好产业筛选，防止“污染转移”，推动“技术转移”，实现“绿色转移”。从单位GDP能耗水平也能够切实反映这种差距，2012～2016年区域单位GDP能耗差异系数从0.42快速下降至0.27。

表9-3 2012～2016年长江经济带资源环境利用指数测算结果

资源环境利用指数		2012年	2013年	2014年	2015年	2016年
空气质量负荷指数	二氧化硫排放	0.35	0.33	0.34	0.30	0.74
	化学需氧量排放	0.47	0.47	0.47	0.48	0.68
	氨氮排放总量	0.45	0.45	0.44	0.45	0.45
	综合指数	0.38	0.38	0.38	0.37	0.56
水资源利用效率	单位GDP用水量	0.27	0.43	0.40	0.39	0.45
	安全饮用水普及率	0.03	0.03	0.03	0.02	0.02
	综合指数	0.15	0.23	0.21	0.20	0.23
能源资源降耗水平	单位GDP能耗	0.42	0.36	0.36	0.23	0.27

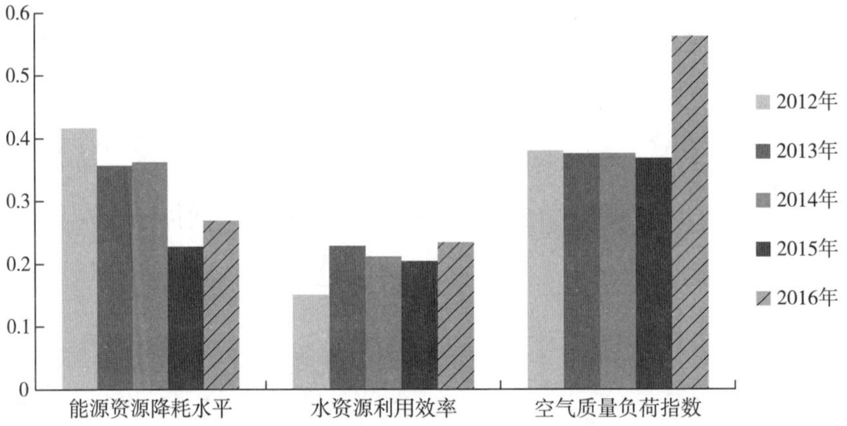

图9-2 2012～2016年长江经济带资源环境利用指数测算结果

三、污染防治指数

基于环境质量改善要求，有序推动污染集中治理工作。加快推进流域垃圾收集、转运及处理处置设施建设，实现沿江城镇污水和垃圾全收集全处理。2017 年底前，省级及以上工业集聚区应按规定建成污水集中处理设施，其中，长三角地区于 2016 年底前完成，2017 年重点开展督查。控制船舶港口污染，提高含油污水、化学品洗舱水等船舶污染物接收处置能力，在重点港口建设船舶污染物接收设施，实现集中处理、达标排放。按照标准要求安装配备船舶生活污水和垃圾的收集储存设施。从废弃物处理指数来看，2012 ~ 2016 年城市生活垃圾无害化处理率、工业废水治理设施处理能力明显改善（见附表 6-16、附表 6-17），区域生态质量差异性也在逐渐减小。长江经济带污染防治指数测算结果如表 9-4 和图 9-3 所示。2012 ~ 2016 年，废弃物处理指数先呈现波动式变化趋势，2012 年为 0.49，2015 年最高为 0.55。环境污染防治综合投资知识也呈现波动式变化，2012 年为 0.80，2015 年最高为 1.00。

表9-4　　2012 ~ 2016年长江经济带污染防治指数测算结果

污染防治指数		2012年	2013年	2014年	2015年	2016年
废弃物处理指数	一般工业固体废物处置量	0.99	1.11	1.17	1.00	0.90
	城市生活垃圾无害化处理率	0.09	0.05	0.04	0.30	0.02
	工业废水治理设施处理能力	0.54	0.50	0.53	0.54	0.54
	综合指数	0.49	0.50	0.52	0.55	0.44
环境污染防治综合投资指数	当年完成环保验收项目环保投资	0.80	0.75	0.62	1.00	0.75

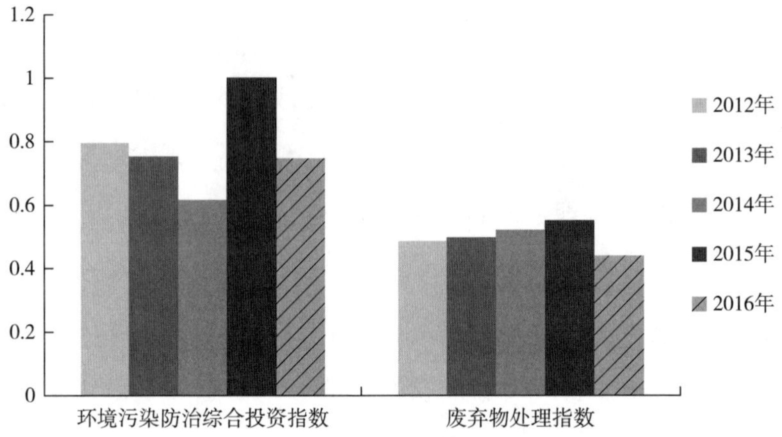

图9-3 2012～2016年长江经济带资源污染防治指数测算结果

加强环境污染防治力度。全国近一半的重金属重点防控区位于长江经济带，湘江流域等地区重金属污染问题仍未得到根本解决。长江三角洲、长江中游、成渝城市群等地区集中连片污染问题突出。结合实际情况来看，建立水环境质量底线管理制度，坚持点源、面源和流动源综合防治策略，突出抓好良好水体保护和严重污染水体治理，强化总磷污染控制，解决长江经济带突出的水环境问题，切实维护和改善长江水质。

四、生态一体化发展指数

经测算，长江经济带生态一体化程度总体呈现先上升后下降，即生态一体化具有逐渐下降的态势。2012 ～ 2014 年，长江地区生态一体化综合指数从 0.514 下降到 0.499，2016 年又上升至 0.510（见表 9-5、图 9-4）。从单个指数对生态一体化综合指数的贡献度来看，自然资源保护指数对生态一体化综合指数的贡献最小，主要是自然资源协同机制相对完善成熟，自然生态保护付出的机会成本较小且容易形成一致性措施。由于历史原因、能源资源禀赋形成的不同的经济增长动力，导致长江经济带地区的环境指数不断趋于扩大，破除此项指数差异还需区域共同协调推进。为此，建立健全长江生态环境协同保护机制，推动长江经济带绿色发展，促进上中下游协同融合、东中西部互动合作。

表9-5　2012～2016年长江经济带生态一体化发展指数变动趋势

年份	自然资源保护指数	资源环境利用指数	污染防治指数	生态一体化发展指数
2012	0.591	0.314	0.637	0.514
2013	0.591	0.317	0.623	0.510
2014	0.613	0.315	0.570	0.499
2015	0.647	0.267	0.770	0.561
2016	0.584	0.358	0.590	0.510

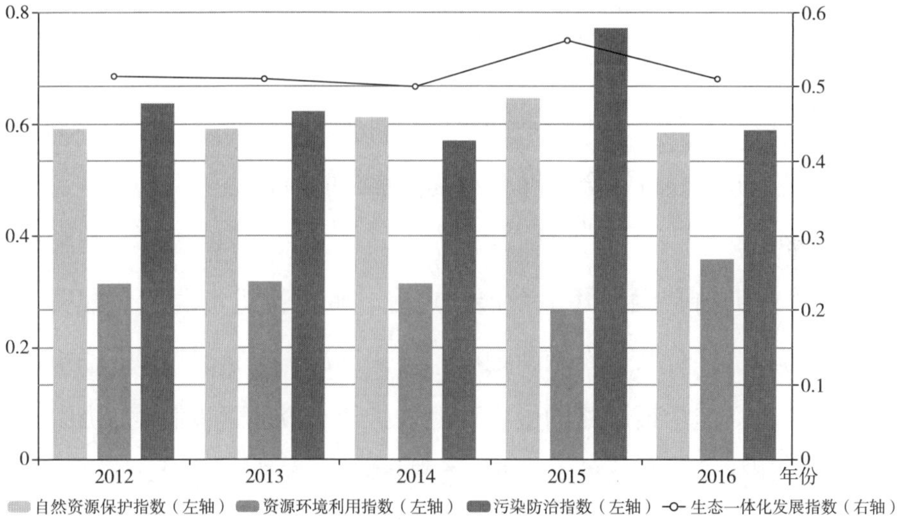

图9-4　2012～2016年长江经济带生态一体化发展指数

第三节　长江经济带生态一体化发展政策建议

党的十九大报告明确指出：以共抓大保护、不搞大开发为导向推动长江经济带发展。这是在新的历史起点上推动长江经济带发展的总要求和根本遵循。长江经济带作为典型的流域经济形态，在多年发展后取得了显著成效，但存在的问题也较为明显，一体化大格局仍有待形成，迫切需要以创新的一体化思维来解决重大问题。这就要求系统构建长江经济带生态安全格局，上游地区以预防保护为主，中游地区以保护修复为主，下游地区以治理修复为主，东中西部、上中下游、干流支流实行空间管控，分区施策，形成包含政府、企业、公众等多元化治理主体参与的合作模式。

一、严格总量指标管理，完成跨省重要江河流域水量分配方案

严格总量指标管理，在国务院确定的各省市用水总量控制目标基础上，健全覆盖省、市、县三级行政区域的用水总量控制指标体系，加快完成跨省重要江河流域水量分配方案，将用水总量控制指标分解落实到流域和水源。加强规划和建设项目水资源论证，严格取水许可管理，促进流域经济社会发展与水资源承载能力相协调。

二、协力打造融合共生发展新走廊，加快推进资源优化配置

协力打造融合共生发展新走廊，加快推进资源在更广领域优化配置，逐步建立健全最严格的生态环境保护和水资源管理制度，加强流域生态系统修复和环境综合治理，大力构建绿色生态廊道。不断提升黄金水道功能，抓好航道畅通、枢纽互通、江海联通、关检直通，高起点高水平建设综合立体交通走廊。加速推进产业有序转移和城镇化空间格局优化，坚持创新发展和“产城融合”发展，着力建设现代产业走廊和新型城镇走廊。

三、完善区域协调发展新机制，强化生态环境硬约束

完善区域协调发展新机制。当前，长江经济带初步形成多层次协商合作机制和规划体系，致力于打破行政区划界限和壁垒，协同保护长江生态环境，推进基础设施互联互通，促进区域经济协调发展。同时，强化底线严格约束，确立资源利用上线、生态保护红线、环境质量底线，制定产业准入负面清单，强化生态环境硬约束。

参考文献

[1] Bowen H. P., et al. The extent of economic integration: a comparison of E.U. countries and U.S. states. Discussion. Paper, 2008.

[2] Cao Xiao shu, Li Lingnac Accessibility Distribution Impact of Intercity Rail Transit Development on Pearl River Delta Region in China. CICTP2012, 2012: 1719–1730.

[3] Cao Xiaoshu, Chen Hemei, Li Lingna et al, "Private Car Travel Characteristics and Influencing Factors in Chinese Cities: A Case Study of Guangzhou in Guangdong." *Chinese Geographical Science*19 (2009): 325 ~ 332.

[4] CiceaC, MarinescuC, PopaI, etal. "Environmentaleffi-ciencyofinvestmentsinrenewableenergy: Comparativeanalysis atmacroeconomiclevel." *Renewable&Sustainable Energy Re-views* (2014).

[5] David Bailey Lisa Depropris. "EU Structural Funds Regional Capabilities and Enlargement: Towards Multi ~ level Governance." *European Integration*, 2002, 24 (4): 28 ~ 29.

[6] David Bailey Lisa Depropris. "The 1988 reform of the European Structural Funds: entitlement or enpowerment." *Journal of European Public Policy* (2002).

[7] Feng X. Optimization of Target Speeds of High ~ speed Railway Trains for Traction Energy Saving and Transport Efficiency Improvement. Energy Policy. 2011, 39: 7658 ~ 7665.

[8] Holz C. A. "No Razors Edge: Reexaming Alwyn Young' s Evidence forIncreasing Inter–Provincial Trade Barriers in China. " *The Review of Economics and Statistics*, 2009, 91 (3): 599 ~ 616.

[9] Jiang Xiaojuan. "Geographical Distribution of Foreign Investment in China: Industrial Clusters and Their Significance." *China&World Economy* (2003).

[10] Journal of International Economics, 2001, 55 (1): 87 ~ 105.

[11] Jungyul Sohn. "Do birds of a Feather Flock Together: Economic is Linkage and Geographic Proximity." *The Annals of Regional Seienee*, 2004, 38 (3): 47 ~ 73.

[12] Karlaftis Mq Tsamboulas D. "Efficiency Measurement in Public Transport: A Findings Specification Sensitive." *Transportation Research Part A: Policy and Practice*46 (2012): 392 ~ 402.

[13] Kmgman, P. "The Move Tow ard Free Trade Zones." *Economic Review*, 1991, 76 (6).

[14] Krugman P.*Geography and Trade* (MIT Press, 1991).

[15] Michael Arrmstrong, Angela Baronl, Performance Management (London: The Cromwell Press, 1998) , p.15.

[16] Novak DC. "Sullivan JL. Scott DM. A Transportation Roadway Network ~ based Approach for Evaluating and Projects." *Applied Geography*34 (2012) : 498 ~ 506.

[17] Parsley D. C. P. , and Wei S. J. Explaining the border effect: the role of exchange rate variability, shipping costs, and geography.

[18] Pomfret R. The economics of international integration. Third revised edition published by George Allen&Unwin Ltd, 2007.

[19] Poncet S. "中国市场正在走向"非分割"?——中国国内和国际市场分割程度的比较分析". 世界经济文汇 (2002) : 4 ~ 17.

[20] Poncet S. Domestic Market Fragmentation and Economic Growth in China. ERSA Conference, 2003.

[21] Richard.S.William, Performance Management (London: International Thomson BusinessPress, 1998) .

[22] Rosa EB, "Expenditures and Revenues of the Federal Government, " Annals of the American Academy of Political and Social Science (1921) : 95.

[23] Secchi C.*World industry since 1960: progress and prospects* (New York: United Nations, 1979) .

[24] Tang K. K. "Economic Intergration of the Chinese Provinces: a Business Cycle Approach. " *Journal of Economic Integ ration*13 (1998) : 80 ~ 92.

[25] Tinbergen J.*International Economic Integration* (Amsterdam: Elsevier, 1954) .

[26] Venables A.J. "Equilibrium Locations of Vertically Lilted Industries." *International Economic Review* (1996) : 341 ~ 359.

[27] Viner, J.The Customs Unions Issue. London: Steven Sons Limited For The Carnegie Endowment ForInternational Peace, 1950.

[28] World Bank, *World Development Report 2009: Reshaping Economic Geography.* (Washington, D.C.: WorldBank, 2009) .

[29] Xu X. P. "Have the Chinese Provinces Become Integrated under Reform?. " *China Economic Review*13 (2002) : 116 ~ 133

[30] Young A. "The Razor' s Edge: Distortions and Incremental Reform in the People's Republic of China. " *Quarterly Journal of Economics*, 2000, 115 (4) : 1091 ~ 1135.

[31] 阿尔弗雷德·韦伯. 李钢剑译. 工业区位论. 北京：商务印书馆，2013

[32] 安虎森，彭桂娥. 区域金融一体化战略研究：以京津冀为例. 天津社会科学，2008（6）

[33] 白重恩，杜颖娟，陶志刚等. 地方保护主义及产业地区集中度的决定因素和变动趋势. 经济研究，2004（4）
[34] 彼得·罗布森. 国际一体化经济学. 上海：上海译文出版社，2001
[35] 蔡昉，程显煜. 城乡一体化成都统筹城乡综合配套改革研究. 成都：四川人民出版社，2007
[36] 曹庆林，范爱军. 现阶段中国市场分割程度的测算——以全国猪肉市场为例. 当代财经，2008（3）
[37] 曹小曙，许志桦. 城市群综合交通运输系统研究. 北京：商务印书馆，2014
[38] 陈丹璐，靳茗茗. 我国森林覆盖率的时空分布规律及对空气质量的影响. 河北林业科技，2016（2）
[39] 陈红霞，李国平. 1985 ~ 2007 年京津冀区域市场一体化水平测度与分析过程. 地理研究，2009（6）
[40] 陈惠娟，千怀遂. 中国特大城市水资源消费及其与经济和气候的关系——以北京、上海和广州为例 .生态环境学报，2006（6）
[41] 陈明. 固体废弃物利用现状及管理对策研究. 农业与技术，2013， 33（9）
[42] 陈先强. 武汉城市圈产业一体化研究. 华中农业大学学报（社会科学版）， 2010（2）
[43] 陈秀山，张可云. 区域经济理论. 北京：商务印书馆，2007
[44] 崔晶. 生态治理中的地方政府协作：自京津冀都市圈观察. 公共管理，2013（9）
[45] 戴宏伟，张艳慧. 京津冀金融业发展与协作路径分析. 河北经贸大学学报，2013（5）
[46] 戴学珍. 京津市场一体化研究. 经济地理，2002（1）
[47] 董锋. 中国能源效率及能耗问题研究. 南京航空航天大学博士学位论文，2010
[48] 段新，岑晏青，路敖青. 基于DEA模型的31省份公路运输效率分析. 交通运输系统工程与信息，2012（11）
[49] 段自平，樊洪生，纪增路. 建立京津冀区域银行的构想. 理论与现代化，1995（2）
[50] 法里佐夫. 发展中国家间的经济合作. 北京：中国对外经济贸易出版社，1986
[51] 樊纲，王小鲁，朱恒鹏. 中国市场化方式——各地区市场化相对进程2011年报告. 北京：经济科学出版社，2011
[52] 方创琳，宋吉涛，蔺雪芹. 中国城市群可持续发展理论与实践. 北京：科学出版社，2010
[53] 方创琳等. 特大城市群地区城镇化与生态环境交互耦合效应解析的理论框架及技术路径. 地理学报，2016（4）
[54] 方创琳等. 中国创新型城市建设的综合评估与空间格局分异. 地理学报，2014（4）
[55] 冯玫，刘瑶. 京津冀特色产业发展与区域交通一体化建设. 河北师范大学学报，2011（3）
[56] 符开业，郭钮，卢毅. 区域道路客运一体化物元分析评价模型研究. 湖南交通科技， 2010（9）

[57] 付建飞. 交通运输一体化是构筑都市圈发展的命脉. 铁路运输与经济，2007（5）

[58] 富永健一. 日本的现代化与社会变迁. 北京：商务印书馆，2004

[59] 高景楠. 京津冀区域市场一体化研究. 天津财经大学硕士学位论文，2009

[60] 高雪梅. 中国农业节水灌溉现状、发展趋势及存在问题. 天津农业科学，2012（1）

[61] 龚冰琳，徐立新，陈光炎. 中国的地方保护主义：直接的微观证据.经济学报，2005年第1卷第2辑

[62] 关华. 能源～经济～环境系统协调可持续发展研究. 天津大学博士学位论文，2012

[63] 桂琦寒，陈敏，陆铭等. 中国国内商品市场趋于分割还是整合基于相对价格法的分析. 世界经济，2006（2）

[64] 郭忠升. 最佳森林覆盖率的初步研究. 西北林学院学报，1998（3）

[65] 何德旭，董捷. 京津冀金融一体化的模式选择与运作机制. 中国社会科学院研究生院学报，2015（3）

[66] 侯赘慧，刘志彪，岳中刚. 长三角区域经济分割进程的社会网络分析. 中国软科学，2009（12）

[67] 胡艺，刘璇. 武汉市生态文明一体化建设的思路及对策. 湖北社会科学，2013（11）

[68] 黄庆华，周志波，刘晗. 长江经济带产业结构演变及政策取向. 经济理论与经济管理，2014（6）

[69] 黄万林. 中国特色社会主义：道路、理论体系、制度的内在逻辑. 中国井冈山干部学院学报，2014（4）

[70] 黄赜琳，王敬云. 地方保护与市场分割：来自中国的经验数据. 中国工业经济，2006（2）

[71] 江曼琦，谢姗. 京津冀地区市场分割与整合的时空演化.南开学报（哲学社会科学版），2015（1）

[72] 靖学青. 长江经济带产业协同与发展研究. 上海：上海交通大学出版社，2016

[73] 柯善咨，郭素梅. 中国市场一体化与区域经济增长互动：1995～2007年. 数量经济技术经济研究，2010（5）

[74] 蓝庆新，关小瑜. 京津冀产业一体化水平测度与发展对策. 经济与管理，2016（2）

[75] 李伯山. 水资源开发利用对汉江流域生态环境的影响. 武汉大学博士学位论文，2013

[76] 李华旭，孔凡斌. 长江经济带沿江地区产业生态化效率研究——基于沿江9省（区）27个城市2011–2014年相关统计数据. 企业经济，2016（10）

[77] 李惠茹，杨丽慧. 京津冀生态环境协同保护：进展、效果与对策. 资源科学，2016，年第41（1）

[78] 李克宽. 关于建立京津冀区域银行的构想. 金融教学与研究，1997（3）

[79] 李琨. 自然保护区的生态环境保护与可持续发展. 中国地质大学硕士学位论文，2010

[80] 李立辉，露付，冰婵. 长江经济带环境保护投资现状分析. 区域金融研究，2017（7）
[81] 李培林，苏国勋. 和谐社会构建与西方社会学社会建设理论. 社会，2005（6）
[82] 李齐. 论我国环保产业现状与发展对策. 环渤海经济瞭望，2009（12）
[83] 李文增. 京津冀区域经济金融协同发展协调机制研究. 求知，2014（6）
[84] 李文哲. 京津冀区域经济一体化中的金融合作问题探讨. 工业技术经济，2007，26（11）
[85] 李锡英，王秋芳. 京津冀统一劳动力市场研究. 经济论坛，2005（18）
[86] 李晓壮. 社会建设预示社会学研究的重大转向. 中国社会科学报，2011-05-17
[87] 李郇，徐现祥. 边界效应的测定方法及其在长江三角洲的应用. 地理研究，2006（5）
[88] 李震，顾朝林，姚士谋. 当代中国城镇体系地域空间结构类型定量研究. 地理科学，2006（5）
[89] 刘东勋. 中原城市群九城市的产业结构特征和比较优势分析. 经济地理，2005（3）
[90] 刘芳超. 基于资本流动视角的京津冀经济一体化研究. 河北工业大学硕士学位论文，2013
[91] 刘国凤. 中国最严格耕地保护制度研究. 吉林大学博士学位论文，2011。
[92] 刘加顺. 武汉都市圈一体化研究日. 理论月刊，2005（1）
[93] 刘睿劼，张智慧. 中国工业二氧化硫排放趋势及影响因素研究. 环境污染与防治，2012，34（10）
[94] 刘生龙，胡鞍钢. 交通基础设施与中国区域经济一体化.经济研究，2011（3）
[95] 楼豫红. 区域节水灌溉发展水平综合评价研究——以四川省为例. 中国农业大学博士学位论文，2014
[96] 陆学艺. 当代中国社会结构. 北京：社会科学文献出版社，2010
[97] 陆学艺. 社会建设就是建设社会现代化. 社会学研究，2011（4）
[98] 罗蓉. 长江经济带产业协调发展研究. 开发研究，2007（2）
[99] 吕典玮，张琦. 京津地区区域一体化程度分析. 中国人口资源环境，2010（3）
[100] 吕典玮. 京津冀区域一体化中市场一体化研究.华东师范大学硕士学位论文，2011
[101] 麻泽龙，宫渊波，胡庭兴等. 森林覆盖率与水土保持关系研究进展. 四川农业大学学报，2003（1）
[102] 马歇尔. 朱志泰译. 经济学原理.北京：商务印书社，2005
[103] 梅凤乔. 生态文明：人类文明的转折点. 生态经济，2015（11）
[104] 孟庆民. 区域经济一体化的概念与机制. 开发研究，2001（2）
[105] 孟祥林. 京津冀金融一体化：以设立京津冀银行为切入点的思路分析. 青岛科技大学学报（社会科学版），2010（1）
[106] 尼古拉斯·亨利. 张昕译. 公共行政与公共事务（第八版）. 北京：中国人民大学出版社，2002

[107] 宁丹，李满营. 京津冀市场一体化的阻碍与改善. 人民论坛，2015（26）
[108] 牛晓耕，张国丰，孙丽欣. 节能减排效应分析与节能减排潜力预测. 统计与决策，2016（8）
[109] 彭峰，李本东. 环境保护投资概念辨析区域金融研究. 环境科学与技术，2005（3）
[110] 彭惜君.《纲要》实施以来珠三角产业一体化进程研究. 现代商贸工业，2015（6）
[111] 齐子翔. 府际关系背景的利益协调与均衡：观察京津冀. 改革，2014（2）
[112] 秦德君. 从社会体制上推进社会建设.探索与争鸣，2011（2）
[113]〔法〕琼・戈特曼.全球的城市群体系. 城市和区域规划学，1976（7）
[114] 全诗凡. 基于区域产业链视角的区域经济一体化——以京津冀地区为例. 南开大学博士学位论文，2016
[115] 全诗凡. 区域产业链与京津冀区域经济一体化关系研究. 中国物价，2016（4）
[116] 任志诚，张朝军. 构筑京津冀劳动力市场. 理论与现代化，1995（2）
[117] 塞风，朱明春. 试论区域产业结构趋同问题. 中国工业经济研究，1990（4）
[118] 盛斌，毛其淋. 贸易开放、国内市场一体化与中国省际经济增长：1985 ~ 2008 年. 世界经济，2011（11）
[119] 孙久文，邓慧慧，叶振宇. 京津冀区域经济一体化及其合作途径探讨. 首都经济贸易大学学报，2008（2）
[120] 孙久文，原倩. 京津冀协同发展战略的比较和演进重点. 经济社会体制比较，2014（5）
[121] 孙立平等. 走向社会重建之路.民主与法制，2010（6）
[122] 孙平军等. 熵变视角的吉林省城市化与生态环境的耦合关系判别.应用生态学报，2014（3）
[123] 孙瑞佳. 边界效应视域下京津冀区域经济一体化研究. 燕山大学硕士学位论文，2012
[124] 孙威，李文会，林晓娜，王志强. 长江经济带分地市承接产业转移能力研究. 地理科学进展，2015（11）
[125] 滕堂伟，胡森林，侯路瑶. 长江经济带产业转移态势与承接的空间格局. 经济地理，2016（5）
[126] 天津经济课题组. 京津冀协同发展现在进行时. 天津经济，2014（5）
[127] 托马斯・库恩著. 金吾伦，胡新和译. 科学革命的结构. 北京：北京大学出版社，2004
[128] 王家庭，曹清峰. 京津冀区域生态协同治理：由政府行为与市场机制引申. 区域经济，2014（5）
[129] 王蕾. 生态效益补助方案.北京林业大学博士学位论文，2010
[130] 王少剑等. 京津冀地区城市化与生态环境交互耦合关系定量测度. 生态学报，2015（7）
[131] 王维，李孜沫，王晓伟. 长江经济带产业协同发展格局研究. 管理现代化，2017（1）
[132] 王文录. 北京劳动力市场供求变化与京津冀人口流动. 人口学刊，2008（4）
[133] 王琰，张鑫. 深化京津冀金融协同发展. 中国金融，2014（20）

[134] 王勇. 中国居民安全饮用水可及性的不平等测度及其分解——基于CHNS数据. 浙江工商大学硕士学位论文，2015

[135] 王振. 长江经济带蓝皮书：长江经济带发展报告（2011 ~ 2015）. 北京：社会科学文献出版社，2016

[136] 魏后凯. 中国城镇化进程中两极化倾向与规模格局重构. 中国工业经济，2014（3）

[137] 文广明. 中国化学需氧量排放强度空间计量分析. 广西师范大学硕士学位论文，2017

[138] 翁均飞. 长三角城市群离世界级还有多远？城市观察，2009（1）

[139] 邬晓霞，贾彤，高见. 京津冀区域商品市场一体化进程的测度与评价：1985 ~ 2012. 兰州商学院学报，2014（5）

[140] 吴旗韬，张虹鸥，叶玉瑶等. 基于交通可达性的港珠澳大桥时空压缩效应. 地理学报，2012（67）

[141] 吴三忙，李善同. 市场一体化、产业地理集聚与地区专业分工演变——基于中国两位码制造业数据的实证分析. 数量经济与技术经济研究，2011（8）

[142] 吴威，曹有挥，曹卫东等. 开放条件下长江三角洲区域的综合交通可达性空间格局. 地理研究，2007（26）

[143] 肖湘. 我国国内统一市场理论研究的发展. 宏观经济研究，2001（1）

[144] 谢思，谭啸. 沈阳经济区产业一体化研究. 经济视野，2017（1）

[145] 辛杨，赵英才. 新经济增长点测度阈值模型研究. 山东社会科学，2008（4）

[146] 徐春. 生态文明与价值观转向. 自然辩证法研究，2004（4）

[147] 徐丽梅. 长江经济带产业转型的国际镜鉴. 改革，2015（8）

[148] 徐延文，管东红，王成元. 甘肃省水资源利用制约因素及优化路径环境保护. 环境保护，2013（18）

[149] 徐长乐. 建设长江经济带的产业分工与合作. 改革，2014（6）

[150] 许吉臣. 基于成本核算的京津冀大气污染区域生态补偿研究. 南开大学硕士学位论文，2016

[151] 亚当・斯密著. 郭大力，王亚南译. 国富论. 北京：商务印书社，1972

[152] 阎大颖. 市场化的创新测度方法——兼对2000 ~ 2005年中国市场化区域发展特征探析. 财经研究，2007（8）

[153] 杨先花，张杰. 创新链视角下区域产业一体化对策研究——以京津冀地区为例. 商业经济研究，2017（15）

[154] 银温泉，才婉茹. 我国地方市场分割的成因和治理. 经济研究，2001（6）

[155] 于军. 英国地方政府改革研究. 北京：国家行政学院出版社，1999

[156] 于涛方，邵军，周学江. 多中心巨型城市区研究：京津冀地区实证.规划师，2007（12）

[157] 俞可平. 治理与善治. 北京：社会科学文献出版社，2000

[158] 俞可平. 中国治理变迁30年. 北京：社会科学文献出版社，2008
[159] 喻闻，黄季焜. 从大米市场整合程度看我国粮食市场改革. 经济研究，1998（3）
[160] 岳耀杰，闫维娜，王秀红，申元村，仇梦梦，周兰，栗健. 区域生态退耕对生态系统服务价值的影响. 干旱区资源与环境，2014，28（2）
[161] 张车伟，蔡翼飞. 中国城镇化格局变动与人口合理分布. 中国人口科学，2012（12）
[162] 张飞，孙爱军，孔伟. 生态补偿视角下的耕地保护. 绿色经济，2009（10）
[163] 张海鹏. 我国生态环境城乡一体化进展与评价. 生态经济，2014（12）
[164] 张雷，鲁春霞，吴映梅，李江苏，黄园淅，程晓凌. 中国流域水资源综合开发. 自然资源学报，2014，29（2）
[165] 张利华，徐晓新. 区域经济一体化协调机制比较研究.中国软科学，2010（5）
[166] 张明龙. 经济学基本理论研究. 北京：中国文史出版社，2002
[167] 张强. 美国联邦政府绩效评估研究. 北京：人民出版社，2009
[168] 张予等. 京津冀生态文合作的现状，问题与机制建设. 资源科学，2015（8）
[169] 张占斌. 关于地方政府社会建设绩效考核指标体系的初步探讨. 学习论坛，2009（9）
[170] 张昭利. 中国二氧化硫污染的经济分析——基于环境库兹涅兹曲线和贸易的角度. 上海交通大学博士学位论文，2012
[171] 张兆安. 大都市圈与区域经济一体化. 上海：上海财经大学出版社，2006
[172] 张子珍. 城镇化与农村经济中国城乡产业一体化发展水平测度及其影响. 广东财经大学学报，2016（5）
[173] 赵蓓. 中国产业的区域集中、专业分工和产业群.亚太经济，2004（6）
[174] 赵姜，孟鹤，龚晶. 京津冀地区农业全要素用水效率及影响因素分析.中国农业大学学报，2017（3）
[175] 赵黎明，张莉. 京津冀产业一体化动力基础研究.天津师范大学学报（社会科学版），2011（6）
[176] 赵丽，夏永祥. 长江三角洲地区工业的区域分工协作现状及产业结构趋同现象浅析. 苏州大学学报（哲学社会科学版），2004（7）
[177] 赵伟，徐朝晖. 测度中国省域经济“二重”开放. 中国软科学，2005（8）
[178] 赵霞. 湖北长江经济带一体化发展对策研究. 湖北社会科学，2009（11）
[179] 赵永亮，刘德学. 市场歧视、区际边界效应与经济增长. 中国工业经济，2008（12）
[180] 郑杭生，杨敏. 关于社会建设的内涵和外延. 学海，2008（4）
[181] 郑明慧. 河北省能源消费与节能潜力研究. 河北大学博士学位论文，2011
[182] 郑昕. 自然保护区绩效研究. 东北林业大学博士学位论文，2008
[183] 郑毓盛，李崇高. 中国地方分割的效率损失. 中国社会科学，2004（1）

[184] 周冯琦，程进，陈宁等. 长江经济带环境绩效评估报告. 上海社会科学院，2016

[185] 周国红，楼锡锦. 长三角区域经济一体化的基本态势与战略思考——基于宁波市 532家企业的问卷调查与分析. 经济地理，2007（1）

[186] 周和宇，周婷婷. 我国农村安全饮用水地区差异及对策研究. 中国农村卫生事业管理，2009，29（7）

[187] 周立群，夏良科. 区域经济一体化的测度与比较：来自京津冀，长三角和珠三角的证据. 江海学刊，2010（4）

[188] 周立群. 把握和落实改革的系统性，整体性和协同性. 天津日报，2014-01-20

[189] 朱杰. 中国城市群的阶段特征，趋势及实证研究. 规划广角，2012（6）

[190] 祝尔娟. 京津冀一体化中的产业升级与整合. 经济地理，2009（6）

[191] 祝尔娟等. 京津冀区域承载力与生态文明建设——2012首都圈发展高层论坛观点综述. 生态经济，2014（2）

[192] 禚金吉，魏守华，刘小静. 产业同构背景下长三角产业一体化发展研究. 现代城市研究，2011（2）

[193] 邹晓霞. 节水灌溉与保护性耕作应对气候变化效果分析. 中国农业科学院博士学位论文，2013

附　录

附录1：产业一体化指标原始数据

附表1-1　　2007～2016年长江经济带及全国GDP　　单位：亿元

年份	上海	江苏	浙江	安徽	江西	湖北	湖南	重庆	四川	贵州	云南	全国
2007	12494.01	26018.48	18753.73	7360.92	5800.25	9333.4	9439.6	4676.13	10562.39	2884.11	4772.52	270232.3
2008	14069.86	30981.98	21462.69	8851.66	6971.05	11328.92	11555	5793.66	12601.23	3561.56	5692.12	319515.5
2009	15046.45	34457.3	22990.35	10062.82	7655.18	12961.1	13059.69	6530.01	14151.28	3912.68	6169.75	349081.4
2010	17165.98	41425.48	27722.31	12359.33	9451.26	15967.61	16037.96	7925.58	17185.48	4602.16	7224.18	413030.3
2011	19195.69	49110.27	32318.85	15300.65	11702.82	19632.26	19669.56	10011.37	21026.68	5701.84	8893.12	489300.6
2012	20181.72	54058.22	34665.33	17212.05	12948.88	22250.45	22154.23	11409.6	23872.8	6852.2	10309.47	540367.4
2013	21818.15	59753.37	37756.59	19229.34	14410.19	24791.83	24621.67	12783.26	26392.07	8086.86	11832.31	595244.4
2014	23567.7	65088.32	40173.03	20848.75	15714.63	27379.22	27037.32	14262.6	28536.66	9266.39	12814.59	643974
2015	25123.45	70116.38	42886.49	22005.63	16723.78	29550.19	28902.21	15717.27	30053.1	10502.56	13619.17	689052.1
2016	28178.65	77388.28	47251.36	24407.62	18499	32665.38	31551.37	17740.59	32934.54	11776.73	14788.42	744127.2

数据来源：《上海统计年鉴》（2008～2017）、《江苏统计年鉴》（2008～2017）、《浙江经济年鉴》（2008～2017）、《安徽统计年鉴》（2008～2017）、《江西统计年鉴》（2008～2017）、《湖北统计年鉴》（2008～2017）、《湖南统计年鉴》（2008～2017）、《重庆统计年鉴》（2008～2017）、《四川统计年鉴》（2008～2017）、《贵州统计年鉴》（2008～2017）、《云南统计年鉴》（2008～2017）、《中国统计年鉴》（2008～2017）。

附表1-2　**2007～2016年长江经济带及全国人均GDP**　单位：元

年份	上海	江苏	浙江	安徽	江西	湖北	湖南	重庆	四川	贵州	云南	全国
2007	62041	33837	36676	12039	13322	16386	14869	16629	12963	7878	10609	20505
2008	66932	40014	41405	14448	15900	19858	18147	20490	15495	9855	12570	24121
2009	69165	44253	43842	16408	17335	22677	20428	22920	17339	10971	13539	26222
2010	76074	52840	51711	20888	21253	27906	24719	27596	21182	13119	15752	30876
2011	82560	62290	59249	25659	26150	34197	29880	34500	26133	16413	19265	36403
2012	85373	68347	63374	28792	28800	38572	33480	38914	29608	19710	22195	40007
2013	90993	75354	68805	32001	31930	42826	36943	43223	32617	23151	25322	43852
2014	97370	81874	73002	34425	34674	47145	40271	47850	35128	26437	27264	47203
2015	103796	87995	77644	35997	36724	50654	42754	52321	36775	29847	28806	50521
2016	116562	96887	84916	39561	40400	55665	46382	58502	40003	33246	31093	53980

数据来源：《上海统计年鉴》（2008～2017）、《江苏统计年鉴》（2008～2017）、《浙江经济年鉴》（2008～2017）、《安徽统计年鉴》（2008～2017）、《江西统计年鉴》（2008～2017）、《湖北统计年鉴》（2008～2017）、《湖南统计年鉴》（2008～2017）、《重庆统计年鉴》（2008～2017）、《四川统计年鉴》（2008～2017）、《贵州统计年鉴》（2008～2017）、《云南统计年鉴》（2008～2017）、《中国统计年鉴》（2008～2017）。

附表1-3　　2007～2016年长江经济带及全国GDP增长速度

单位：%

年份	上海	江苏	浙江	安徽	江西	湖北	湖南	重庆	四川	贵州	云南	全国
2007	15.2	14.9	14.7	14.2	13.2	14.6	15	15.9	14.5	14.8	12.2	14.2
2008	9.7	12.7	10.1	12.7	13.2	13.4	13.9	14.5	11	11.3	10.6	9.7
2009	8.2	12.4	8.9	12.9	13.1	13.5	13.7	14.9	14.5	11.4	12.1	9.4
2010	10.3	12.7	11.9	14.6	14	14.8	14.6	17.1	15.1	12.8	12.3	10.6
2011	8.2	11	9	13.5	12.5	13.8	12.8	16.4	15	15	13.7	9.5
2012	7.5	10.1	8	12.1	11	11.3	11.3	13.6	12.6	13.6	13	7.9
2013	7.7	9.6	8.2	10.4	10.1	10.1	10.1	12.3	10	12.5	12.1	7.8
2014	7	8.7	7.6	9.2	9.7	9.7	9.5	10.9	8.5	10.8	8.1	7.3
2015	6.9	8.5	8	8.7	9.1	8.9	8.5	11	7.9	10.7	8.7	6.9
2016	6.9	7.8	7.6	8.7	9	8.1	8	10.7	7.8	10.5	8.7	6.7

数据来源：《上海统计年鉴》（2008～2017）、《江苏统计年鉴》（2008～2017）、《浙江经济年鉴》（2008～2017）、《安徽统计年鉴》（2008～2017）、《江西统计年鉴》（2008～2017）、《湖北统计年鉴》（2008～2017）、《湖南统计年鉴》（2008～2017）、《重庆统计年鉴》（2008～2017）、《四川统计年鉴》（2008～2017）、《贵州统计年鉴》（2008～2017）、《云南统计年鉴》（2008～2017）、《中国统计年鉴》（2008～2017）。

附表1-4 2007～2016年长江经济带生产总值产业构成 单位：%

年份	上海			江苏			浙江			安徽			江西			湖北		
	一产	二产	三产	一产	二产	三产	一产	二产	三产	一产	二产	三产	一产	二产	三产	一产	二产	三产
2007	0.8	44.8	54.4	7.0	55.6	37.4	5.3	54.1	40.6	16.3	44.7	39.0	15.6	51.3	33.1	14.8	44.4	40.8
2008	0.8	43.5	55.7	6.8	54.8	38.4	5.1	53.9	41	15.98	46.62	37.4	15.2	51.0	33.8	15.7	44.9	39.4
2009	0.7	40.2	59.1	6.5	53.9	39.6	5.1	51.6	43.4	14.86	48.75	36.39	14.4	51.2	34.4	13.8	46.6	39.6
2010	0.7	42.3	57	6.1	52.5	41.4	4.9	51.1	44	13.99	52.08	33.93	12.8	54.2	33.0	13.5	48.6	37.9
2011	0.6	41.6	57.8	6.3	51.3	42.4	4.9	50.5	44.6	13.17	54.31	32.52	11.9	54.6	33.5	13.1	50.0	36.9
2012	0.6	39.2	60.2	6.3	50.2	43.5	4.8	48.9	46.3	12.66	54.64	32.7	11.8	53.6	34.6	12.8	50.3	36.9
2013	0.6	36.6	62.8	5.8	48.7	45.5	4.7	47.8	47.5	11.79	54.03	34.18	11.0	53.5	35.5	12.2	47.6	40.2
2014	0.5	35.1	64.4	5.6	47.4	47.0	4.4	47.7	47.9	11.47	53.14	35.39	10.7	52.5	36.8	11.6	46.9	41.5
2015	0.4	32.2	67.4	5.7	45.7	48.6	4.3	45.9	49.8	11.16	49.75	39.09	10.6	50.3	39.1	11.2	45.7	43.1
2016	0.4	29.8	69.8	5.4	44.1	50.5	4.2	44.8	51.0	10.64	48.06	41.3	10.3	47.7	42.0	11.3	44.5	44.2

续表

年份	湖南			重庆			四川			云南			贵州			全国		
	一产	二产	三产	一产	二产	三产	一产	二产	三产	一产	二产	三产	一产	二产	三产	一产	二产	三产
2007	17.2	42.1	40.7	10.3	46.7	43.0	19.2	44.0	36.8	17.5	42.7	39.7	15.5	39	45.5	10.3	46.9	42.9
2008	16.4	43.5	40.1	9.9	44.6	45.5	17.6	46.2	36.2	17.9	43.1	39.0	15.1	38.5	46.4	10.3	46.9	42.8
2009	15.1	43.5	41.4	9.3	45.0	45.7	15.6	43.3	41.1	17.3	41.9	40.8	14.1	37.7	48.2	9.8	45.9	44.3
2010	14.5	45.8	39.7	8.6	44.6	46.8	14.2	46.0	39.8	15.3	44.6	40.0	13.6	39.1	47.3	9.5	46.4	44.1
2011	14.1	47.6	38.3	8.4	44.6	47.0	14.0	47.8	38.2	15.9	42.5	41.6	12.7	38.5	48.8	9.4	46.4	44.2
2012	13.6	47.4	39.0	8.2	45.4	46.4	13.6	47.1	39.3	16.0	42.9	41.1	13.0	39.2	47.8	9.4	45.3	45.3
2013	12.2	46.9	40.9	7.8	45.5	46.7	12.8	46.9	40.3	15.7	41.7	42.5	12.3	40.6	47.1	9.3	44.0	46.7
2014	11.6	46.2	42.2	7.4	45.8	46.8	12.4	45.0	42.6	15.5	41.2	43.2	13.8	41.7	44.5	9.1	43.1	47.8
2015	11.5	44.3	44.2	7.3	45.0	47.7	12.2	44.1	43.7	15.1	39.8	45.1	15.6	39.6	44.8	8.8	40.9	50.2
2016	11.3	42.3	46.4	7.4	44.2	48.4	12.0	42.6	45.4	4.9	38.4	6.7	5.7	39.7	4.6	8.6	39.8	51.6

数据来源：《上海统计年鉴》（2008～2017）、《江苏统计年鉴》（2008～2017）、《浙江经济年鉴》（2008～2017）、《安徽统计年鉴》（2008～2017）、《江西统计年鉴》（2008～2017）、《湖北统计年鉴》（2008～2017）、《湖南统计年鉴》（2008～2017）、《重庆统计年鉴》（2008～2017）、《四川统计年鉴》（2008～2017）、《贵州统计年鉴》（2008～2017）、《云南统计年鉴》（2008～2017）、《中国统计年鉴》（2008～2017）。

附表1-5 **2012年长江经济带工业总产值**

序号	行业分类	上海（亿元）	江苏（亿元）	浙江（亿元）	安徽（亿元）	江西（万元）	湖北（亿元）	湖南（亿元）	重庆（万元）	四川（亿元）	云南（亿元）	贵州（亿元）
1	煤炭开采和洗选业	无值	313.27	8.31	1005.65	2064888	88.41	943.68	3553532	1237.66	502.41	1244.16
2	石油和天然气开采业	9.92	91.58	无值	无值	无值	84.11	—	121522	399.58	—	无值
3	黑色金属矿采选业	无值	91.21	14.77	321.03	1968805	385.88	179.02	108388	482.73	176.29	20.22
4	有色金属矿采选业	无值	11.02	29.47	87.22	3920506	86.37	456.67	36689	324.32	204.18	16.52
5	非金属矿采选业	无值	207.4	123.74	157.02	1437657	419.88	290.75	741694	371.73	97.16	72
6	开采辅助活动	无值	5.6	无值	1.58	无值	163.47	—	—	265.33	0.3	无值
7	其他采矿业	无值	—	无值	无值	无值	0.96	5.37	—	2.07	0.4	无值
8	农副食品加工业	338.2	3313.04	948.23	2225.42	11322351	3298.99	2176.27	5515453	2236.64	412.19	146.22
9	食品制造业	610.43	636.87	510.89	415.52	3591704	693.18	661.56	1284630	664.08	139.26	69.48
10	酒、饮料和精制茶制造业	107.63	863.44	494.37	536.93	2092436	1066.3	477.43	1347689	2006.62	147.92	438.6
11	烟草制品业	755.05	440.44	354.2	293.91	1366941	464.78	708.9	1427793	234.13	1421.64	316.71
12	纺织业	249.74	5997.36	5416.9	748.4	6185249	1672.93	529.98	1698198	759.05	19.55	5.04
13	纺织服装、服饰业	542.8	3396.48	2189.94	578.02	7256900	701.7	232.97	852083	164.07	3.5	4.88
14	皮革、毛皮、羽毛及其制品业和制鞋业	163.58	729.65	1433.09	289.55	3112020	98.83	280.36	1174503	305.43	5.28	15.66
15	木材加工和木、竹、藤、棕、草制品业	74.94	1599.9	438.83	467.22	3004683	284.61	549.34	268804	286.49	50.16	71.01
16	家具制造业	256.78	220.42	652.98	156	1242895	84.29	187.58	638945	352.88	0.99	11.2
17	造纸及纸制品业	301.94	1259.49	1171.22	268.46	2635871	451.4	578.3	1779061	427.48	68.93	30.79

续表

序号	行业分类	上海（亿元）	江苏（亿元）	浙江（亿元）	安徽（亿元）	江西（万元）	湖北（亿元）	湖南（亿元）	重庆（万元）	四川（亿元）	云南（亿元）	贵州（亿元）
18	印刷和记录媒介复制业	191.17	501.09	313.24	218.8	1345501	164.62	199.61	726883	211.88	63.03	12.15
19	文教、工美、体育和娱乐用品制造业	395.06	1156.22	978.83	211.85	2617522	92	125.63	268444	58.57	47.54	2.84
20	石油加工、炼焦及核燃料加工业	1605.55	2040.78	1663.31	343.65	4658414	723.2	835.66	551557	498.82	252.36	105.81
21	化学原料及化学制品制造业	2546.55	13164.77	4941.27	1645.68	17068939	2822.24	2410.47	7136904	2160.19	846.44	555.67
22	医药制造业	513.22	2293.68	997.76	439.19	7158664	721.3	565.93	2570947	880.59	219.02	227.33
23	化学纤维制造业	37.93	2441.51	2547.47	68.91	675929	81.04	25.03	24419	149.58	13.2	无值
24	橡胶和塑料制品业	869.68	2239.43	2584.6	1024.67	3834189	741.52	470.79	3114110	672.19	109.79	141.23
25	非金属矿物制品业	522.78	3574.82	1690.71	1617.5	16653837	1984.59	1894.5	6931679	2047.1	359.75	362.09
26	黑色金属冶炼和压延加工业	1585.85	9515.85	2470.08	1993.66	11634402	3130.57	1587.2	6558018	2123.59	1012.12	576.05
27	有色金属冶炼和压延加工业	457.13	3380.87	2147.62	1507.03	38226256	893.7	2333.72	4800776	722.15	1424.86	371.57
28	金属制品业	968.42	4753.78	2342.72	945.46	4257317	1025.27	715.59	3138699	800.95	76.97	67.76
29	通用设备制造业	2455.61	6565.67	3817.89	1385.9	4445764	1012.63	1148.11	4095911	1530.03	67.49	47.32
30	专用设备制造业	1099.96	4447.23	1397.18	970.27	3050315	661.05	2725.09	1894023	1010.43	74.65	39.2
31	汽车制造业	4296.82	4570.51	2898.53	1804.69	6684089	4120.92	717.13	23907301	1344.46	140.99	89.57

续表

序号	行业分类	上海（亿元）	江苏（亿元）	浙江（亿元）	安徽（亿元）	江西（万元）	湖北（亿元）	湖南（亿元）	重庆（万元）	四川（亿元）	云南（亿元）	贵州（亿元）
32	铁路、船舶、航空航天和其他运输设备制造业	761.51	3732.05	1223.42	257.39	2461237	522.98	659.95	12301193	428.15	36.53	126.67
33	电气机械和器材制造业	2122.8	12716.06	5293.2	3594.12	12948857	1284.19	1087.39	7933866	959.48	87.53	86.95
34	计算机、通信和其他电子设备制造业	5745.38	16176.85	2262.65	802.61	7507636	1169.96	1052.63	14873700	2649.86	24.85	63.89
35	仪器仪表制造业	298.67	2594	705.24	125.88	956028	92.65	182.81	1337264	62.2	14.1	9.91
36	其他制造业	53.39	236.62	318.33	65.17	326198	115.64	91.37	901014	48.53	9.93	17.77
37	废弃资源综合利用业	31.71	329.01	341.14	338.12	529782	74.11	122.96	335252	50.07	3.1	3.3
38	金属制品、机械和设备修理业	79.78	30.29	69.47	31.8	78405	27.54	7.72	107060	52.05	—	0.49
39	电力、热力生产和供应业	1636.03	4070.83	4017.48	2180.98	8985311	1828.93	1268.19	5809555	1758.08	1039	1134.82
40	燃气生产和供应业	157.76	302.5	191.38	88.16	447281	76.32	83.74	978029	214.42	35.19	29.41
41	水的生产和供应业	53.08	113.33	123.72	31.75	310992	37.59	59.22	205650	79.44	16.23	9.74

注：“无值”表示本年份本地区的统计年鉴中无此行业；“—”表示本年份本地区的统计年鉴中有此行业但无统计数据。

数据来源：《上海统计年鉴》（2008～2017）、《江苏统计年鉴》（2008～2017）、《浙江经济年鉴》（2008～2017）、《安徽统计年鉴》（2008～2017）、《江西统计年鉴》（2008～2017）、《湖北统计年鉴》（2008～2017）、《湖南统计年鉴》（2008～2017）、《重庆统计年鉴》（2008～2017）、《四川统计年鉴》（2008～2017）、《贵州统计年鉴》（2008～2017）、《云南统计年鉴》（2008～2017）、《中国统计年鉴》（2008～2017）。

附表1-6 **2013年长江经济带工业总产值**

序号	行业分类	上海（亿元）	江苏（亿元）	浙江（亿元）	安徽（亿元）	江西（万元）	湖北（亿元）	湖南（亿元）	重庆（万元）	四川（亿元）	云南（亿元）	贵州（亿元）
1	煤炭开采和洗选业	无值	292.29	0.73	924.98	1874586	113.73	870.05	3713255	934.51	577.17	1445.11
2	石油和天然气开采业	10.07	—	无值	无值	无值	82.89	—	95404	115.41	—	无值
3	黑色金属矿采选业	无值	85.57	15.52	427.6	1979048	436.91	194.3	135840	539.52	207.63	32.46
4	有色金属矿采选业	无值	9.85	32.08	88.69	3748505	85.66	474.96	48496	338.06	230.87	31.47
5	非金属矿采选业	无值	247.61	134.56	190.81	1657181	527.3	355.46	952781	351.33	113.03	127.42
6	开采辅助活动	无值	—	无值	1.83	无值	62.7	—	—	327.84	0.24	无值
7	其他采矿业	无值	—	无值	无值	无值	1.38	2.69	—	1.83	—	无值
8	农副食品加工业	341.32	3792.73	1045.48	2555.75	14090048	4018.14	2403.16	6638016	2529.25	508.7	220.62
9	食品制造业	637.96	697.03	534.7	501.77	4042834	865.58	788.43	1683708	786.6	167.06	95.51
10	酒、饮料和精制茶制造业	113.1	932.02	513.22	559.93	2597692	1321.02	563.15	1660493	2477.69	207.99	597.52
11	烟草制品业	861.95	480.16	378.56	323.6	1609867	519.2	778.3	1555017	259.3	1479.09	348.6
12	纺织业	226.22	6503.77	5855.93	843.7	7368329	1948.7	566.17	1837466	838.06	19.71	11.13
13	纺织服装、服饰业	507.97	3862.35	2348.78	729.62	9518029	832.44	263.15	1018173	188.87	7.47	12.19
14	皮革、毛皮、羽毛及其制品业和制鞋业	178.78	846.73	1509.25	335.2	4010117	129.48	341.24	1446552	280.39	5.62	25.27
15	木材加工和木、竹、藤、棕、草制品业	71.15	1951.12	459.82	571.41	3475250	360.96	613.19	359684	293.29	64.16	112.62
16	家具制造业	264.24	251.72	762.02	206.19	1268895	117.48	233.4	853793	396.89	1.59	15.44
17	造纸及纸制品业	284.04	1347.8	1207.2	267.06	2618277	469.12	593.4	2126769	470.3	64.83	42.65

续表

序号	行业分类	上海（亿元）	江苏（亿元）	浙江（亿元）	安徽（亿元）	江西（万元）	湖北（亿元）	湖南（亿元）	重庆（万元）	四川（亿元）	云南（亿元）	贵州（亿元）
18	印刷和记录媒介复制业	188.52	551.84	367.93	328.15	2319075	263.72	310.36	1054777	255.92	65.24	18.82
19	文教、工美、体育和娱乐用品制造业	444.67	1331.35	1198.64	305.33	4168427	146.27	181.13	558232	93.26	65.39	7.38
20	石油加工、炼焦及核燃料加工业	1757.87	2351.91	1746.69	444.46	5414567	870.38	850.76	494963	557.11	282.67	107.69
21	化学原料及化学制品制造业	2619.59	15003.55	5635.31	1963.6	18911450	3362.24	2700.4	7603465	2322.69	828.95	645.66
22	医药制造业	596.12	2768.29	1031	528.43	8383877	862.28	667.72	3229872	1009.22	259.36	300.47
23	化学纤维制造业	40.53	2748.21	2448.34	73.81	656213	77.43	25.8	46551	166.99	14.97	174.14
24	橡胶和塑料制品业	876.02	2410.64	2737.21	1157.44	4740176	949.15	507.01	4011676	766.34	127.94	610.93
25	非金属矿物制品业	542.37	4182.46	1909.15	1945.2	20373879	2584.87	2366.82	8352081	2323.83	447.19	624.08
26	黑色金属冶炼和压延加工业	1555.48	10512.43	2695.02	2084.39	11827836	3079.07	1610.37	7390545	2461.06	1126.01	423.86
27	有色金属冶炼和压延加工业	471.26	3684.79	2372.66	1757.95	43391877	1000.78	2627.28	5545707	763.6	1470.38	106.04
28	金属制品业	942.07	5420.44	2386.26	1118.95	5018291	1244.25	842.98	3788436	912.54	75.88	66.75
29	通用设备制造业	2459.41	7201.35	4215.76	1728.55	5268106	1185.99	1298.23	4958150	1667.93	77.76	71.08
30	专用设备制造业	1110.32	5028.1	1588.59	1168.98	3777292	913.92	2602.16	2778268	1137.93	96.1	145.77
31	汽车制造业	4884.08	5765.66	2323.39	1966.72	8404141	5008.32	987.4	30113047	1926.9	169.87	111.67

续表

序号	行业分类	上海（亿元）	江苏（亿元）	浙江（亿元）	安徽（亿元）	江西（万元）	湖北（亿元）	湖南（亿元）	重庆（万元）	四川（亿元）	云南（亿元）	贵州（亿元）
32	铁路、船舶、航空航天和其他运输设备制造业	706.86	3715.53	1179.01	232.25	3050786	587.12	748.85	13359706	508.67	38.41	130.5
33	电气机械和器材制造业	2126.16	14621.36	5696.59	4078.09	19511510	1653.16	1266.43	8630326	1030.08	104.82	61.13
34	计算机、通信和其他电子设备制造业	5444.34	17323.23	2522.34	1074.7	8503944	1460.27	1505.49	21283295	3643.12	24.09	10.34
35	仪器仪表制造业	319.56	3140.96	691.14	155.59	909876	123.09	223.17	1397116	62.94	15.29	23.57
36	其他制造业	59.14	271.15	320.05	77.49	438650	132.95	117.92	487269	106.69	14.89	7.73
37	废弃资源综合利用业	28	350.21	344.87	418.42	796681	97.75	139.76	414787	113.8	5.86	1308.7
38	金属制品、机械和设备修理业	77.75	30.15	86.92	37.39	7690	36.53	9.07	116786	58.77	—	无值
39	电力、热力生产和供应业	1143.37	4341.49	4243.39	2444.56	10134451	1530.97	1373.38	6775599	1992.1	1267.08	1263.73
40	燃气生产和供应业	145.69	367.45	301.37	104.74	510469	98.68	97.88	1099542	226.04	36.31	31.69
41	水的生产和供应业	52.91	131.52	140.86	33.39	391129	46.82	56.35	238439	91.85	19.46	13.28

注：“无值”表示本年份本地区的统计年鉴中无此行业；“—”表示本年份本地区的统计年鉴中有此行业但无统计数据。

数据来源：《上海统计年鉴》（2008～2017）、《江苏统计年鉴》（2008～2017）、《浙江经济年鉴》（2008～2017）、《安徽统计年鉴》（2008～2017）、《江西统计年鉴》（2008～2017）、《湖北统计年鉴》（2008～2017）、《湖南统计年鉴》（2008～2017）、《重庆统计年鉴》（2008～2017）、《四川统计年鉴》（2008～2017）、《贵州统计年鉴》（2008～2017）、《云南统计年鉴》（2008～2017）、《中国统计年鉴》（2008～2017）。

附表1-7 **2014年长江经济带工业总产值**

序号	行业分类	上海（亿元）	江苏（亿元）	浙江（亿元）	安徽（亿元）	江西（万元）	湖北（亿元）	湖南（亿元）	重庆（万元）	四川（亿元）	云南（亿元）	贵州（亿元）
1	煤炭开采和洗选业	无值	260.1	1	761.13	1860657	121.52	685.58	3660670	952.84	314.2	1607.47
2	石油和天然气开采业	8.52	—	无值	无值	无值	75.74	—	222290	486.3	—	无值
3	黑色金属矿采选业	无值	88.86	13.7	460.38	2378751	427.47	174.92	118967	593.86	184.8	44.23
4	有色金属矿采选业	无值	10.79	25.6	94.23	4761935	52.98	479.45	59587	324.91	260.05	57.21
5	非金属矿采选业	无值	264.58	149	232.19	2560974	571.66	382.2	1067069	367.31	107.85	176.36
6	开采辅助活动	无值	—	无值	1.55	无值	68.62	—	—	279.2	—	无值
7	其他采矿业	无值	—	无值	无值	无值	1.55	2.06	—	1.13	—	无值
8	农副食品加工业	351.33	4202.2	1070.2	2844.7	16996008	4582.01	2664.3	7857450	2740.92	583.18	270.76
9	食品制造业	631.26	875.36	543.9	601.38	5281584	982.86	883.68	1967872	887.83	192.35	125.93
10	酒、饮料和精制茶制造业	109.94	993.56	489.3	642.83	2869665	1532.31	613.65	1727097	2576.95	256.82	715.96
11	烟草制品业	946.02	—	444.5	359.97	1924308	612.91	818.87	1627432	287.23	1567.7	374.7
12	纺织业	235.28	6754.02	6037.5	929.38	10347603	2210.95	604.42	1831733	879.06	23.2	13.46
13	纺织服装、服饰业	388.52	4099.73	2499.3	902.5	11816893	911.38	278.65	1219640	201.83	10.3	28.07
14	皮革、毛皮、羽毛及其制品业和制鞋业	189.55	918.13	1580.4	415.02	5035592	184.01	385.66	1669663	274.52	8.79	39.12
15	木材加工和木、竹、藤、棕、草制品业	76.46	2109.2	491.6	636.69	3689634	428.4	656.63	598328	345.53	77.64	137.48
16	家具制造业	293.08	308.3	827.9	291.41	2088427	154.96	247.94	873749	469.95	3.15	21.78
17	造纸及纸制品业	275.75	1458.51	1211.7	319.07	3652577	530.14	692.53	2479828	489.82	62.83	59.64

续表

序号	行业分类	上海（亿元）	江苏（亿元）	浙江（亿元）	安徽（亿元）	江西（万元）	湖北（亿元）	湖南（亿元）	重庆（万元）	四川（亿元）	云南（亿元）	贵州（亿元）
18	印刷和记录媒介复制业	186.2	737.23	390.2	382.78	2325643	336.03	336.13	1410655	280.15	63.53	26.72
19	文教、工美、体育和娱乐用品制造业	410.3	1799.38	1349.5	415.85	4230854	144.65	275.9	838534	101.4	80.91	14.58
20	石油加工、炼焦及核燃料加工业	1422.38	2327.96	1819.6	585.14	5052362	927.29	739.09	627203	844.14	234.28	152.01
21	化学原料及化学制品制造业	2665.73	16195.23	5887.1	2162.32	23849095	3923.94	2835.65	8358897	2492.81	840.12	684.96
22	医药制造业	622.72	3116.11	1182.6	643.98	9705923	1010.37	787.56	3967569	1171.88	278.42	354.29
23	化学纤维制造业	43.01	2541.24	2588.6	87.37	845111	82.39	27.53	58632	187.55	15.39	无值
24	橡胶和塑料制品业	920.1	2718.14	2902.3	1307.94	5791932	1119.89	565.1	4642796	872.48	151.34	223.26
25	非金属矿物制品业	573.86	4641.85	2112	2279.21	24751998	3037.32	2621.08	10165366	2586.51	491.06	888.12
26	黑色金属冶炼和压延加工业	1481.7	10193.4	2696.6	2255.99	12046394	2585	1567.98	7579704	2501.26	995.77	648.59
27	有色金属冶炼和压延加工业	448.48	3759.54	2532.1	2029.75	48704579	932.99	2723.91	6647793	738.91	1520.74	426.74
28	金属制品业	956.43	5900.9	2566.9	1255.67	6230415	1464.43	1020.88	4703376	1013.75	105.97	156.32
29	通用设备制造业	2656.02	8272.89	4533.9	1923.6	6522588	1367.06	1490.6	6072038	1825.23	89.04	94.83
30	专用设备制造业	1083.13	5573.12	1662	1370.46	4387758	1091.97	2645.92	3369250	1239.82	93.59	102.21
31	汽车制造业	5364.95	6440.15	2964	2113.7	10010318	5414.38	1142.66	37761966	2252.45	187.88	172.51

续表

序号	行业分类	上海（亿元）	江苏（亿元）	浙江（亿元）	安徽（亿元）	江西（万元）	湖北（亿元）	湖南（亿元）	重庆（万元）	四川（亿元）	云南（亿元）	贵州（亿元）
32	铁路、船舶、航空航天和其他运输设备制造业	781.95	3763.69	1340.7	250.11	1478366	646.56	901.47	14721514	561.78	36.52	163.43
33	电气机械和器材制造业	2282.23	15694.41	6018.5	4466.16	19470649	1786.12	1440.93	9672926	1169.57	117.19	179.03
34	计算机、通信和其他电子设备制造业	5319.1	17508.92	2705.3	1639.09	12500303	1836.49	1660.02	28875857	4122.01	27.77	130.41
35	仪器仪表制造业	325.08	3375.61	737.4	181.33	1211703	160.06	230.88	1596164	70.41	27.99	11.38
36	其他制造业	54.18	296.85	329.4	95.22	646856	168.3	139.32	719532	158.63	14.92	38.73
37	废弃资源综合利用业	31.09	251.96	379.1	428.32	1162992	131.27	142.03	223527	162	12.3	10.39
38	金属制品、机械和设备修理业	89.12	32.24	70.1	43.18	118655	36.86	10.35	151788	35.97	—	无值
39	电力、热力生产和供应业	1083.64	4360.82	4291.5	1842.48	10433404	1560.71	1341.99	7252113	1437	1424.75	1301.61
40	燃气生产和供应业	288.18	426.06	441.5	128.95	720481	125.63	110.01	1141795	275.4	36.5	37.79
41	水的生产和供应业	63.89	137.01	153.5	39.59	464367	57.73	66.22	282965	98.57	22.98	16.87

注：“无值”表示本年份本地区的统计年鉴中无此行业；“—”表示本年份本地区的统计年鉴中有此行业但无统计数据。

数据来源：《上海统计年鉴》（2008～2017）、《江苏统计年鉴》（2008～2017）、《浙江经济年鉴》（2008～2017）、《安徽统计年鉴》（2008～2017）、《江西统计年鉴》（2008～2017）、《湖北统计年鉴》（2008～2017）、《湖南统计年鉴》（2008～2017）、《重庆统计年鉴》（2008～2017）、《四川统计年鉴》（2008～2017）、《贵州统计年鉴》（2008～2017）、《云南统计年鉴》（2008～2017）、《中国统计年鉴》（2008～2017）。

附表1-8

2015年长江经济带工业总产值

序号	行业分类	上海（亿元）	江苏（亿元）	浙江（亿元）	安徽（亿元）	江西（万元）	湖北（亿元）	湖南（亿元）	重庆（万元）	四川（亿元）	云南（亿元）	贵州（亿元）
1	煤炭开采和洗选业	无值	无值	0.5	641.89	无值	40.31	465.47	3503236	836.49	321.07	1635.635
2	石油和天然气开采业	无值	—	无值	无值	无值	334.56	—	610907	541.43	—	无值
3	黑色金属矿采选业	无值	57.35	10.6	384.63	无值	53.73	130.59	126349	536.37	151.36	56.33809
4	有色金属矿采选业	无值	7.47	24.3	95	无值	643.69	374.71	56565	262.12	246.34	64.47133
5	非金属矿采选业	无值	297.05	144.5	245.56	3033779	64.37	364.12	1433667	379.43	102.54	209.0429
6	开采辅助活动	无值	—	无值	4.92	无值	1.39	—	—	217.27	—	无值
7	其他采矿业	无值	—	无值	无值	无值	42770.51	2.77	—	0.42	—	无值
8	农副食品加工业	无值	4680.26	1061.7	3008.54	19438260	1216.24	3006.88	9226366	2769.78	653.67	330.3372
9	食品制造业	无值	970.69	549.5	679.25	5790453	1740.57	1020.43	2356687	987.99	213.47	162.6252
10	酒、饮料和精制茶制造业	无值	1098.66	470.9	711.05	3024615	678.51	663.48	1984618	2850.42	287.56	880.1142
11	烟草制品业	无值	551.29	490.2	355.89	1836000	2279.44	874.91	1588103	269.02	1619.45	367.3397
12	纺织业	220.21	7100.52	6026.5	994.98	11764954	992.67	644.58	1917014	910.11	25.93	17.55584
13	纺织服装、服饰业	347.87	4404.38	2532.9	1044.41	12917654	222.76	310.69	1258602	223.69	13.87	50.63623
14	皮革、毛皮、羽毛及其制品业和制鞋业	178.12	1056.86	1469	439.8	5515533	456.17	423.06	1843255	292.37	10.42	54.76509
15	木材加工和木、竹、藤、棕、草制品业	66.96	2282.13	489.4	682.22	3919448	192.92	713.16	876350	370.05	77.43	161.1976
16	家具制造业	284.4	336.81	891.6	342.31	2546604	572.52	298.69	703688	511.47	2.8	32.3932
17	造纸及纸制品业	240.3	1562.16	1291.5	366.06	4103288	380.8	665.07	2771051	448.22	70.68	84.27492

续表

序号	行业分类	上海（亿元）	江苏（亿元）	浙江（亿元）	安徽（亿元）	江西（万元）	湖北（亿元）	湖南（亿元）	重庆（万元）	四川（亿元）	云南（亿元）	贵州（亿元）
18	印刷和记录媒介复制业	181.77	793.38	405.6	429.8	2436762	276.86	379.05	174032	380.8	65.52	39.46733
19	文教、工美、体育和娱乐用品制造业	392.18	2012.96	1476.8	479.18	4712234	754.5	293.21	1002295	116.99	112.52	29.00365
20	石油加工、炼焦及核燃料加工业	1156.47	2182.76	1509.2	468.23	4413363	4220.9	673.92	668823	814.82	168.33	184.9071
21	化学原料及化学制品制造业	2467.06	16810.32	5398.3	2285.14	24532361	1126.86	2927.25	9232799	2618.97	861.71	777.0778
22	医药制造业	655.99	3534.78	1279.4	751.61	10934963	76.61	938.99	5611571	1264.69	288.06	401.5953
23	化学纤维制造业	31.91	2647.84	2544.3	96.41	864248	1222.03	30.58	133835	202.02	14.76	无值
24	橡胶和塑料制品业	860.39	3006.7	2832.4	1459.09	6689191	3219.03	629.24	4891766	918.59	143.17	252.6633
25	非金属矿物制品业	542.94	4790.82	2007.2	2387.91	26847815	2093.75	2759.45	11444194	2838.23	478.38	1021.618
26	黑色金属冶炼和压延加工业	1186.7	9263.25	2243	1936.28	10791924	859.82	1411.36	7010235	2173.91	682.1	647.4397
27	有色金属冶炼和压延加工业	387.45	4106.91	2496.4	2127.71	48190095	1486.98	2802.51	7574237	676.95	1365.71	452.4968
28	金属制品业	896.37	6203.16	2478.9	1300.31	6679797	1360.91	1112.85	5900027	1075.93	106.02	188.6655
29	通用设备制造业	2515.04	8820.61	4289.7	2205.06	7571234	1139.58	1579.55	6894763	1987.12	54.53	115.8695
30	专用设备制造业	1041.77	5921.75	1651.1	1496.64	4889748	5974.92	2694.4	4068138	1271.48	112.2	113.81
31	汽车制造业	5223.8	6948.74	3681.8	2483.68	11200544	706.34	1362.34	46000803	2449.36	206.75	228.9011

续表

序号	行业分类	上海（亿元）	江苏（亿元）	浙江（亿元）	安徽（亿元）	江西（万元）	湖北（亿元）	湖南（亿元）	重庆（万元）	四川（亿元）	云南（亿元）	贵州（亿元）
32	铁路、船舶、航空航天和其他运输设备制造业	811.45	3936.23	1375.4	302.78	1370323	1901.55	1095.9	14625940	600.68	38.92	192.2162
33	电气机械和器材制造业	2150.84	16266.32	6302.9	4793.07	22071996	2172.86	1686.76	11166670	1338.86	120.12	210.2971
34	计算机、通信和其他电子设备制造业	5323.39	18896.93	2896.4	2037.79	14657095	194.48	1816.85	33238219	4142.51	30.1	309.5704
35	仪器仪表制造业	331.98	3423.85	840.1	203.77	1523254	180.46	233.34	1654666	79.58	43.56	14.274
36	其他制造业	53.58	295.59	333.9	107.03	655650	140.53	162.56	738292	166.85	15.46	58.08789
37	废弃资源综合利用业	25.67	248.21	336.1	446.44	1355909	49.92	148.34	350811	184.03	16.23	16.76869
38	金属制品、机械和设备修理业	164.85	35.95	82.2	39.33	133995	1794.91	6.3	174186	27.53	—	无值
39	电力、热力生产和供应业	1102.86	4423.28	4329.5	1856.72	10669796	1572.14	1337.04	7488259	2194.57	1352.24	1382.329
40	燃气生产和供应业	335.97	459.31	415.9	143.08	1093962	155.12	114.98	1806813	575.21	46.79	25.89125
41	水的生产和供应业	69.11	148.48	159.4	42.09	535095	67.66	76.2	320288	111.12	31.91	22.4737

注：“无值”表示本年份本地区的统计年鉴中无此行业；“—”表示本年份本地区的统计年鉴中有此行业但无统计数据。

数据来源：《上海统计年鉴》（2008～2017）、《江苏统计年鉴》（2008～2017）、《浙江经济年鉴》（2008～2017）、《安徽统计年鉴》（2008～2017）、《江西统计年鉴》（2008～2017）、《湖北统计年鉴》（2008～2017）、《湖南统计年鉴》（2008～2017）、《重庆统计年鉴》（2008～2017）、《四川统计年鉴》（2008～2017）、《贵州统计年鉴》（2008～2017）、《云南统计年鉴》（2008～2017）、《中国统计年鉴》（2008～2017）。

附表1-9 **2016年长江经济带工业总产值**

序号	行业分类	上海（亿元/6月）	江苏（亿元）	浙江（亿元）	安徽（亿元）	江西（万元）	湖北（亿元）	湖南（亿元）	重庆（万元）	四川（亿元）	云南（亿元）	贵州（亿元）
1	煤炭开采和洗选业	无值	191.41	0.43	676.33	1211078	62.75	385.62	2511671	无值	337.78	1605.12
2	石油和天然气开采业	0.4	—	无值	无值	无值	31.41	—	799140	无值	—	无值
3	黑色金属矿采选业	无值	38.18	7.62	437.6	2040535	277.83	110.73	128454	无值	150.28	62.27
4	有色金属矿采选业	无值	8.82	17.64	99.43	5557347	48.98	363.74	54667	无值	280.39	68.31
5	非金属矿采选业	无值	311.22	158.45	236.21	3721069	636.05	384.43	1798213	无值	99.73	285.36
6	开采辅助活动	无值	—	无值	4.58	无值	59.63	—	—	无值	—	无值
7	其他采矿业	无值	—	无值	无值	无值	2.5	2.52	—	无值	0.25	无值
8	农副食品加工业	26.11	5076.24	1105.47	3248.18	21606956	5259.62	3258.5	10904241	无值	791.53	390.1
9	食品制造业	46.99	1181.98	553.54	761.17	6473609	1342.62	1145.08	2607432	无值	243.73	185.21
10	酒、饮料和精制茶制造业	9.54	1187.29	480.21	755.36	3176331	1960.53	726.26	2321690	无值	340.83	1055.57
11	烟草制品业	65.34	542.46	498.62	289.87	1753349	583.61	831.73	1351016	无值	1553.29	334.42
12	纺织业	16.67	7280.16	6030.74	1056.24	12643698	2445.95	679.62	1966036	无值	29.97	22.86
13	纺织服装、服饰业	23.78	4619.83	2495.64	1157.6	13928336	1054.02	334.57	1248467	无值	20.34	65.74
14	皮革、毛皮、羽毛及其制品业和制鞋业	13.62	1121.38	1484.56	493.66	6183481	249.42	498.4	2130905	无值	11.34	60.98
15	木材加工和木、竹、藤、棕、草制品业	5.6	2615.74	498.12	742.05	4456350	499.94	780.76	1038707	无值	78.28	192.52
16	家具制造业	21.94	397.93	1031.88	400.29	3527648	225.02	327.3	884459	无值	4.82	45.68

续表

序号	行业分类	上海（亿元/6月）	江苏（亿元）	浙江（亿元）	安徽（亿元）	江西（万元）	湖北（亿元）	湖南（亿元）	重庆（万元）	四川（亿元）	云南（亿元）	贵州（亿元）
17	造纸及纸制品业	17.9	1634.17	1352.26	427.1	4650772	588.46	692.43	3027242	无值	81.62	105.97
18	印刷和记录媒介复制业	14.33	895.59	458.57	465.44	2425121	409.89	440.65	1752554	无值	73.84	50.03
19	文教、工美、体育和娱乐用品制造业	23.63	2336.47	1528.98	512.39	5610763	238.39	332.69	1289135	无值	124.76	45.4
20	石油加工、炼焦及核燃料加工业	89.22	2074.02	1553.25	387.94	5047262	804.65	635.72	627782	无值	163.76	122.58
21	化学原料及化学制品制造业	203.86	17850.13	5381.74	2491.19	27058327	4404.7	3029.6	9551513	无值	849.64	831.46
22	医药制造业	56.51	3933.97	1395.07	872.81	11694777	1264.52	1103.73	6430219	无值	332.08	451.5
23	化学纤维制造业	2.39	2850.79	2466.85	97.97	864266	74.48	32.79	220345	无值	14.27	无值
24	橡胶和塑料制品业	69.37	3196.69	2794.53	1714.81	7894301	1305.76	641.57	5782401	无值	152.63	253.15
25	非金属矿物制品业	41.25	5187.47	1908.23	2618.43	29697172	3500.98	3038.82	12671434	无值	583.65	1281.43
26	黑色金属冶炼和压延加工业	93.55	9055.63	2202.21	1885.37	11217291	1807.43	1541.32	6001449	无值	639	632.44
27	有色金属冶炼和压延加工业	29.96	4064.79	2406.04	2282.99	48304004	948.97	2869.21	8158493	无值	1267.26	546.86
28	金属制品业	67.67	6461.34	2483.9	1460.08	7404743	1612.87	1246.88	6577556	无值	145.98	217.57
29	通用设备制造业	218.2	9203.6	4379.9	2383.97	8548243	1453.41	1723.11	8062270	无值	58.4	135.15
30	专用设备制造业	86.55	6470.63	1701.8	1652.91	5618701	1239.42	2862.86	5130334	无值	102.55	136.22
31	汽车制造业	408.43	7910.63	4588.32	3109.93	13639215	6760.07	1803.58	53400544	无值	266.2	258.84

续表

序号	行业分类	上海（亿元/6月）	江苏（亿元）	浙江（亿元）	安徽（亿元）	江西（万元）	湖北（亿元）	湖南（亿元）	重庆（万元）	四川（亿元）	云南（亿元）	贵州（亿元）
32	铁路、船舶、航空航天和其他运输设备制造业	69.59	3799.84	1463.88	335.79	1607441	787.74	984.07	15764566	无值	60.16	180.76
33	电气机械和器材制造业	199.37	17420.15	6725.87	5313.23	25666911	2078.86	1874.9	119113187	无值	129.16	282.06
34	计算机、通信和其他电子设备制造业	377.54	19199.77	3291.87	2386.17	19251192	2333.59	2563.18	40239394	无值	101.88	510.47
35	仪器仪表制造业	28	3727.26	813.68	234.4	1782573	205.02	228.26	1746806	无值	50.83	16.42
36	其他制造业	4.27	331.3	307.88	132.74	776249	150.54	189.78	568383	无值	14.31	65.82
37	废弃资源综合利用业	2.05	267.77	260.28	532.85	1539823	160.4	144.09	217214	无值	27.37	18.56
38	金属制品、机械和设备修理业	15.45	39.12	91.83	38.39	193988	58.68	6.48	193698	无值	—	无值
39	电力、热力生产和供应业	84.27	4500.11	4446.22	1543.84	8753450	1618.42	1290.44	7569537	无值	1358.18	1298.83
40	燃气生产和供应业	23.57	452.72	408.63	144.77	1179874	146.76	118.74	2072485	无值	34.89	26.11
41	水的生产和供应业	5.91	164.74	178.7	52.22	614407	72.79	95.13	352169	无值	34.77	30.6

注：“无值”表示本年份本地区的统计年鉴中无此行业；“—”表示本年份本地区的统计年鉴中有此行业但无统计数据。

数据来源：《上海统计年鉴》（2008～2017）、《江苏统计年鉴》（2008～2017）、《浙江经济年鉴》（2008～2017）、《安徽统计年鉴》（2008～2017）、《江西统计年鉴》（2008～2017）、《湖北统计年鉴》（2008～2017）、《湖南统计年鉴》（2008～2017）、《重庆统计年鉴》（2008～2017）、《四川统计年鉴》（2008～2017）、《贵州统计年鉴》（2008～2017）、《云南统计年鉴》（2008～2017）、《中国统计年鉴》（2008～2017）。

附录2：产业一体化指标源代码

产业结构相似系数源代码

```
%======= 原始数据 =======
%======== 请输入 =======
A = [];
%======== 产业数 =======
%======== 请输入 =======
cycount = 3;
%====================
%======= 程序部分 =======
%======== 勿修改 =======
sizeOfA=size(A); % 原始矩阵尺寸
A2=A.^2;  % 原始矩阵元素平方

hsize = sizeOfA(1); % 原始矩阵行数
lsize = sizeOfA(2); % 原始矩阵列数
asize = lsize/cycount; % 地区数
a =cell(1,asize); % 按地区分解原始矩阵
a2 =cell(1,asize); % 按地区分解原始平方矩阵
count = 1; % 分解矩阵
for i=1:asize
    a{1,i} = A(:,count:count+cycount-1);
    a2{1,i} = A2(:,count:count+cycount-1);
    count= count+cycount;
end
```

```
% 记录地区间的相关系数
S=cell(asize,asize);

for i=1:asize
   for j=1:asize
        cella=a{1,i};
        cellb=a{1,j};
        cella2=a2{1,i};
        cellb2=a2{1,j};
        % 计算相关系数，每个 cell 包含所有的年份
        S{i,j}=sum(cella.*cellb,2)./sqrt((sum(cella2,2).*sum(cellb2,2)));
   end
end
% 按年份记录各地区的相关系数
s=cell(1,asize);
for k=1:hsize
      cells=[];
      for i=1:asize
         for j=1:asize
         cellS=S{i,j};
         % 提取
         cells(i,j)=cellS(k);
   end
end
s{1,k}=cells;
```

```
end
%======== 勿修改 =======
%======= 程序部分 =======
%====================================
```

行业分工指数源代码

```
A=[];
sizeOfA=size(A);
hsize = sizeOfA(1);
lsize = sizeOfA(2);
out =[];
for i=1:lsize
        for j=1:lsize
            out(i,j)=-1;
        end
end
for i=1:lsize
    for j=(i+1):lsize
        tempA=A(:,i);
        tempB=A(:,j);
        tempcount=0;
        tempAB = [];
    for k=1:hsize
        if tempA(k) > 0 & tempB(k) > 0
            tempcount = tempcount+1;
            tempAB(tempcount,1)=tempA(k);
```

```
            tempAB(tempcount,2)=tempB(k);
        end
    end
    if tempcount>0
            out(i,j)= sum(abs(tempAB(:,1)./sum(tempAB(:,1)) - tempAB(:,2)./
sum(tempAB(:,2))));
        end
    end
end
aa=out'
```

产业集取度指数源代码

```
out=[];
A = out;
sizeOfA=size(A);
hsize = sizeOfA(1);
lsize = sizeOfA(2);

A(:,1) =A(:,1)/10000;
A(:,11) =A(:,11)/10000;
A(:,8) =A(:,8)/10000;
for i=1:hsize
    for j=1:lsize
        if A(i,j)<1
          if j<4
            A(i,1)=0; A(i,2)=0; A(i,3)=0;
```

```
        %elseif j==8|j==10|j==12
        %    A(i,j)=0;
        else
            A(i,4)=0; A(i,5)=0; A(i,6)=0; A(i,7)=0; A(i,8)=0; A(i,9)=0;
A(i,10)=0; A(i,11)=0; A(i,12)=0; A(i,13)=0; A(i,14)=0;
        end
      end
    end
  end

  B=[];
  for i=1:hsize
      for j=1:lsize
          if A(i,j)>0
             if  j<4
                 B(i,j)=(A(i,j)/sum(A(:,j)))/(sum(A(i,1:3))/sum(sum(A(:,1:3))));
            else
               B(i,j)=(A(i,j)/sum(A(:,j)))/(sum(A(i,4:14))/sum(sum(A(:,4:14))));
          end
      else
        B(i,j)=-1;
      end
    end
  end
```

附录3：市场一体化指标原始数据

附表3-1　　江苏省2012～2016年有关价格指数

	2012年	2013年	2014年	2015年	2016年
粮油价格指数	103.3	100.6	97.9	98.7	100.6
肉禽蛋奶及水产品价格指数	103.3	104.9	105.7	99.9	101.1
蔬菜价格指数	109	107	99.3	109.6	110.3
干鲜瓜果价格指数	98.2	106.8	113.9	98.2	97.0
烟酒价格指数	103.9	98.7	98.6	101.9	101.3
服装鞋帽价格指数	103.6	103.2	103.9	103	101.8
家庭设备及日用品价格指数	103.6	102.2	103.3	102.8	101.6
医疗保健和个人用品价格指数	101.3	101.1	101.8	101.6	109.1
交通和通信价格指数	99.8	99.7	99.8	97.3	98.8
文娱及教育价格指数	99.9	101.3	102.6	101.8	100.9
居住价格指数	102.4	102.5	102.4	100.9	101.2
城镇单位在岗人员年平均工资（元）	51279	57984	61783	67200	72684
固定资产投资价格指数	98.6	100.5	101.1	96.2	98.8
住宅平均售价（元/平方米）	6423	6650	6783	7717	8734
办公楼平均售价（元/平方米）	9049	7617	8798	9336	9612
商业营业用房平均售价（元/平方米）	9774	10416	9929	9976	10519

附表3-2　　浙江省2012～2016年有关价格指数

	2012年	2013年	2014年	2015年	2016年
粮油价格指数	103.7	102.8	97.4	98.5	101.1
肉禽蛋奶及水产品价格指数	102.6	104.3	105.7	102.3	101
蔬菜价格指数	115.2	106.8	99.7	109.9	112.8
干鲜瓜果价格指数	103.5	104.2	111.6	97.5	98.5
烟酒价格指数	101.5	99.8	99.6	103.3	102.2
服装鞋帽价格指数	100	102.9	101.8	101.8	101.5
家庭设备及日用品价格指数	102.5	102.2	101.5	100.9	100.2
医疗保健和个人用品价格指数	101.3	100.3	101.9	102.7	101.3
交通和通信价格指数	99.7	99.4	99.7	96	98.7

续表

	2012年	2013年	2014年	2015年	2016年
文娱及教育价格指数	99.4	102.5	102.2	101.4	102.7
居住价格指数	101.6	102.5	102.4	100.8	101.0
城镇单位在岗人员年平均工资（元）	50813	57310	62460	67707	74644
固定资产投资价格指数	99.2	100	100.6	97.4	99.5
住宅平均售价（元/平方米）	106801	11016	10586	10755	11447
办公楼平均售价（元/平方米）	12743	13917	11118	10551	11330
商业营业用房平均售价（元/平方米）	12186	13971	13466	11626	12329

附表3-3　　安徽省2012～2016年有关价格指数

	2012年	2013年	2014年	2015年	2016年
粮油价格指数	105	102.1	98.7	99.9	101.5
肉禽蛋奶及水产品价格指数	101.9	104.6	105.6	98.3	99.7
蔬菜价格指数	113.3	108.9	97.2	110.8	111.4
干鲜瓜果价格指数	99.3	106.3	118.3	95.7	95.6
烟酒价格指数	103.3	98.7	97.5	101.9	101
服装鞋帽价格指数	102.5	102.1	101	101.4	100.8
家庭设备及日用品价格指数	101.6	100.9	101.3	100.7	100.2
医疗保健和个人用品价格指数	101.5	101.2	101.6	104.1	103.6
交通和通信价格指数	100.7	99.9	99.2	98.1	97.6
文娱及教育价格指数	101.7	102.7	102.4	101.4	102.3
居住价格指数	101	101.4	102	99.6	101.1
城镇单位在岗人员年平均工资（元）	46091	49328	52388	56974	61289
固定资产投资价格指数	101	100.2	100.3	96.9	99.2
住宅平均售价（元/平方米）	4495	4776	5017	5067	5637
办公楼平均售价（元/平方米）	7420	7276	6827	7339	7860
商业营业用房平均售价（元/平方米）	7854	8301	8513	8569	9041

附表3-4 江西省2012～2016年有关价格指数

	2012年	2013年	2014年	2015年	2016年
粮油价格指数	104	101.1	100	99.2	—
肉禽蛋奶及水产品价格指数	103.1	106	103.6	101.7	—
蔬菜价格指数	118.2	107.5	101.8	109.3	—
干鲜瓜果价格指数	102.4	105.9	116.4	99.3	—
烟酒价格指数	102.2	100.6	100.1	103	—
服装鞋帽价格指数	100.2	102.8	102.4	103.2	—
家庭设备及日用品价格指数	101.7	101.0	99.9	101	—
医疗保健和个人用品价格指数	102.2	101.3	101	101.4	—
交通和通信价格指数	100.1	99.7	99.7	98.8	—
文娱及教育价格指数	100.9	101.8	102.8	101.1	—
居住价格指数	102.7	101.9	102.5	98.5	—
城镇单位在岗人员年平均工资（元）	39651	43582	47299	52137	57470
固定资产投资价格指数	101.0	100.4	100.1	96.8	100
住宅平均售价（元/平方米）	4381	4905	4971	5107	5331
办公楼平均售价（元/平方米）	10664	9083	9085	6875	7634
商业营业用房平均售价（元/平方米）	7402	8172	8998	8683	9631

注：“—”表示本年份本地区的统计年鉴中有此项目但无统计数据。

附表3-5 重庆市2012～2016年有关价格指数

	2012年	2013年	2014年	2015年	2016年
粮油价格指数	107.2	100.8	98.3	99.2	102.7
肉禽蛋奶及水产品价格指数	103.5	102.8	104	99.8	100.2
蔬菜价格指数	112.3	107.1	105.7	100.6	109.3
干鲜瓜果价格指数	108	101.7	117.1	102.4	97.8
烟酒价格指数	107.1	100.6	97.8	99.1	100.2
服装鞋帽价格指数	101.1	102.6	102.3	103.1	102.3
家庭设备及日用品价格指数	100.9	101.6	100.5	100	100.6
医疗保健和个人用品价格指数	102	101.2	102.8	104.1	101.8
交通和通信价格指数	98.3	98.3	102	97.6	100.6
文娱及教育价格指数	100.9	101.4	100.1	101.2	99.5
居住价格指数	102.5	102.8	101.6	101.2	101.1

续表

	2012年	2013年	2014年	2015年	2016年
城镇单位在岗人员年平均工资（元）	45392	51015	56852	62091	67386
固定资产投资价格指数	101.8	100.5	100.3	98.2	98.9
住宅平均售价（元/平方米）	4805	5239	5094	5012	5162
办公楼平均售价（元/平方米）	11495	11370	11147	10188	9239
商业营业用房平均售价（元/平方米）	9576	10780	10725	10441	8884

附表3-6　　　　四川省2012～2016年有关价格指数

	2012年	2013年	2014年	2015年	2016年
粮油价格指数	112.25	105.05	102.25	99.8	102.2
肉禽蛋奶及水产品价格指数	115.2	103.0	105.0	104.0	96.8
干鲜瓜果价格指数	100.3	108.7	115.7	99.8	98
烟酒价格指数	103.2	102.7	99.4	98.6	100.1
蔬菜价格指数	101	118.1	108.6	101.5	103
服装鞋帽价格指数	101.6	101.7	100.6	101.2	100.5
家庭设备及日用品价格指数	94.8	93.6	97.9	98.05	98.2
医疗保健和个人用品价格指数	102.5	101.7	102.2	100.4	102.1
交通和通信价格指数	101	100.3	100	100.2	99.3
文娱及教育价格指数	99.05	98.75	99.5	98.95	100.05
居住价格指数	106	102	103.7	101.2	100.5
城镇单位在岗人员年平均工资（元）	42339	47965	52555	58915	63926
固定资产投资价格指数	101	100.4	100.5	97.9	99.8
住宅平均售价（元/平方米）	4959	5086	5092	5034	5449
办公楼平均售价（元/平方米）	8955	9783	7765	7172	8005
商业营业用房平均售价（元/平方米）	11137	10974	11358	10594	10181

附表3-7　　　　贵州省2012～2016年有关价格指数

	2012年	2013年	2014年	2015年	2016年
粮油价格指数	116.8	104.2	103.8	101.10	102.7
肉禽蛋奶及水产品价格指数	119.7	99.9	105.1	102.7	103.3
蔬菜价格指数	110.2	104.9	101.9	104.1	103.1
干鲜瓜果价格指数	112.85	100.05	104.1	109.9	99
烟酒价格指数	101.6	102.5	101.7	99.8	102.5
服装鞋帽价格指数	100.4	103.5	102.9	102.3	100.7
家庭设备及日用品价格指数	98.6	98.7	99.2	99.4	99.7
医疗保健和个人用品价格指数	106.2	104.2	102.1	101.6	100.7

续表

	2012年	2013年	2014年	2015年	2016年
交通和通信价格指数	96.2	96.3	98.1	98.2	98.4
文娱及教育价格指数	99.2	99.9	99.4	99.5	99.25
居住价格指数	101.4	103	101.8	100.6	100.8
城镇单位在岗人员年平均工资（元）	42733	49087	54685	62591	69678
固定资产投资价格指数	101.5	100.9	101.1	98.4	98.6
住宅平均售价（元/平方米）	3695	3735	3694	3629	3704
办公楼平均售价（元/平方米）	8158	7314	6782	6620	7012
商业营业用房平均售价（元/平方米）	9630	10257	8653	9347	7865

附表3-8　　湖北省2012～2016年有关价格指数

	2012年	2013年	2014年	2015年	2016年
粮油价格指数	105.2	101.8	98.1	98.6	100.4
肉禽蛋奶及水产品价格指数	100.2	105.8	104.6	101.5	99
蔬菜价格指数	113.2	104.9	99.2	106.6	114.9
干鲜瓜果价格指数	100.2	105	111.8	100.3	97.5
烟酒价格指数	104	102.9	101.2	100.2	102.1
服装鞋帽价格指数	103.5	102.2	101.7	101.9	102.4
家庭设备及日用品价格指数	99.9	100.3	99.5	99.6	99.2
医疗保健和个人用品价格指数	104.2	103.1	102.7	101.6	103.3
交通和通信价格指数	97	96.3	99.4	96.3	97.6
文娱及教育价格指数	99.5	99.7	99.8	99.9	100.1
居住价格指数	105.8	102.3	103.1	100.6	100.6
城镇单位在岗人员年平均工资（元）	40884	44613	50637	55237	61113
固定资产投资价格指数	101.8	101.5	101	99.4	100.1
住宅平均售价（元/平方米）	4668	4847	5085	5663	6457
办公楼平均售价（元/平方米）	12282	8384	10470	7867	11889
商业营业用房平均售价（元/平方米）	8744	9898	9916	8667	9651

附表3-9　　云南省2012～2016年有关价格指数

	2012年	2013年	2014年	2015年	2016年
粮油价格指数	103.25	103.25	101.35	98.85	99.05
肉禽蛋奶及水产品价格指数	102.8	102.8	104.55	106	101.35
干鲜瓜果价格指数	102.8	102.8	107.8	113	101.1
烟酒价格指数	101.9	101.9	102.4	100.2	102.3
蔬菜价格指数	115.4	115.4	107.1	108.4	103.5
服装鞋帽价格指数	98.3	98.3	101	100.5	102.2

续表

	2012年	2013年	2014年	2015年	2016年
家庭设备及日用品价格指数	97	99.5	98.9	99.1	100
医疗保健和个人用品价格指数	101.6	101.6	104.8	101	103.6
交通和通信价格指数	96.3	96.3	98	99.6	99.3
文娱及教育价格指数	99.1	99.05	100.55	99.8	100.2
居住价格指数	102.2	103.6	102.7	100.6	101.2
城镇单位在岗人员年平均工资（元）	38908	44188	47802	55025	63562
固定资产投资价格指数	101.4	101.1	101	99.1	100.1
住宅平均售价（元/平方米）	3861	4176	4451	4800	4812
办公楼平均售价（元/平方米）	7876	9083	11878	11353	8051
商业营业用房平均售价（元/平方米）	6567	7262	8846	8386	8513

附表3-10　　上海市2012～2016年有关价格指数

	2012年	2013年	2014年	2015年	2016年
粮油价格指数	103.4	100.6	98.9	100.8	100.4
肉禽蛋奶及水产品价格指数	103.2	104.8	105.1	100.9	102.3
蔬菜价格指数	111.1	108.0	101.5	107.5	110.6
干鲜瓜果价格指数	102.8	107.3	111.6	96.8	101.8
烟酒价格指数	101.4	100.1	101.0	104.2	102.2
服装鞋帽价格指数	102.9	99.9	103.6	107.9	100.7
家庭设备及日用品价格指数	103.5	101.3	101.8	102.9	101.2
医疗保健和个人用品价格指数	100.6	100.0	100.4	99.3	102.7
交通和通信价格指数	100.8	100.4	100.1	97.6	97
文娱及教育价格指数	99.3	100.1	101.8	100.3	109.0
居住价格指数	102.8	103.9	104.6	104.6	105.1
城镇单位在岗人员年平均工资（元）	56300	60435	65417	71268	78045
固定资产投资价格指数	99.4	100.2	100.5	97	99.6
住宅平均售价（元/平方米）	13870	16192	16415	21501	25910
办公楼平均售价（元/平方米）	21000	23623	23978	24754	29477
商业营业用房平均售价（元/平方米）	16218	19294	22014	20043	22854

附表3-11　　湖南省2012～2016年有关价格指数

	2012年	2013年	2014年	2015年	2016年
粮油价格指数	103.9	103.9	99.7	100.4	101.3
肉禽蛋奶及水产品价格指数	103.2	104.2	103.8	101.6	99.9
蔬菜价格指数	105.7	105.7	102.7	104.9	111.8
干鲜瓜果价格指数	99.2	106.4	111.3	101	99.4

续表

	2012年	2013年	2014年	2015年	2016年
烟酒价格指数	102	103.1	99.5	102.4	101.3
服装鞋帽价格指数	101.1	102.2	101.5	102	101.6
家庭设备及日用品价格指数	101.4	101.8	101.3	100.9	—
医疗保健和个人用品价格指数	102	101.7	102.1	101.9	103.1
交通和通信价格指数	100.2	100	100.2	98.1	98.4
文娱及教育价格指数	101.5	102.1	103.0	101.4	100.8
居住价格指数	103.7	101.8	101.4	100.8	101.2
城镇单位在岗人员年平均工资（元）	40028	43893	48525	53889	60160
固定资产投资价格指数	101.7	101.3	101.5	100.4	100.4
住宅平均售价（元/平方米）	3670	3908	3830	3974	4330
办公楼平均售价（元/平方米）	9697	11019	9881	8233	8968
商业营业用房平均售价（元/平方米）	8579	8191	8110	8076	8213

附录5：社会一体化指标原始数据

附表5-1 2006～2016年长江经济带地区及全国城镇化率 单位：%

年份	上海	江苏	浙江	安徽	江西	湖北	湖南	重庆	四川	贵州	云南	全国
2006	88.7	51.9	56.5	37.1	38.7	43.8	38.7	46.7	34.3	27.5	30.5	44.3
2007	88.7	53.2	57.2	38.7	39.8	44.3	40.5	48.3	35.6	28.2	31.6	45.9
2008	88.6	54.3	57.6	40.5	41.4	45.2	42.2	50	37.4	29.1	33	47
2009	88.6	55.6	57.9	42.1	43.2	46	43.2	51.6	38.7	29.9	34	48.3
2010	89.3	60.6	61.6	43	44.1	49.7	43.3	53	40.2	33.8	34.7	50
2011	89.3	61.9	62.3	44.8	45.7	51.8	45.1	55	41.8	35	36.8	51.3
2012	89.3	63	63.2	46.5	47.5	53.5	46.7	57	43.5	36.4	39.3	52.6
2013	89.6	64.1	64	47.9	48.9	54.5	48	58.3	44.9	37.8	40.5	53.7
2014	89.6	65.2	64.9	49.2	50.2	55.7	49.3	59.6	46.3	40	41.7	55.5
2015	89.1	66.5	65.8	50.5	51.6	56.9	50.5	60.9	47.7	42	42.9	56.6
2016	87.9	67.7	67	52	53.1	58.1	52.8	62.6	49.2	44.2	45	57.8

注：地区城镇化率=城镇人口/总人口。

数据来源：国家统计局。

附表5-2　　2006～2016年长江经济带地区及全国城乡收入比　　单位：%

年份	上海	江苏	浙江	安徽	江西	湖北	湖南	重庆	四川	贵州	云南	全国
2006	224.34	242.28	249.01	329.09	266.44	286.69	309.88	402.59	311.46	459.36	—	327.84
2007	231.1	249.63	248.93	322.63	273.85	287.31	314.91	358.78	312.88	449.81	—	332.96
2008	234.3	253.91	245.48	309.11	273.92	282.47	306.25	348.20	306.55	420.42	427.01	331.49
2009	234	256.77	245.94	312.72	276.29	285.33	307.21	351.66	310.15	427.98	428.14	333.28
2010	231.62	251.63	242.05	298.73	267.44	275.33	294.66	332.26	303.94	407.35	406.48	322.85
2011	231.59	243.79	236.94	298.55	253.86	266.37	286.95	312.48	292.06	397.95	393.39	312.58
2012	230.95	243.21	237.42	293.62	253.72	265.41	286.55	311.08	290.04	393.46	389.05	310.29
2013	228.30	239.29	211.96	257.51	243.37	258.33	269.72	271.51	265.22	380.33	378.37	303.01
2014	225.13	229.61	208.50	250.48	240.29	229.07	264.11	264.99	259.25	337.99	325.89	297.02
2015	228.23	228.67	206.93	248.93	237.9	228.4	262.34	259.30	255.73	332.75	319.98	295.12
2016	226.06	228.06	206.58	248.76	236.23	230.93	262.22	256.39	252.92	330.55	317.2	271.9

注：“—”表示本年份本地区的统计年鉴中有此项目但无统计数据。

数据来源：国家统计局。

附表5-3 **2006～2016年长江经济带地区及全国青壮年劳动人口占比** 单位：%

年份	上海	江苏	浙江	安徽	江西	湖北	湖南	重庆	四川	贵州	云南	全国
2006	77.5	74	75	68.5	67	73.2	71.4	69.1	68.8	64.7	69.8	72.3
2007	77.8	74.6	74.7	68.6	68.4	74.4	72.9	69.4	69.9	64.5	70	72.8
2008	79.1	74.5	75.3	69.1	68.9	75.2	72.8	69	71.2	65.8	70	73.1
2009	78.4	74.3	75.1	70.6	69.9	75.4	71.6	70	70.6	66.9	69.9	73.4
2010	—	—	—	—	—	—	—	—	—	—	—	—
2011	83.8	76.2	78.8	71.5	70.9	75.6	71.6	71.5	71.8	66.7	72.7	74.4
2012	82.5	75.3	78.9	71.6	70.4	75.2	70.2	70.7	72	67.9	72.7	74.1
2013	80	74.4	78.9	71	71.3	75.1	71.2	71.1	70.7	68.6	72	73.9
2014	80.2	74.2	78.4	71.7	70	73.8	70.8	70.6	69.8	68.7	72.3	73.4
2015	77.8	73.7	75.8	71	69.5	73.6	70.4	71.1	71.2	68.1	72.5	73
2016	77.4	72.8	75.4	71	69.2	72.9	69.9	70.6	70.3	68.1	72.1	72.5

注：“—”表示本年份本地区的统计年鉴中有此项目但无统计数据。

数据来源：国家统计局官网，劳动适龄人口划分为15至64周岁，男女范围一致。

附表5-4 **2006～2016年长江经济带地区及全国城镇职工基本养老保险参保人数占比** 单位：%

年份	上海	江苏	浙江	安徽	江西	湖北	湖南	重庆	四川	贵州	云南	全国
2006	45.4	19.2	20.75	8.11	9.56	14.94	11.85	11.3	10.32	5.24	5.97	14.28
2007	45.18	20.75	22.64	8.67	10.88	15.56	12.34	12.24	11.29	5.67	6.19	15.24
2008	45.2	22.57	26.61	9.43	12.51	16.33	12.99	14.3	12.51	6	6.47	16.48
2009	45.3	24.11	28.95	10.25	13.13	17.17	13.72	17.24	14.37	6.66	6.71	17.65
2010	45.57	25.84	31.25	11.24	13.62	18.15	14.29	20.26	16.17	7.4	6.9	19.17
2011	58.91	28.15	35.13	12.22	14.55	19.34	14.98	22.18	18.56	8.13	7.4	21.07
2012	59.53	30.65	39.86	13.09	15.71	20.27	15.79	24.34	20	8.88	7.82	22.47
2013	59.21	32.52	43.2	13.45	16.68	21.03	16.32	26.03	21.22	9.63	8.2	23.68
2014	60.08	33.82	46.26	13.63	17.26	21.77	16.61	27.6	22.6	10.3	8.44	24.95
2015	61.86	34.85	45.21	13.96	18.03	22.48	17.1	28.15	23.63	11.11	8.71	25.72
2016	63.1	35.77	44.85	14.4	20.85	23.03	17.39	31.24	26.11	11.92	12.19	27.43

数据来源：《上海统计年鉴》（2007～2017）、《江苏统计年鉴》（2007～2017）、《浙江经济年鉴》（2007～2017）、《安徽统计年鉴》（2007～2017）、《江西统计年鉴》（2007～2017）、《湖北统计年鉴》（2007～2017）、《湖南统计年鉴》（2007～2017）、《重庆统计年鉴》（2007～2017）、《四川统计年鉴》（2007～2017）、《贵州统计年鉴》（2007～2017）、《云南统计年鉴》（2007～2017）、《中国统计年鉴》（2007～2017）。

附表5-5 **2006～2016年长江经济带地区及全国城镇职工基本医疗保险参保人数占比** 单位：%

年份	上海	江苏	浙江	安徽	江西	湖北	湖南	重庆	四川	贵州	云南	全国
2006	52.1	16.64	14.4	7.22	7.22	9.93	8.84	9.17	8.99	5.4	7.39	11.97
2007	53.14	18.59	16.59	7.95	9.24	11.31	9.77	10.11	10.03	6.28	7.66	13.64
2008	54.73	20.67	20.22	8.62	11.44	12.52	10.69	11.49	10.98	7.16	7.85	15.06
2009	60.16	21.78	22.25	9.30	11.62	14.34	11.65	12.68	11.71	7.9	8.69	16.44
2010	61.05	23.49	24.68	10.05	11.93	14.8	11.83	14.08	13.08	8.44	9.01	17.7
2011	57.18	25.48	27.72	11.05	11.94	15.68	11.97	15.71	14.52	9.05	9.57	18.72
2012	57.82	27.22	30.51	11.44	12.14	15.94	12.01	16.86	15.37	9.45	9.71	19.56
2013	57.73	28.65	32.58	11.87	12.60	15.91	11.95	18.16	15.81	9.84	9.77	20.17
2014	58.57	29.67	34.5	12.16	12.75	16.05	11.99	19.25	16.33	10.11	9.81	20.69
2015	59.89	30.45	35.98	12.42	12.81	16.22	12.07	19.51	16.8	10.56	9.88	21.02
2016	60.69	31.14	36.09	12.62	12.88	16.33	12.16	19.84	17.44	10.96	10.04	21.36

数据来源：《上海统计年鉴》（2007～2017）、《江苏统计年鉴》（2007～2017）、《浙江经济年鉴》（2007～2017）、《安徽统计年鉴》（2007～2017）、《江西统计年鉴》（2007～2017）、《湖北统计年鉴》（2007～2017）、《湖南统计年鉴》（2007～2017）、《重庆统计年鉴》（2007～2017）、《四川统计年鉴》（2007～2017）、《贵州统计年鉴》（2007～2017）、《云南统计年鉴》（2007～2017）、《中国统计年鉴》（2007～2017）。

附表5-6　**2011～2016年长江经济带地区及全国最低生活保障人数占比**　单位：%

年份	上海	江苏	浙江	安徽	江西	湖北	湖南	重庆	四川	贵州	云南	全国
2011	1.67	2.31	1.22	5.04	5.53	6.38	6.15	5.42	7.63	16.87	10.72	5.63
2012	1.08	2.21	1.18	4.95	5.51	6.23	6.37	4.27	7.69	16.25	11.4	5.53
2013	0.99	2.06	1.13	4.88	5.72	6.24	6.47	3.65	7.69	15.09	12.17	5.48
2014	0.89	1.88	1.04	4.62	5.91	5.65	6.68	3.05	7.36	13.24	11.88	5.18
2015	0.86	1.79	1.16	4.25	5.73	4.17	6.56	2.91	6.85	10.56	11.67	4.8
2016	0.83	1.68	1.47	3.3	5.87	3.29	5.89	3.08	5.95	9.58	10.74	4.39

注：最低生活保障人数占比=（城市最低生活保障人数+农村最低生活保障人数）/当地总人口。

数据来源：《上海统计年鉴》（2012～2017）、《江苏统计年鉴》（2012～2017）、《浙江经济年鉴》（2012～2017）、《安徽统计年鉴》（2012～2017）、《江西统计年鉴》（2012～2017）、《湖北统计年鉴》（2012～2017）、《湖南统计年鉴》（2012～2017）、《重庆统计年鉴》（2012～2017）、《四川统计年鉴》（2012～2017）、《贵州统计年鉴》（2012～2017）、《云南统计年鉴》（2012～2017）、《中国统计年鉴》（2012～2017）。

附表5-7　　2007～2016年长江经济带地区及全国财政性文化体育、传媒支出占比　　单位：%

年份	上海	江苏	浙江	安徽	江西	湖北	湖南	重庆	四川	贵州	云南	全国
2007	1.99	1.89	2.73	2.11	1.75	1.95	1.48	1.38	1.63	1.98	1.75	2.01
2008	1.91	2.06	2.89	1.99	1.55	1.53	1.44	1.63	1.17	1.69	1.9	1.94
2009	1.78	1.92	2.42	1.97	1.47	1.72	1.5	1.47	1.27	1.72	1.66	2.03
2010	1.66	1.8	2.41	2	1.48	1.47	1.47	1.41	1.39	1.47	1.55	1.88
2011	1.76	1.88	2.21	1.89	1.56	1.46	1.27	1.21	1.87	1.57	1.55	1.84
2012	1.73	2.15	2.26	1.80	1.48	1.66	1.32	1.09	2.21	1.81	1.74	1.94
2013	1.97	2.23	2.24	1.83	1.52	1.66	1.47	1.14	2.29	1.58	1.5	1.95
2014	1.75	2.25	2.24	1.76	1.55	1.55	1.59	1.09	2	1.54	1.27	1.91
2015	1.75	2.02	2.49	1.68	1.56	1.37	1.95	1.24	1.86	1.55	1.31	1.87
2016	1.64	1.94	2.28	1.53	1.53	1.5	2.22	1.2	1.81	1.58	1.55	1.82

注：财政性文化体系、传媒支出占比＝地方财政文化体育与传媒支出/地方财政一般预算支出。

数据来源：《上海统计年鉴》（2008～2017）、《江苏统计年鉴》（2008～2017）、《浙江经济年鉴》（2008～2017）、《安徽统计年鉴》（2008～2017）、《江西统计年鉴》（2008～2017）、《湖北统计年鉴》（2008～2017）、《湖南统计年鉴》（2008～2017）、《重庆统计年鉴》（2008～2017）、《四川统计年鉴》（2008～2017）、《贵州统计年鉴》（2008～2017）、《云南统计年鉴》（2008～2017）、《中国统计年鉴》（2008～2017）。

附表5-8　　2007～2016年长江经济带地区及全国人均地方财政教育支出　　单位：元

年份	上海	江苏	浙江	安徽	江西	湖北	湖南	重庆	四川	贵州	云南	全国
2007	1372.72	638.22	744.69	348.1	397.92	381.12	359.59	431.64	360.35	457.79	422.11	539.04
2008	1522.93	763.46	871.05	466.6	470.14	497.62	487.87	540.68	453.77	638.96	532.58	678.47
2009	1569.91	871.49	984.33	528.12	568.43	554.70	558.2	665.55	551.55	725.81	674.21	782.13
2010	1811.9	1099.71	1113.53	648.5	666.74	639.96	613.55	833.48	672.03	839.49	814.41	935.93
2011	2340.18	1384	1375.47	946.23	1057.11	847.79	819.94	1091.81	850.51	1086.36	1042.97	1224.43
2012	2726.68	1705.32	1602.81	1198.96	1381.13	1267.3	1216.42	1600.98	1229.82	1436.6	1448.42	1568.79
2013	2813.83	1807.52	1728.03	1221.54	1469.55	1190.95	1209.76	1472.32	1278.41	1601	1463.56	1616.92
2014	2867.39	1890.53	1871.8	1221.55	1566.97	1329.69	1236.86	1571.31	1298.42	1815.94	1431.78	1684.56
2015	3177.31	2189.34	2283.68	1394.42	1737.34	1560.24	1368.92	1777.39	1526.49	2189.55	1618.43	1911.21
2016	3475.08	2303.96	2325.64	1470.09	1848.61	1779.73	1513.3	1887.07	1575.71	2372.83	1825.91	2030.27

注：人均地方财政教育支出=地方财政教育支出/该省常住人口。

数据来源：《上海统计年鉴》（2008～2017）、《江苏统计年鉴》（2008～2017）、《浙江经济年鉴》（2008～2017）、《安徽统计年鉴》（2008～2017）、《江西统计年鉴》（2008～2017）、《湖北统计年鉴》（2008～2017）、《湖南统计年鉴》（2008～2017）、《重庆统计年鉴》（2008～2017）、《四川统计年鉴》（2008～2017）、《贵州统计年鉴》（2008～2017）、《云南统计年鉴》（2008～2017）、《中国统计年鉴》（2008～2017）。

附表5-9　　**2008～2016年长江经济带地区及全国每万人执业医师数**　　单位：人/万人

年份	上海	江苏	浙江	安徽	江西	湖北	湖南	重庆	四川	贵州	云南	全国
2008	37	16	22	11	12	15	14	12	14	10	13	17
2009	38	17	24	12	13	16	15	14	15	10	14	17
2010	38	17	25	13	13	16	16	15	16	10	14	18
2011	38	18	26	12	13	17	16	15	17	11	14	18
2012	23	20	24	15	15	19	18	18	20	14	15	19
2013	40	22	29	14	15	19	18	16	19	13	16	20
2014	25	22	26	17	16	22	20	19	22	16	16	21
2015	26	24	29	18	17	23	22	20	22	18	17	22
2016	27	26	30	18	17	24	24	21	22	19	18	23

注：执业医师数确定标准为国家统计局记录在案的每万人拥有执业（助理）医师数。

数据来源：《上海统计年鉴》（2009～2017）、《江苏统计年鉴》（2009～2017）、《浙江经济年鉴》（2009～2017）、《安徽统计年鉴》（2009～2017）、《江西统计年鉴》（2009～2017）、《湖北统计年鉴》（2009～2017）、《湖南统计年鉴》（2009～2017）、《重庆统计年鉴》（2009～2017）、《四川统计年鉴》（2009～2017）、《贵州统计年鉴》（2009～2017）、《云南统计年鉴》（2009～2017）、《中国统计年鉴》（2009～2017）。

附表5-10　　2006～2016年长江经济带地区及全国每万人发明专利数　　单位：个/万人

年份	上海	江苏	浙江	安徽	江西	湖北	湖南	重庆	四川	贵州	云南	全国
2006	8.45	2.53	6.11	0.37	0.35	0.83	0.88	1.63	0.87	0.36	0.37	0.19
2007	11.86	4.11	8.16	0.56	0.47	1.16	0.89	1.77	1.22	0.48	0.47	0.24
2008	11.43	5.73	10.16	0.71	0.52	1.47	0.96	1.7	1.64	0.48	0.44	0.35
2009	15.8	11.18	15.15	1.40	0.66	1.99	1.30	2.62	2.46	0.59	0.64	0.49
2010	20.94	17.59	21.05	2.69	0.97	3.03	2.11	4.19	4.00	0.89	0.83	0.59
2011	20.43	25.3	23.83	5.48	1.24	3.31	2.44	5.32	3.53	0.98	0.91	0.83
2012	21.64	34.08	34.41	7.23	1.77	4.24	3.50	6.91	5.23	1.74	1.26	1.06
2013	20.16	30.19	36.8	8.1	2.2	4.96	3.65	8.36	5.7	2.26	1.45	1.05
2014	20.81	25.13	34.23	7.95	3.05	4.86	3.95	8.13	5.79	2.88	1.72	1.19
2015	25.1	31.38	42.42	9.61	5.29	6.63	5.02	12.9	7.92	4.00	2.46	1.92
2016	26.54	28.88	39.62	9.84	6.85	7.11	4.99	14.02	7.56	2.93	2.52	2.19

数据来源：《上海统计年鉴》（2007～2017）、《江苏统计年鉴》（2007～2017）、《浙江经济年鉴》（2007～2017）、《安徽统计年鉴》（2007～2017）、《江西统计年鉴》（2007～2017）、《湖北统计年鉴》（2007～2017）、《湖南统计年鉴》（2007～2017）、《重庆统计年鉴》（2007～2017）、《四川统计年鉴》（2007～2017）、《贵州统计年鉴》（2007～2017）、《云南统计年鉴》（2007～2017）、《中国统计年鉴》（2007～2017）。

附表5-11 **2008～2016年长江经济带地区及全国每万人社会组织数** 单位：个/万人

年份	上海	江苏	浙江	安徽	江西	湖北	湖南	重庆	四川	贵州	云南	全国
2008	4.18	3.97	5.04	2.1	2.39	3.53	2.23	2.63	3.48	1.70	2.26	3.11
2009	4.29	4.23	5.23	2.28	2.42	3.64	2.34	2.9	3.48	1.82	2.44	3.23
2010	4.39	4.34	5.31	2.49	2.40	3.83	2.43	3.14	3.62	1.90	2.74	3.32
2011	4.42	4.64	5.39	2.83	2.53	4.05	2.59	3.48	3.76	2.06	2.92	3.43
2012	4.51	5.44	5.82	3.13	2.73	4.30	2.91	4.04	4.04	2.14	3.28	3.69
2013	4.81	7.08	6.63	3.43	2.96	4.45	3.24	4.43	4.32	2.37	3.62	4.02
2014	5.1	8.99	7.23	3.71	3.13	4.57	3.56	4.81	4.64	2.69	4.07	4.43
2015	5.53	10.08	7.9	4.01	3.36	4.72	4.09	5.09	4.88	2.98	4.46	4.82
2016	5.86	10.51	8.5	4.15	3.44	4.84	4.45	5.31	4.77	3.33	4.73	5.08

数据来源：《上海统计年鉴》（2009～2017）、《江苏统计年鉴》（2009～2017）、《浙江经济年鉴》（2009～2017）、《安徽统计年鉴》（2009～2017）、《江西统计年鉴》（2009～2017）、《湖北统计年鉴》（2009～2017）、《湖南统计年鉴》（2009～2017）、《重庆统计年鉴》（2009～2017）、《四川统计年鉴》（2009～2017）、《贵州统计年鉴》（2009～2017）、《云南统计年鉴》（2009～2017）、《中国统计年鉴》（2009～2017）。

附录6：生态一体化指标原始数据

附表6-1　2012～2016年长江经济带各省份森林覆盖率　单位：%

年份	上海	江苏	浙江	安徽	江西	湖北	湖南	重庆	四川	云南	贵州
2012	9.41	10.48	57.41	26.06	58.32	31.14	44.76	34.85	34.31	47.50	31.61
2013	10.74	15.8	59.07	27.53	60.01	38.4	47.77	38.43	35.22	50.03	37.09
2014	10.74	15.8	59.07	27.53	60.01	38.4	47.77	38.43	35.22	50.03	37.09
2015	10.74	15.8	59.07	27.53	60.01	38.4	41.77	38.43	35.22	50.03	37.09
2016	10.74	15.8	59.07	27.53	60.01	38.4	47.77	38.43	35.22	50.03	37.09

附表6-2　2012～2016年长江经济带各省份自然保护区比重　单位：%

年份	上海	江苏	浙江	安徽	江西	湖北	湖南	重庆	四川	云南	贵州
2012	5.2	4.1	1.5	3.8	7.6	5.1	6.1	10.3	18.5	7.5	5.4
2013	5.2	3.9	1.6	3.8	7.5	5.5	6.1	10.3	18.5	7.5	5
2014	21.59	5.17	1.95	3.26	7.72	5.47	6.19	10.18	4.77	7.39	5.06
2015	21.59	5.17	1.96	3.28	7.34	5.65	6.97	1	17.21	7.5	5.07
2016	5.3	3.8	1.7	3.7	7.3	5.7	6.2	10	17	7.3	5.1

附表6-3　**2012～2016年长江经济带各省份地区节水灌溉面积**　单位：万公顷

年份	上海	江苏	浙江	安徽	江西	湖北	湖南	重庆	四川	云南	贵州
2012	14.94	192.34	108.49	88.29	40.2	49.55	35.63	17.27	141.61	62.56	40.33
2013	13.99	200.54	103.99	82.67	42.65	31.57	32.81	18.12	146.15	63.77	30.44
2014	14	218.95	107.43	86.22	46.65	34.2	33.61	19.18	147.21	68.11	30.77
2015	13.99	200.54	103.99	82.67	42.65	31.57	32.87	18.12	146.15	63.77	30.44
2016	14.51	242.26	108.4	94.38	52.5	40.76	35.82	21.87	163.98	79.43	32.35

附表6-4　**2012～2016年长江经济带各省份人均水资源量**　单位：立方米/人

年份	上海	江苏	浙江	安徽	江西	湖北	湖南	重庆	四川	云南	贵州
2012	490.6	698.2	362.2	483.9	539.4	527.6	496.9	282.9	305	326.9	263.2
2013	513.9	727.3	361.4	492.6	586.8	504.1	498.9	283.7	299.7	320.4	263.4
2014	194.8	502.3	2057.3	1285.4	3600.6	1574.3	2680.1	2155.9	3148.5	3673.3	3461.1
2015	428.8	721	336.9	427.3	539.8	516.5	488.7	263	324.9	315.7	277.1
2016	252.3	928.6	2378.1	2018.2	4850.6	2552.6	3229.1	1994.7	2843.5	4391.7	3000.9

附表6-5 2012～2016年长江经济带各省份生态环境补水量 单位：亿立方米

年份	上海	江苏	浙江	安徽	江西	湖北	湖南	重庆	四川	云南	贵州
2012	0.7	3.3	4.5	3.8	2.1	0.3	2.5	0.8	2.5	1	0.6
2013	0.0	3.2	5.2	4.1	2.1	0.4	2.9	0.8	4.7	1.3	0.7
2014	0.8	2.7	5.2	4.7	2.1	0.6	2.7	0.9	4.2	2	0.7
2015	0.8	2	5.5	4.9	2.1	0.8	2.7	1	5.1	2.3	0.7
2016	0.8	2	5.5	5.6	2.2	1.1	2.8	1.1	5.8	2.8	0.9

附表6-6 2012～2016年长江经济带各省份本年增加耕地面积 单位：公顷

年份	上海	江苏	浙江	安徽	江西	湖北	湖南	重庆	四川	云南	贵州
2012	3143	22328	24379	11941	6086	8859	6539	7183	19615	11657	5471
2013	3143	22328	24379	11941	6086	8859	6539	7183	19615	11657	5471
2014	1847	15392	13275	12315	10004	7325	9023	8698	21111	4218	9987
2015	3143	22328	24379	11941	6086	8859	6539	4498	10438	542	221
2016	2317	15812	7613	14327	7897	6946	7105	8415	14843	10873	7336

附表6-7　　2012～2016年长江经济带各省份人均耕地面积　　单位：亩

年份	上海	江苏	浙江	安徽	江西	湖北	湖南	重庆	四川	云南	贵州
2012	0.19	0.93	0.56	1.4	0.96	1.23	0.89	1.18	1.1	2	1.77
2013	0.19	0.93	0.56	1.4	0.96	1.23	0.89	1.18	1.1	2	1.77
2014	0.12	0.86	0.54	1.45	1.02	1.36	0.92	1.23	1.24	1.98	1.94
2015	0.12	0.86	0.54	1.43	1.01	1.35	0.92	1.21	1.23	1.96	1.93
2016	0.12	0.86	0.53	1.42	1.01	1.34	0.91	1.17	1.22	1.95	1.91

附表6-8　　2012～2016年长江经济带各省份人工湿地面积　　单位：万公顷

年份	上海	江苏	浙江	安徽	江西	湖北	湖南	重庆	四川	云南	贵州
2012	0.03	2.36	1.63	6.39	12.59	19.69	17.59	1.13	4.21	1.5	1.35
2013	5.56	87.4	26.68	32.82	19.94	68.08	20.62	11.95	8.22	17.1	5.81
2014	5.56	87.4	26.68	32.82	19.94	68.08	20.62	11.95	8.22	17.1	5.81
2015	5.56	87.4	26.68	32.82	19.94	68.08	20.62	11.95	8.22	17.1	5.81
2016	5.56	87.4	26.68	32.82	19.94	68.08	20.62	11.95	8.22	17.1	5.81

附表6-9　**2012～2016年长江经济带各省份二氧化硫排放**　单位：吨

年份	上海	江苏	浙江	安徽	江西	湖北	湖南	重庆	四川	云南	贵州
2012	228218	991967	625766	519589	567687	622367	644959	564777	864440	672216	1041087
2013	215848	941679	593364	501349	557704	599353	641321	547686	816706	663091	986423
2014	188149	904741	574012	492966	534415	583759	623689	526944	796402	636683	925787
2015	170844	835059	537826	480073	528065	551358	595473	495802	717584	583739	717584
2016	74200	835059	24500	49174	262700	258600	595473	289400	717584	583739	717584

附表6-10　**2012～2016年长江经济带各省份化学需氧量排放**　单位：吨

年份	上海	江苏	浙江	安徽	江西	湖北	湖南	重庆	四川	云南	贵州
2012	242581	1197048	786203	924338	748345	1086586	1263423	402801	1268684	548582	332991
2013	235624	1148888	755113	902684	734470	1058215	1249012	391813	1231965	547227	328155
2014	224361	1100043	725367	885604	720057	1033126	1228989	386394	1216275	533824	326668
2015	198812	1054591	683197	871056	715583	986096	1207703	379791	1186426	510264	318323
2016	147500	1054591	683197	444042	49200	986096	1207703	255700	1186426	510264	318323

附表6-11　　2012～2016年长江经济带各省份氨氮排放总量　　单位：吨

年份	上海	江苏	浙江	安徽	江西	湖北	湖南	重庆	四川	云南	贵州
2012	47416	153140	112273	106140	91051	128944	161333	53410	140727	58639	38750
2013	45755	147429	107489	103328	88827	124856	157704	52160	137036	58049	38259
2014	44589	142539	103191	100496	85979	120375	154437	51275	134743	56486	38004
2015	42545	137703	98487	96751	84580	114336	151131	50077	131421	54906	36416
2016	42545	137703	98487	96800	84580	114336	151131	50077	131421	54906	36416

附表6-12　　2012～2016年长江经济带各省份单位GDP用水量　　单位：立方米

年份	上海	江苏	浙江	安徽	江西	湖北	湖南	重庆	四川	云南	贵州
2012	—	102	—	155.5	187	129	148	72	—	114	135
2013	41	84.3	—	167.6	185	—	136	66.00	—	128	115
2014	33	73.8	—	131	165	100	123	56	78	117	103
2015	31	65.7	—	131.2	147	102	114	50	83	109	107
2016	28	60	39	120.5	147	87	105.7	44	81.7	102	107

注：“—”表示本年份本地区的统计年鉴中有此项目但无统计数据。

附表6-13 2012～2016年长江经济带各省份安全饮用水普及率 单位：%

年份	上海	江苏	浙江	安徽	江西	湖北	湖南	重庆	四川	云南	贵州
2012	100	99.7	99.9	98.0	97.7	98.2	96.4	93.8	92.0	94.3	92.1
2013	100	99.7	100	98.4	97.7	98.2	96.9	96.3	91.8	97.9	92.9
2014	100	99.8	99.9	98.6	97.8	98.8	97.1	96.8	91.1	97.9	94.5
2015	100	99.8	100	98.8	97.6	98.8	97.3	96.9	93.1	97.3	95.4
2016	100	99.9	100	99.2	97.7	99.1	96.8	97.1	93.1	96.7	96

附表6-14 2012～2016年长江经济带各省份单位GDP能耗 单位：吨标准煤/万元

年份	上海	江苏	浙江	安徽	江西	湖北	湖南	重庆	四川	云南	贵州
2012	0.55	0.57	0.55	0.83	0.55	0.54	0.76	0.89	0.74	1.01	1.64
2013	0.53	0.56	0.53	0.8	0.53	0.54	0.71	0.69	0.63	0.85	1.38
2014	0.48	0.51	0.50	0.76	0.51	0.5	0.57	0.66	0.74	0.82	1.3
2015	0.46	0.43	0.48	0.60	0.5	0.47	0.53	0.62	0.56	0.55	0.89
2016	0.472	0.339	0.429	0.531	0.48	0.432	0.501	0.529	0.66	0.501	0.872

附表6-15　**2012～2016年长江经济带各省份一般工业固体废物处置量**　单位：万吨

年份	上海	江苏	浙江	安徽	江西	湖北	湖南	重庆	四川	云南	贵州
2012	56	630	314	1750	388	1561	2144	475	5099	4767	2067
2013	58	287	177	1374	397	1646	1964	415	5301	4834	1607
2014	47	279	205	1079	232	1701	1876	407	5512	4633	1382
2015	72	407	205	1049	272	2078	2014	383	4177	4163	1902
2016	73.44	407	459	1182	866	2078	2014	418.91	4177	4163	1902

附表6-16　**2012～2016年长江经济带各省份城市生活垃圾无害化处理率**　单位：%

年份	上海	江苏	浙江	安徽	江西	湖北	湖南	重庆	四川	云南	贵州
2012	83.6	95.9	99.0	91.1	89.1	71.5	95.0	99.3	88.3	82.7	91.9
2013	90.6	97.4	99.4	98.8	93.3	85.4	96.0	99.4	95.0	87.6	92.2
2014	100	98.1	100	99.5	93.1	90.2	99.7	99.2	95.4	92.5	93.3
2015	100	100	99.2	99.6	94.5	91.5	99.8	98.6	96.8	9	93.8
2016	100	99.9	100	99.9	95	95.8	99.9	100	98.6	93	94.7

附表6-17　2012～2016年长江经济带各省份工业废水治理设施处理能力　单位：万吨/日

年份	上海	江苏	浙江	安徽	江西	湖北	湖南	重庆	四川	云南	贵州
2012	78777	405492	256554	206430	175329	281273	269496	44824	207455	143693	92722
2013	318.6	1926.9	1425.1	951.6	1071.8	1029.4	1153.9	242.6	1053.2	798.6	615.8
2014	339.6	2050.8	1342.7	962.2	1107.8	1043.1	1243.1	250.4	989.5	576.3	680.6
2015	330	2009	1290	961	933	1052	1217	245	913	540	586
2016	330	2009	1290	961	933	1052	1217	245	913	540	586

附表6-18　2012～2016年长江经济带各省份当年完成环保验收项目环保投资　单位：亿元

年份	上海	江苏	浙江	安徽	江西	湖北	湖南	重庆	四川	云南	贵州
2012	57.3	237.9	183.4	66.5	38.6	80.8	42.1	56.6	66.9	64.0	20.7
2013	105.4	311.7	176.2	144.9	41.8	73.0	43.3	54.1	95.7	137.5	23.3
2014	150.2	252.8	177.6	108.1	46.5	78.5	28.6	70.8	116.8	71.2	67.9
2015	90.3	438.2	161.5	97.1	63.6	78.5	350.1	38.2	70.8	49.2	39.1
2016	95.2	237.6	290.3	121.6	124.7	105	53.08	46	67.9	62.8	18.7